漫游海上丝路

李　娜　黄惠康　［马］何启才◎著

浙江工商大学 出版社
ZHEJIANG GONGSHANG UNIVERSITY PRESS

·杭州·

图书在版编目（CIP）数据

漫游海上丝路 / 李娜，黄惠康，何启才著 . — 杭州：
浙江工商大学出版社，2024.5

ISBN 978-7-5178-5994-9

Ⅰ.①漫… Ⅱ.①李… ②黄… ③何… Ⅲ.①文化交
流—中国、马来西亚 Ⅳ.①G125②G133.85

中国国家版本馆 CIP 数据核字（2024）第 078273 号

漫游海上丝路
MANYOU HAI SHANG SILU

李　娜　黄惠康　［马］何启才 著

出 品 人	郑英龙
策划编辑	王黎明
责任编辑	王　琼
责任校对	林莉燕
封面设计	望宸文化
责任印制	包建辉
出版发行	浙江工商大学出版社
	（杭州市教工路 198 号　邮政编码 310012）
	（E-mail：zjgsupress@163.com）
	（网址：http://www.zjgsupress.com）
	电话：0571-88904980，88831806（传真）
排　　版	浙江大千时代文化传媒有限公司
印　　刷	杭州宏雅印务有限公司
开　　本	710mm×1000mm　1/16
印　　张	21.5
字　　数	304 千
版 印 次	2024 年 5 月第 1 版　2024 年 5 月第 1 次印刷
书　　号	ISBN 978-7-5178-5994-9
定　　价	99.00 元

献给中马建交50周年！

本书编委会

李　娜　黄惠康　［马］何启才

撰稿人名单（以文序排列）

黄惠康　［马］古润金　陈佩洁　［马］吴恒灿　［马］廖朝骥
［马］吴明倪　李　瑛　邢　晶　［马］何启才　［马］李健友
万雪黎　胡　宁　刘亚斌　林　澜　黄丽群　杨会军
［马］吴晓曦　［马］黄瀚辉　李　娜　［马］谢家辉　林芷琪
孟雪莹　丁　一　［马］区愫恩　［马］区馨月　［马］萧淑萍
李庚润　许郁欣　徐赫遥　高天翔

序言

习近平总书记深刻指出："深化人文交流互鉴是消除隔阂和误解、促进民心相知相通的重要途径。"东南亚是中国的南邻，自古以来就是中国通向世界的重要通道。当代，以中国—东盟自由贸易区为代表的双边或多边合作以及中国—东盟的战略伙伴关系进入了更加密切的阶段，马来西亚不仅是东盟成员国中第一个与中国建交的国家，与中国有着友好互信的政治传承，是中国重要的贸易伙伴，更是中国推进"一带一路"，尤其是"21世纪海上丝绸之路"建设的重点地区。由此可见，马来西亚无论是从地理位置还是国家战略来看都具有重要的研究意义。

马来西亚以其繁荣的华人文化、独有的多种族共生社会生态，成为学者研究东南亚国家国情、华人移民全球化、文化变迁与认同等课题的最佳对象。

为积极贯彻党的二十大精神，促进世界和平与发展，推动构建人类命运共同体，推进共建"一带一路"高质量发展，构建"一带一路"教育共同体，且2024年恰逢中国与马来西亚建交50周年，本书以中马文化传承与交流为主要研究内容，盛邀30位中马文化交流的亲历者开展对话，聚焦世界文明交流互鉴，积极推动中马友好关系发展。

全书共分为 3 个篇章。

第一篇章为"记忆与寄望"。中马文化星光璀璨，离不开一直奋战在中马文化交流前线的前辈。本篇章的 7 位作者中，有执节出使 1380 天的中国前驻马来西亚大使，有长期致力于中华文化传播的马来西亚汉文化中心主席，有与杭州结为国际友好城市的哥打基纳巴卢的首任中国总领事，有在中马文化研究领域躬耕不辍的先达，也有追随着这些前辈步伐十余年如一日的"新人"，他们的故事组成了一本本厚重的中马文化交流书册。本篇章采用第一人称视角。我们可以从他们的回顾中，知道他们在中马文化交流事业中担负的使命，更可以从他们的寄语中，感受到他们对中马文化传承的悬悬而望。

第二篇章为"寻迹与对话"。以脚步丈量大地，用文字披荆斩棘，他们努力寻觅中马文化交流的丝路之旅，并与世界进行对话，以表达学者最淳朴的态度。本篇章作者是来自中马高校的 11 位学者。他们扎根"历史""民俗""文学"和"影视"等理论阵地，遍览群书，在文字的海洋里梦回中马文化交流的历史；他们踏遍乡野，在断壁残垣中搜寻中马文化交流的印迹；他们立身于繁华市井之中，将疾如旋踵的变化书写进中马文化交流的长河里。他们既是中马文化的理论研究者，也是中马文化交流的实践者。

第三篇章为"初探与新语"。文化润心，需绵绵用力，久久为功，中马在文化交流和发展过程中也应为两国青年搭建舞台。高校作为国际化人才培养的重要机构，通过开展在地化项目及交换学习等方式，为彼此打开相互交流和学习的大门。本篇章中 12 位初露"尖尖角"的青年，不管是博士生、硕士生还是本科生，都大胆开展异地研究和合作分享，勇敢担负起中马文化传承的责任，为 90 后甚至 00 后的时代印象力添新色。初生牛犊者，焉能惧虎！愿少年归来，眼中有星辰大海，心中有繁花似锦！

2022—2023 年，李娜女士参加了中国国家留学基金管理委员会地方合作项目，在马来西亚访学时提议编写本书，这得到了中国前驻马来西亚大使黄惠康教授和马来亚大学文学与社会科学学院中文系何启才博士的大力支持。感谢中国驻马来西亚大使馆在访学期间给予的暖心关怀和交流机会，感谢马来亚大学马来西亚华人研究中心以及中文系同人给予的热心支持和合作机会，也衷心感谢每位作者即使素不相识也依旧给予的莫大信任，最后感谢浙江工商大学出版社从选题申报到宣传的全程支持，尤其感谢王黎明编辑的全力协调。

志合者，不以山海为远。文化的交流互鉴，是古丝绸之路留下的精神财富，是推进共建"一带一路"国家不同文明传播、文化交融，促进民心相通、增进互信的重要途径。国之交在于民相亲，民相亲在于心相通。犹如一杯香茗，中马文化的交流必将在岁月的轻揉慢捻中历久弥新！

本书编委会
2024 年 2 月

目录

第一篇章

记忆与寄望

黄惠康
HUANG HUIKANG

　　黄惠康，浙江杭州人，法学博士，国际法教授，博士生导师，资深外交官。曾任中国驻马来西亚特命全权大使（2014年1月—2017年10月）。现任联合国国际法委员会委员，国际常设仲裁法院仲裁员，中国外交部国际法咨询委员会主任委员，最高人民法院国际商事专家委员会专家委员，国家高端智库武汉大学国际法治研究院特聘教授，浙江大学光华法学院客座教授。

中国大使的 1380 天

黄惠康

2014 年 1 月 8 日，怀揣习近平主席亲笔签发的国书，带着中国政府和人民的嘱托，我飞抵吉隆坡出任第十四任中国驻马来西亚特命全权大使。2017 年 11 月 1 日，我任期结束，返抵北京。出使马来西亚的 1380 个日日夜夜，弹指瞬间，但历史有痕，心声难忘。

中国驻马来西亚大使黄惠康向马来西亚最高元首哈利姆递交国书

马来西亚享有"亚洲魅力所在"的美誉，是古代海上丝绸之路的重要节点，与中国有着绵延千年的深厚渊源；是东盟成立后率先与中国建交的东盟国家，与中国有着友好互信的政治传承；是700多万华人扎根生活的热土，与中国之间有着得天独厚的人文纽带。

2000多年前，中马两国人民已开始友好交往。中国唐宋以来的史籍对马来半岛均有记载。唐朝义净法师南渡至马来半岛，留下了珍贵史料，将马来西亚有文字记载的历史提前了700多年。15世纪，中国明朝与马六甲王国关系密切，郑和七下西洋曾至少5次驻节马六甲，在加深两国人民友谊的同时，更有力维护了周边地区近百年的和平与繁荣，还繁衍了中马血脉相融的峇峇娘惹独特族群。18世纪以来，大批华人下南洋定居马来西亚，经世代交替，始终与当地人民和谐相处、共存共荣，华人文化传统已与马来西亚历史发展进程深深融合。20世纪初，孙中山先生曾多次到马来半岛筹集经费，得到慷慨相助。在中国抗战期间，3000余名南洋华侨机工回到中国投身抗战，冒着枪林弹雨为前方将士运输军需物资，为抗日战争胜利做出重要贡献。1949年中华人民共和国成立后，新中国积极支持马来西亚人民争取民族独立的斗争，并通过中国香港和新加坡与马来西亚进行民间贸易。1957年马来西亚独立后，中国表示愿意与其建立友好邦交。

20世纪70年代初，中国与马来西亚开启乒乓外交。在联合国大会有关恢复新中国合法席位的投票中，尚未与中国建交的马来西亚投出宝贵的一张支持票。国际形势发生重大变化，对东南亚也产生了重要影响。在冷战的背景下，敦·拉扎克总理以超凡的战略眼光，毅然决定打破坚冰，在东盟国家领导人中率先调整对华政策，于1974年5月底正式访华，同周恩来总理签署两国建交公报，由此打通了两国世代友好延续千年的血脉联系，为中马关系翻开了新的一页。

20世纪90年代，冷战结束，中国加快改革开放步伐，综合国力大幅提升。中马在交往中相互加深了了解。马哈蒂尔总理在任期间大力推动对华关系发展，推动东盟开启与中国的对话，中马两国关系进入"蜜月期"。巴达维总理促成中马两国建立战略性合作关系，各领域合作欣欣向荣。2013 年 10 月 3 日，习近平主席开启了对马来西亚的首次国事访问之旅，与纳吉布总理达成重要共识，两国关系提升为"全面战略伙伴关系"，中马友好合作迈入了崭新的历史阶段。

作为第十四任中国驻马大使，我有幸在习近平主席访问后的不到百天内出使马来西亚，遵照两国领导人亲手绘就的蓝图推动和落实中马合作，亲历了中马关系的全方位、跨越式发展，见证了两国关系进入历史最好时期，并始终走在中国与东盟国家关系的前列。4 年里，中马两国砥砺奋进、携手同行，不断书写合作共赢的新篇章。两国关系通过政治、经济、人文、安全"四轮"驱动，驶入成熟、稳定、全面发展的快车道。中马友好之树根茂实遂。

高层交往日益密切，政治互信不断加深。1974 年建交以来，中马两国历任领导人保持了常来常往的睦邻友好传统，近年来高层互访更加频密。自习近平主席 2013 年访马以来，李克强总理、赵乐际委员长、韩正副主席以及孙春兰、胡春华、孟建柱、刘延东、许其亮、杨洁篪、王勇、王毅等 10 多位中方党、政、军领导陆续访马，高峰期几乎每个月都有省部级及以上领导带领的代表团访马。马来西亚时任总理纳吉布 4 年间 5 次访华。马来西亚时任最高元首哈利姆、上议长扎哈、下议长班迪卡、副总理穆希丁与扎希德，以及希沙姆丁、廖中莱等多位内阁部长、州务大臣、首席部长访华。2018 年 8 月，上任不久的马来西亚新总理马哈蒂尔对华进行正式访问，重申马来西亚新政府的对华友好政策。两国领导人常来常往，密切沟通，为中马关系的扬帆远行掌舵导航。双方始终坚持相互尊重、彼此信任的相处之道，以朋友的方式讨论敏感问题和分歧，防止和抵制外来势力的干扰。两国的情谊在庆祝建交 40 周年的活动中得到升华，在共同应对马航 370 客机失联、特大洪灾等挑战中深化。两国领导人多次表示，将中马关系置于各自对外关系最优先的位置，视彼此为可以一起爬坡过坎的好邻居、好伙伴、好朋友。

务实合作亮点纷呈，互联互通方兴未艾。1974 年建交之初，中马双边贸易额不到 2 亿美元；2002 年首次突破 100 亿美元；2003 年增加到 200 亿美元；

10 年后的 2013 年，这一数字又增加了 4 倍，首次突破 1000 亿美元；2022 年再创新高，中马双边贸易额达 2036 亿美元。自 2009 年起，中国连续 14 年成为马来西亚最大贸易伙伴，马来西亚则是中国在全球的十大贸易伙伴之一。中方始终坚持在平等互利的基础上同马方开展合作，把惠及马来西亚经济民生作为重要目标。中方同意不设限进口马来西亚棕油等大宗出口产品，造福数十万从业者。在净燕（燕窝产品之一）之后，马来西亚毛燕也获准出口中国，使数以万计的燕农受惠。2016 年，中国首次成为马来西亚制造业最大的外资来源地，并连续多年成为马来西亚工程施工总承包最主要的合作方。越来越多中国 500 强企业在马来西亚设立区域总部。中国企业正以其雄厚的资金与技术资源、本土化的合作战略、完善的售后服务为马来西亚经济发展添砖加瓦。在 2017 年 8 月 9 日举行的马来西亚东海岸铁路开工仪式上，我亲睹众多当地居民扶老携幼赶来参加，在模拟沙盘旁驻足观看，喜悦之情溢于言表，而报名申请参加"中马铁路人才培训班"的队伍排成了长龙。

值得一提的是，马来西亚是最早响应"一带一路"倡议的国家之一，更是共建"一带一路"早期收获最丰硕的国家之一。中马钦州产业园、马中关丹产业园创造了中马"两国双园"产能合作新模式。东海岸铁路等旗舰项目顺利开展。阿里巴巴帮助马来西亚在电子商务领域实现了腾飞，双方共同启动了马来西亚数字自贸区。吉利与宝腾携手合作，致力于振兴马来西亚国产汽车品牌。中广核 EDRA 电力资产项目、恒源炼油厂项目、信义玻璃项目等大型项目为马来西亚经济发展和产业升级提供助力。中马海陆空网互联互通立体推进，双方建立港口联盟，直航航线逐步增加，仅 2017 年就开通了 11 条新航线。两国扩大本币互换，人民币清算银行于 2015 年 4 月在马来西亚设立，中国建设银行于 2016 年 11 月获准在马来西亚开设子行，资金融通进一步拓展。马来西亚也有越来越多的商界人士赴华投资兴业，开拓市场。通信、网购、农业、旅游、绿色经济等正成为双方合作的新热点。

人文交流如火如荼，织就牢固情感纽带。目前，有 1 万多名中国学生在马来西亚留学，而在中国就读的马来西亚学生也有 4000 余人，并且在逐年增加。北京外国语大学设立了中国马来研究中心，马来西亚多所大学开设了孔子学院。两国文化交流日趋紧密。经过约 30 年的持续努力，中国古典文学四大名著的马来文版于 2017 年 7 月全部面世。[1]2015 年 7 月 31 日，在吉隆坡举行的国际奥委会第一百二十八次全会上，北京获得了 2022 年第二十四届冬奥会的举办权。厦门大学马来西亚分校作为第一所在海外设立的中国知名大学分校，一期工程已如期竣工，并于 2016 年春季开始正式招生，未来将成为"21 世纪海上丝绸之路"上的一颗耀眼明珠。经过数年筹备，吉隆坡中国文化中心于 2020 年 1 月正式揭牌。2015—2016 年，中马分别在中国南宁、西安和马来西亚哥打基纳巴卢、槟城新设了总领事馆。马来西亚为中国游客提供电子签证服务，中国签证申请服务中心槟城办公室成立，进一步便利了两国人员往来。中国已多年成为马来西亚除其东盟邻国外的最大外国游客来源国。2013 年，两国人员往来超过 300 万人次。2016 年，中国赴马来西亚游客首次突破 220 万人次。2019 年再创新高，达 310 万人次。2023 年 11 月，马来西亚政府宣布，将对来自中国的游客实施 30 天免签证入境政策。中国政府宣布，对马来西亚等 6 个国家持普通护照人员试行单方面免签政策。2014 年 7 月，中国一对大熊猫福娃和凤仪到马来西亚定居，成为两国人民间的友好使者。它们在吉隆坡诞下熊猫宝宝，它被马来西亚人民取名为"暖暖"。这正是中马之间温暖情谊的真实写照。曾经有民调显示，在亚洲国家中，马来西亚是对中国好感度最高的国家之一，民众对中国的好感度达 83% 以上。为此我引以为豪。

安全合作不断深化，携手应对共同挑战。始于 2015 年的"和平友谊"中马实兵联合演习，成为中马两国军队机制化合作的重要平台，正向纵深拓展，为

---

[1] 马来西亚国家语文局和马来西亚汉文化中心于 2016 年 4 月 28 日在吉隆坡向中国驻马来西亚大使黄惠康颁发"语文及文化杰出大使贡献奖"，这也使其成为马来西亚历史上第一位被授予该奖项的大使。

人道主义援助与救灾合作积累经验。2016 年 11 月，马来西亚总理纳吉布访华期间，马方首次向中方购买滨海任务舰，双方签署了防务合作谅解备忘录，将两军交往和互信程度提到历史新高。中马间已签署刑事司法协助条约，正就引渡条约进行谈判。双方不断完善执法安全合作机制，在反恐、打击电信诈骗、禁毒、维护网络安全等方面加强配合，共同维护本地区和平稳定。双方在地区和国际事务中密切配合，在联合国等多边组织中保持了良好的沟通与合作，有力维护了发展中国家的共同利益。特别是在 2015 年马来西亚担任东盟轮值主席国期间，中马在中国—东盟、东盟与中日韩等合作框架下进行了良好配合，推动中国和东盟关系深入发展，支持东盟共同体建设，推进《区域全面经济伙伴关系协定》谈判，推动全面有效落实《南海各方行为宣言》，推进"南海行为准则"磋商，为维护地区和平稳定发挥了建设性作用。

回顾 4 年间中马关系的发展，我深深地体会到，两国领导人高瞻远瞩、携手共进是两国关系提档升级的引航灯，和平共处五项原则是两国战略互信的根本支柱，平等、互利、共赢是两国合作可持续发展的不竭动力，而人民间的深厚友谊和患难真情则是两国世代友好的最坚实基础。

2015 年 11 月，国际舞台热闹非凡，各国领导人穿梭奔波。G20 安塔利亚峰会和 APEC 马尼拉峰会刚刚落幕，东亚合作领导人系列会议就要在马来西亚开场。11 月 20 日，李克强总理抵达吉隆坡与会并访问马来西亚。这是李克强总理上任以后对马来西亚的首次访问，也是对马来西亚总理 2014 年 5 月正式访华的回访，意义重大，主宾双方均有很高期待。

马来西亚有一句谚语："遇山一起爬，遇沟一起跨。"李克强总理对马来西亚的首次访问再次证明，中马正是可以一起爬坡过坎的好邻居、好朋友、好伙伴。在马不停蹄的四昼夜中，李克强总理旋风般地出席了第十八次中国—东盟（10+1）领导人会议、第十八次东盟与中日韩（10+3）领导人会议、第十届东亚峰会（EAS），对马来西亚进行正式访问并出席中马经济高层论坛、到访马六甲州……行程繁忙而紧凑，成果务实而丰硕。

2015 年 11 月 22 日下午，在结束东亚峰会的多边、双边议程后，李克强总理从马来西亚首都吉隆坡驱车 100 多公里前往马六甲州，开始了他正式访问马来西亚的第一站。马六甲州以沿途十几公里悬挂中马国旗的友好之举欢迎中国贵宾。街边的店铺自发地挂起欢迎中国国务院总理的横幅，沿街民众热情地挥手欢呼致意。

和前 2 天会议上唇枪舌剑的外交博弈相比，马六甲之行显得轻快而活泼，但寓意非同寻常。在当地 2 个小时的简短逗留中，李克强总理携夫人程虹与马六甲州元首卡里尔、首席部长伊德里斯亲切交谈，视察了马六甲临海工业园区沙盘，参观了郑和文化馆和峇峇娘惹博物馆，并在当地一家特产店铺里与 19 年前首次访问马来西亚时结交的老朋友欢聚一堂。其间，李克强总理重提"以和为贵、和而不同、和谐包容"的郑和精神，借郑和的故事再次告诉世人，中国人的骨子里没有霸权基因，将始终坚持走和平发展的道路，也致力于通过对话协商和平解决领土主权和海洋权益争端。

李克强总理传递"和"的含义，自有其深意。在之前的东亚合作领导人系列会议上，中国已成为推动区域合作与发展的核心力量。李克强总理见证了中国—东盟自贸区升级谈判的全面结束及成果文件的签署，并敦促东盟 10 国及韩国、日本、澳大利亚、新西兰、印度在 2016 年结束关于《区域全面经济伙伴关系协定》的谈判。[1] 虽然大部分与会国家均希望加深与中国的合作，却也有国家对中国在区域合作中所扮演的积极角色耿耿于怀。而南海问题，成为这些国家掣肘中国的工具。前往马六甲州之前，李克强总理在东亚峰会上就各国共同维护南海和平稳定提出了 5 点倡议，期望域外国家承诺尊重和支持地区国家维护南海和平稳定的努力，发挥积极和建设性的作用，不采取导致地区局势紧张的

---

[1] 2020 年 11 月 15 日，东盟 10 国和中国、日本、韩国、澳大利亚、新西兰共 15 个亚太国家正式签署了《区域全面经济伙伴关系协定》（印度中途退出），当今世界上人口最多、经济规模最大、最具发展潜力的自由贸易区正式启航。

行动。

马六甲以弹丸之地，扼守海峡咽喉，纵览千帆过往；李克强总理则通过追溯郑和精神，向全世界传递出和平和共同繁荣的信念。到访马来西亚当天，李克强总理就在当地主流媒体上发表署名文章，用相当篇幅阐述了郑和的事迹。到达马六甲州之后，他又专门参观了郑和文化馆。文化馆里，船具、瓷器等展品众多，场景、人物造型栩栩如生，生动再现了郑和下西洋时的壮阔场景。不过，世人所称颂的，不是强大的舰队，而是和平的精神。郑和不在所到之处搞殖民和掠夺，这种"强不执弱，富不侮贫，天下之人皆相爱"的理念也深深根植于中国人民的文化和基因中。谈起自己的观感，李克强总理说，郑和的"和"，既是和平，又是和谐，还是包容。郑和精神"以和为贵"，也正体现了中华民族热爱和平、睦邻友好的思想精髓。

在马六甲州，李克强总理还参观了峇峇娘惹博物馆。据介绍，郑和船队回朝时，每次都有部分随从留下，与当地女子通婚，生下的男性后代称为"峇峇"，女性后代则称"娘惹"。如今，他们仍是当地社会的重要组成群体，成为见证中马友好交往和文化交融的生动例证。

在出使马来西亚的 4 年间，我踏足 13 州土地，与当地政府、民众、社团、企业广泛接触，见证了中马两国领导人间的特殊友情以及两国人民的亲密关系，深切感受到两国人民加强合作、增进了解、共谋发展的迫切愿望。正如马来西亚人民为在吉隆坡诞生的熊猫宝宝取的名字"暖暖"，中马友谊暖到了每个人的心里。我心底感受最深的莫过于习近平主席在首尔大学演讲时引用的经典："以利相交，利尽则散；以势相交，势去则倾；惟以心相交，方成其久远。"是啊，一部中马交往史正印证了"惟以心相交，方成其久远"的义利观。

美酒越陈越香，朋友越久越真。我感念，在 2008 年中国汶川特大地震以及其他重大自然灾害发生后，马来西亚人民慷慨解囊，捐款捐物，一张张热情的面孔，一句句温暖的问候，令人动容。这再次体现了血浓于水的中马友谊和两国人民兄弟般的情谊。

我感念，患难见真情，中马一家亲。2014年3月8日，马航370客机失联后，中马两国政府和人民携手共克时艰。中方力挺马来西亚政府应对舆论危机，中马关系历经考验，两国更成金石之交。2015年12月，马来西亚东海岸遭遇特大水灾，中方紧急捐赠救灾物资，火速驰援。马来西亚在华留学生自愿捐献造血干细胞，成功挽救了一位中国白血病患儿的生命。……桩桩件件，令我感动至今。在庆祝中马建交40周年答谢晚宴上，为中马建交牵线搭桥的前辈政要、"南洋华侨机工回国服务团"的英雄、华社领袖等各界友人悉数出席，我代表中国驻马使馆赠送的每一枚"中马友谊之星"纪念章，都浇铸了中马两国人民血浓于水的情谊。

我感念，马来西亚各界对中马友好和中国驻马使馆的支持与厚爱。时任上议长扎哈不但参加了我举办的所有重大庆典活动，还在使馆需要时伸出援手；"南洋华侨机工回国服务团"组织者之一丹斯里刘南辉和夫人刘陈慧玉一家坚持传统，每逢中秋佳节便给使馆送来月饼和问候；不止一次，我赴外地参加活动，返程时于路边餐馆用餐，买单时却发现已有不知名的华人朋友悄悄代为结账……

我感念，马来西亚华社为兴办华文教育所做的不懈努力。马来西亚有良好的华文教育根基，有万余个合法注册的华人社团和发达的华文报业，它们都是中马人文交流的纽带和桥梁。华人社会对马来西亚的独立和发展所做的贡献有目共睹，而为维护本民族的文脉所做的艰苦卓绝的持续努力，则令人动容。4年来我走访了数十所华文小学、独立中学，捐献善款、书籍，即出于对马来西亚华人努力保持自身文化身份和民族特性的钦佩和敬重。愿马来西亚华人继续自强不息，期待中华文化在马来西亚薪火相传，华人为开放包容、多元并蓄的马来西亚做出自己的贡献。

当前，中国正为"两个一百年"奋斗目标和"中国梦"而努力奋斗，马来西亚也致力于实现2050年国家转型计划（TN50），双方通过互利合作谋求共同发展，符合两国和两国人民的根本利益，也是中马双方勠力同心、携手奋斗的方向。中方愿同马方一道，继续落实好两国领导人业已达成的各项共识，充

一生外交生涯　黄惠康：最爱也最不舍大马

黄惠康大使获得"马来西亚华教之友"荣誉

分利用"一带一路"倡议和国际产能合作提供的广阔平台，全方位推进各领域交流与合作，推动中马全面战略伙伴关系继续走深走实。

在出使马来西亚的1380天中，我深知"特命全权"4字举足轻重，深感使命神圣、责任重大。中马两国领导人多次重申，将中马关系置于各自对外关系最优先的位置。历任中国驻马大使为夯实两国友好关系殚精竭虑，因此，我也始终将"巩固、发展、深化中马全面战略伙伴关系"作为此任驻马大使率领驻马使馆一众文武，承前启后、矢志奋斗的目标。

走过深化互信、互利合作的"黄金50年"后，中马关系正迈向唇齿相依、命运与共的"钻石50年"。我期待，也相信，会有越来越多的人传承中马友好关系，投身中马合作事业，谱写"中马一家亲"的新篇章。中马全面战略伙伴关系将继往开来，迸发出强有力的发展后劲。

志合者，不以山海为远。中马两国隔海相望，唇齿相依。

马来西亚亚太品牌基金会向黄惠康大使颁发由马来西亚前总理巴达维签发的卓越外交官奖（The BrandLaureate Diplomat Award）证书

　　缅邈岁月，缱绻平生。中马两国兄弟情深，并肩同行，共筑"丝梦"，以海为梦的起点，扬帆远航！"为者常成，行者常至。"愿中马两国国泰民安、永享太平，中马友谊万古长青！

　　（本文已在《中国和马来西亚的故事》中发表，题为《砥砺奋进，携手同行》。）

古润金
KOO YUEN KIM

古润金，马来西亚丹斯里皇室拿督、太平绅士，马来西亚第三代华裔，马来西亚著名企业家，马来西亚籍著名侨领，完美（中国）有限公司董事长。曾7次被中国民政部授予"中华慈善奖"，担任中国华文教育基金会第三届理事会理事、暨南大学董事会董事、马来西亚一中和平统一促进会会长、马来西亚"一带一路"委员会第二届理事会会长、马来西亚—中国文化艺术协会会长、马来西亚—中国公共关系协会会长、马来西亚—中国友好协会署理会长。

在中马往来中丰满人生

古润金

"一定要回祖籍国（中国）的家乡发展。"而今我已年过花甲，每每想起父辈的嘱托，仍百感交集。

我是马来西亚第三代华裔。为了谋生，祖辈、父辈们漂洋过海，远赴马来西亚落地生根。时间飞逝，凭借华夏子孙吃苦耐劳的精神，我的家族在马来西亚日益壮大，乡愁也越发浓烈。直到 20 世纪 90 年代，我终于回到了祖籍国。踏上故乡热土的那一刻，我便知道，我要留下来。从此，祖籍国中国和马来西亚串联起我的人生轨迹。

一、故乡，这么近那么远

马来西亚是一个多民族、多语言，有着多元文化的国家。华人是马来西亚的第二大族群，马来西亚存在如此庞大的华人群体，可想而知，它与中国的联系自是源远流长。

古代海上丝绸之路开通后，无数华人将茶叶、陶瓷、丝绸，经中国福建、昆仑国（在印度尼西亚和马来西亚一带），最终运达欧洲，让海上丝绸之路繁荣了几个朝代。百余年前，大量的华人到马来西亚闯荡，将饮食习惯与风俗也带到这里，他们在这里安家落户，与本地居民和睦共处，逐渐融入本土生活。

从离开家乡、踏上异国起，乡愁就在华人中绵延不休。家乡的味道和风俗成了最后的精神寄托，被世代传承。街边百年前由华人建造的楼房，仿佛诉说着华人往日的奋斗和光荣。

1959年，我的出生给乡愁又添了一份浓味。小时候，乡愁是祖父和父母回忆里的"苦日子"。20世纪初，我的祖父离开中国广东中山，漂洋过海到马来西亚奔生活，靠做苦力艰难度日。直到新中国成立，身居海外的华人们，才挺直了腰杆。即便日子依旧清苦，但背后有了日益强大的祖籍国的支持。也是从那时起，乡愁成了长辈一句句的嘱托，故乡成了我必须回去的地方。

然而，当时读小学的我还无法理解回到故乡的意义，毕竟到马来西亚后，我们一家人还没有摆脱苦日子。为了减轻父母负担，我每天6点起床，7点前就要将一大捆报纸全部送到订户手中，挣几个铜板贴补家用。

少年时代的我，梦想能拥有一辆摩托车，这样就可以多跑些地方，多送些报纸，多挣几个铜板。也是在那时候，我从报纸上读到了孙中山先生的故事，童年记忆、故乡中山和一代伟人的事迹与精神，就此重叠，影响了我的一生。

小时候，父母便告诉我，家乡出过伟人孙中山先生。即便相隔千里，孙中山先生在海外华人华侨中也一直享有很高的声望，我们全家也因是中山人，而感到骄傲。而我现在生活的马来西亚，与孙中山先生也有不解之缘。马来西亚槟城是孙中山先生早年从事革命活动的重要根据地，有"九次革命，五到槟城"之说。中国近代史上有着深远影响力的黄花岗起义，就是在槟城酝酿谋划而成的。

时空交错，故乡变得这么近，却又那么远，在我脑海中留下了深深的烙印。这份烙印，不只是地缘亲切，更给了我精神上的鼓舞与共鸣。孙中山先生"天下为公"的博爱、奉献和互助精神，成了我日后事业发展的重要精神支柱。每每遇到困难与挫折，我都会想起孙中山先生屡败屡战的坚强意志和百折不挠的进取精神，然后重新振作，继续前行。

二、回家，圆梦

1974 年，马来西亚在东盟国家中率先同新中国建立外交关系，翻开了中马关系的新篇章，开启了中国与东盟国家关系的新纪元。之后，在马来西亚，我听到了越来越多关于中国的消息，了解到改革开放让广东成为开放前沿。同期，马来西亚与中国关系也取得新发展，马来西亚政府放宽对华裔返回故乡寻根问祖的限制。

我不曾想到，远在马来西亚的"小我"的命运，会在中国改革开放的时代大潮中被改变。彼时，我已走向社会自谋生计，经过十几年的打拼，事业小有起色，也积攒了一些存款。我始终没有忘记父辈的嘱托：如果赚到了钱，一定要回中国的家乡看看。终于，1990 年 3 月，我随马来西亚中山同乡会恳亲团，踏上了魂牵梦绕的故土。

辽阔的土地，古老的文化，热情的乡亲，到处彩旗飘飘的热闹景象，飞速发展的故乡经济……一切都既陌生又似曾相识，令我至今难忘。

或许这就是故乡的魅力，游子归来就不想离开，我下决心要回报故乡，回乡创业。家乡便成了我梦想开始的地方。

1994 年，我回到家乡广东省中山市，与事业伙伴在中山市创办了完美（中国）有限公司（简称"完美公司"）。之所以取名"完美"，是因为世上本没有完美的事物，但我们以此为目标，不断追求，直至接近。我的人生，也由此翻开了崭新的一页。

万事开头难，初回中国创业时，我也曾"水土不服"。由于中国和马来亚国情不同，我不仅要适应新的市场变化，还要学习相关政策和法律法规。当时获取信息资讯的渠道还很单一，办事都依靠纸质材料，光是签字盖章跑流程就让我十分苦恼。

惆怅之际，我得到了"贵人"相助——广东省及其下辖中山市的职能部门，尤其是侨务部门给了我极大的支持和帮助，让我少走了很多弯路，更感受到了

本文作者回乡寻根问祖

乡亲间的热情友好。

带着几辈人的乡愁回到故乡，创业又逢天时地利人和，于我而言，更需发奋，不能懈怠。我和我的伙伴骑着自行车走街串巷，希望生产出真正有益的产品。

没多久，我们发现中国家庭很少用沐浴露，大多用肥皂，于是我们决定做日化产品，把沐浴露推广到中国，并逐渐扩大业务范围至健康食品、小型厨具及个人护理品等大众消费品，服务于国民的健康和美丽。

所有的成功都并非偶然，除了要十分努力，还要顺应社会需求。在这片故土上创业兴家的梦想始终支撑着我们，一路走到今天，一砖一瓦终成大厦，企业取得了长足的发展。

变的是企业的规模，不变的是初心！从完美公司创办以来，我们就向社会和消费者许下了"三个不变"的承诺：为消费者提供优质产品及服务的理念不变；为完美创业伙伴提供事业发展机会的理念不变；坚持在中国投资、长远发展的理念不变。

正如改革开放经历了风风雨雨一样，完美公司这一路走来，也并非风平浪静。无论是行业转型还是金融风暴，在企业最困难的时候，我们依然对中国充满信心，相信同胞互助友爱的血脉亲情，更相信中国共产党、中国政府的智慧，相信我们祖先生活过的这片红色热土。

30 年间，完美公司从扎根在中山的一棵小树苗，成长为一棵大树，在中国把根越扎越深。因为同根同脉，我和我的伙伴、员工们有着一致的文化认同，企业逐渐形成了继承和弘扬中华优秀传统文化的"根文化"。

诚信是中华民族延续千年的传统美德之一，也是完美公司的核心价值观之一。文化和精神的传承，让完美公司的员工们跨越了地域、背景和经历的差异，产生了精神共鸣，为了共同的梦想而奋斗。

每年完美公司都会开展研学活动，组织员工和合作伙伴到东盟国家交流学习，去得最多的国家就是马来西亚。到了那里，大家都有一个共同感受，就是华人气息浓郁，大街小巷随处可见中国文化和特色元素，让人流连忘返。

"心走近了，海峡就是咫尺。"这是 2015 年第七届海峡论坛上，中共中央政治局常委、全国政协主席俞正声说过的一句话。每当看到伙伴和员工与马来西亚原住民和侨胞互动，这句话都会涌上心头。

俗话说，远亲不如近邻。历史承载着中马两国深厚的渊源，从海上丝绸之路到如今的"一带一路"，中马两国的友好往来不只是国家层面的合作共赢，从经商贸易到人文交流，从政府到民众，这也是民心相通的必然趋势。每个身处其中的个体，都能成为促进中马民间友好的积极力量，让两国友谊也越来越牢固，更经得起考验。

三、再出发，为共同的明天

从前车马很慢，无数华人的乡愁被山川大海阻隔；后来我早上从中山出发，中午便可在吉隆坡吃饭。从前一封越洋电报可谓"家书抵万金"；如今只要一开手机，随时随地可以无时差"云聊天"。

科技的迅猛发展，在中国尤为突出。从最初几百平方米的小工厂，到现在的数字化生产基地，完美公司实现了研发、采购、制造、物流、销售、服务一体化的高质量发展。我本人和完美公司所收获的成果，其实有不少"取之于社会"。我的下半生，也因此有了新目标——再出发，回馈社会。我深谙，"科技兴邦，实业兴国"背后是教育先行、人才先行。对于教育的重要性和教育对人命运的改变，我本人更是深有体会。

小时候，我就读于马来西亚的华文学校，所有的书本、学费基本要靠社会爱心人士捐助，尤其是华人捐助。靠着助学金、奖学金完成学业后，我才有了回故乡创业的底气和资本。自 1997 年在延安捐建第一所完美希望小学起，至今

完美公司向希望小学进行捐赠

我们已投入超 1.1 亿元，在全国各地捐建了 100 多所完美希望小学。教育是送给孩子最好的礼物，我们希望，让教育改变孩子的一生，甚至改变孩子所在的村庄。

2019 年，我在暨南大学发起成立"古润金丝路基金"，希望帮助更多的马来西亚学子圆他们的祖籍国（中国）大学梦。同年，33 名马来西亚学子成为第一批获得"古润金丝路基金"资助的学生。基金的设立吸引了越来越多马来西亚学子来华求学，使得暨南大学近年出现了马来西亚学子报读的小高潮。

我希望：让乡村的孩子靠教育走出大山，走向广阔世界；让远隔重洋的游子回到祖籍国，亲近中国文化，享受更优质的教学资源。我相信"走出去"和"走进来"的孩子增长了学识后，也会成为中国文化交流的使者，让中国传统文化沿着他们的足迹发扬和传承。

在文化传承、扶贫扶智领域的多年深耕，让完美公司践行社会责任的步伐更加坚定。今天的完美公司在追求企业稳健发展的同时，坚持"取之于社会，用之于社会"的公益理念，在中国捐资总额逾 8 亿元，已经形成捐建希望小学

完美（中国）日用品有限公司向中国华文教育基金会捐资

暨发起希望教师工程、推广母亲水窖、倡导无偿献血、参与慈善万人行、支持华文教育、推动禁毒事业等公益体系项目，全力促进"华人世界和谐共进"。

作为海外华人，我为中国如今的崛起感到自豪，更欣喜于看到中国闪耀的未来。2019 年岁末，共青团中央、中国青少年发展基金会在北京举办"托起明天的太阳——希望工程实施 30 周年报告会"。我从会上得知，全国希望工程 30 年来已累计接受捐款 150 多亿元，援建小学 2 万余所，资助家庭经济困难学生 590 多万名。

公益慈善事业的发展水平，是一个国家文明进步的重要标志，中国特色公益慈善事业发展之路正越走越宽。完美公司和我个人也有幸在会上获得"突出贡献者"殊荣。此外，从 2008 年起，我曾先后 7 次获得中国民政部颁发的"中华慈善奖"。

每一座奖杯是荣誉也是鞭策，每一次社会认可是完满总结也是新的开始。在我眼中，慈善不是理性，而是一种义务，一种精神，我有责任传承下去。我很喜欢"舍得"这个词，这 2 个字里充满了人生处世的辩证法。有所舍必有所得，舍的越多，得到的也就越多，我要用这 2 个字鞭策自己更努力，创造更多社会价值。

"一带一路"倡议为共建国家提供了难得的发展机遇。其中，经济合作固然重要，教育合作也意义深远。华文教育也关系着中华文化在海外的传承，也有助于增强区域文化的交融，促进中外民心相通，扩大互利共赢的合作基础。

学好中文、用好中文，对华侨华人来说意义重大、影响深远。作为华文教育最直接的受益者，近年来我通过完美公司向中国华文教育基金会捐资 1.21 亿元，用以发展海内外华文教育。

捐助资金所投入的华裔青少年中华文化传承（夏、冬令营）、华文师资培养工程、传统节庆文化拓展工程、暨南大学校区建设、东盟留学生运动会、"知行中国"等项目，成为华裔青少年了解祖国文化的窗口。我希望孩子们能在最好的年纪，好好品味中华文化，讲好中国故事。

"文化中国·四海同春"在马来西亚吉隆坡演出

最近几年，参与社会公益事业占据了我大部分的时间。我本人也担任了马来西亚—中和平统一促进会会长、马来西亚—中国公共关系协会会长、马来西亚—中国友好协会署理会长、马来西亚—中国文化艺术协会会长等社会职务。

身份越多，责任越大，在促进两国文化交流中，坚决拥护中国统一是根本。2016年，马来西亚—中国文化艺术协会、马来西亚—中国友好协会和完美公益文化传播基金联合主办了"时间的船——2016马中文化交流艺术盛典"；2018年，央视中秋晚会首次走出国门，设置海外分会场，其中一个分会场就设在马来西亚吉隆坡。这些跨国的大型文化艺术活动，展现了中马两国在文化、艺术、旅游、公益等领域的交流和发展。我作为马来西亚—中国文化艺术协会会长，在其中牵线搭桥，为活动筹备提供了支持。

在我看来，要实现"一带一路"倡议所倡导的区域共通共荣，文化交流必须扮演举足轻重的角色。我希望能尽自己所能，充分发挥文化的桥梁、引领作用，向世界讲好中国故事，让不同文化共融发展，促进中华优秀文化加快步伐"走出去"，助力"一带一路"倡议落地开花。

2020 年，新冠疫情肆虐全球，也未能阻隔中马两国的亲密联系。面对疫情，中马双方从官方到民间，都互相支持、共克时艰，在疫情的不同阶段伸出援助之手，通过分享抗疫经验、支援防疫物资等，传递了双方患难与共的情谊，也传递了战胜疫情的信心和力量。

我也通过完美公司向湖北省武汉市等疫情严重地区捐款 500 万元，向马来西亚政府捐赠 100 万只防疫口罩，并通过马来西亚广东会馆联合会发起筹款活动，捐助广东省慈善总会，支援广东抗击新冠疫情。马来西亚各地广东会馆和侨胞快速响应，成功在 8 天内筹得 60 万林吉特[1]，让我深切感受到中马一家亲。

疫情之下，中国制度的优越性和中国精神的伟大力量获得了国际社会的认可。中国政府充分动员全社会资源，在短时间内，迅速实现全国上下一致的团结，以举国之力打赢"防疫"这一仗，这是一般人想象不到的。

后疫情时代，"一带一路"和健康中国、数字中国的建设，自贸区、粤港澳大湾区的规划布局，让前路更加宽广。新基建浪潮的蓬勃兴起，也为中马两国未来在数码经济、"互联网＋经济"和电子商务领域的互联互通和务实合作提供了更多的可能。

中马推进全面战略伙伴关系，给两国民众带来更多工作机会和优质商品，也让两国人民分享到贸易交往的红利。交通便利了，科技发达了，沟通交流突破时空局限，两国就走得更近了。

中马建交 50 年来，中国已成为马来西亚除东盟邻国外最大游客来源国，两国在政治、经济、人文、安全等领域的务实合作都在顺利推进，尤其是两国经贸合作在"一带一路"倡议和国际产能合作两大抓手的推动下实现了全方位、跨越式的推进。

在双方共同努力下，中马全面战略伙伴关系正大踏步迈入新时代，迈向更高水平，实现更大发展。中马两国不断收获累累硕果，纤纤小树如今已长成参

---

1 1 马来西亚林吉特 ≈1.5 元人民币。

天大树，枝繁叶茂。

身处其中的我们，既是投资者，也是受益者，既是共建者，也是共享者。对于华侨华人来说，应该积极调整，紧抓这个利国利民的好机遇，争当新一轮对外开放的排头兵和创新发展的先行者，通过与住在国不同群体保持良好的联系，将"一带一路"打造成文明交流、国家合作的和平通道和友谊桥梁，进一步促进中华文化在丝绸之路沿线各国遍地开花。

"志不立，天下无可成之事。"心中有信仰，肩上有担当，脚下才会有力量。为我们共同的明天，再出发！

（本文已在《中国和马来西亚的故事》中发表。）

陈佩洁
CHEN PEIJIE

　　陈佩洁，资深外交官、国际法专家。曾任中华人民共和国外交部条约法律司副司长、中国驻哥打基纳巴卢总领事馆总领事、中国驻圣保罗总领事馆总领事等职。任内，为中外友好交往事业做出突出贡献。2016年11月11日，浙江省杭州市与马来西亚沙巴州首府哥打基纳巴卢签订了国际友好交流城市协议，2019年9月20日，两市关系升级为国际友好城市关系。

难忘沙巴

陈佩洁

离开沙巴已数年，一切却仍如昨日。

2015年1月30日晚，我作为首任中国总领事抵达马来西亚沙巴州首府哥打基纳巴卢，开启了在著名的"风下之乡"两年半的工作生活。900多个日日夜夜，总领事馆从无到有，工作从零起步到各领域小有成果，我和我的团队从人生地不熟到朋友遍沙巴，其间有艰辛也有欢乐，更有太多难忘的回忆。里卡士湾的海风抚岸、神山的晨光微曦、诗巴丹岛的碧波仙境历历在目，中华文化的出色传承、各族友人的真诚友善、双方真切的友好情谊，更是令人难以忘怀。

热烈的欢迎仪式

美丽的沙巴落日风光

一、设立总领事馆，友好关系迈上新台阶

　　沙巴州地处东马的婆罗洲岛东北部，与位于马来半岛的西马隔海相望。历史上曾称"北婆罗洲"，于1963年加入马来西亚联邦成为一个州，改称沙巴。这里属热带气候，雨水充足，土地肥沃，植被丰富，山水相连，景色宜人，有世界三大最美落日之一、世界三大最佳潜水胜地之一、东南亚最高峰神山，是一片美丽且充满神奇色彩的土地。沙巴与中国的渊源，来自一个神奇的传说。神山名基纳巴卢山（Mount Kinabalu），意为"中国寡妇"。相传古代中国，有一士兵随长官被遣来沙巴，巧遇原住民酋长女儿，一见倾心并终获芳心，与之结为夫妻。后来士兵返回祖国，允诺尽快归来。姑娘日日上山北望大海，盼望夫君归来，直至化为望夫石，这座山也由此得名。这传说通过各界各族官民口口相传至今，虽版本有所不同，但都一致认为这是沙巴与中国交往亲善已久的

证明。

2014年5月，中马两国政府签署建交40周年联合公报。其中一项内容是，马方欢迎中方在哥打基纳巴卢（下文称"哥市"）设立总领事馆。

建馆工作于2014年末启动。2014年12月31日，4位同事先期抵达，1个月后我前往会合，建馆小组以只争朝夕的干劲开始工作。寻找馆舍是第一件大事，但要找到一个现成的既区位合适、有足够办公空间，又能体现中国气派和风貌的馆舍，谈何容易。同事们顶着烈日把哥市转了无数遍，各族各界特别是华人朋友也纷纷热心推荐。那段日子，除了频繁的拜会、会见、出席活动，大家把全部精力都放在找馆舍上。一张大大的哥市地图挂在房间里，我们用各种记号在上面标注着我们的"作战"方案，大家白天"扫街"寻觅、看房、洽谈，晚上挑灯研讨筛选。记得那年春节，全体同事只在大年初一放假1天。一两个月下来，大家都黑瘦了不少，也算成功融入了当地。当时我们暂时下榻当地的香格里拉酒店，每天最轻松欢乐的时段便是白班结束、晚班开始前，我们集体跑去海边看著名的沙巴落日，天天看天天拍，也不觉得有审美疲劳。大家上传各种美照到朋友圈中，也释放了工作压力。经过日复一日昼夜鏖战，终于锁定馆舍，接下来是合同谈判、改造馆舍、雇用雇员、筹备开馆仪式。

2015年4月27日，中国驻哥市总领事馆在中马建交41周年前夕开馆揭牌！中国驻马来西亚大使黄惠康代表我国政府出席揭牌仪式，并主持了我们同日举行的升旗仪式、总领事馆官网开通仪式。当国歌奏响、亲手升起国旗的瞬间，我泪眼模糊！3个月的辛苦值了。

开馆后，尽快能办签证成为当地人普遍而迫切的期待。为实现我确定的年内开办的目标，同事们再次拼了，沟通争取授权、建设签证大厅、安装调适设备、招募与培训人员……紧锣密鼓一阵忙碌后，2015年12月28日，签证大厅正式对外开放。

中国驻哥市总领事馆开馆、签证开办，令沙巴人欢欣雀跃。踏着这新台阶，沙巴进入与中国交往并亲善的新阶段。

中国驻哥市总领事馆开馆仪式

漫游海上丝路

二、守望相助，美好情谊温暖人心

沙巴因其天然海岛风光而成为旅游胜地，加之区位优势，吸引众多国人前往。中国成为沙巴第一外国游客来源国。中国驻哥市总领事馆开馆后，直飞航线与航班迅猛增加，游客数量大幅攀升，随之而来的领事保护与协助案件逐年增多。妥善处理突发事件，维护来沙巴旅游的中国公民的安全，是总领事馆的一项神圣职责。总领事馆没有专职领保干部，忙起来时，人员调度分外紧张。为及时妥善维护中国公民切身利益，唯有大力依靠当地政府及各界力量，特别是领保联络员发挥作用。

2017年1月28日，中国农历大年初一，一艘载有28名中国游客的快艇在驶往旅游景点环滩岛途中倾覆，引起国内外广泛关注。中国驻马使领馆迅速启动应急机制。黄惠康大使在吉隆坡坐镇指挥，我在一线率领保干部每天亲临搜救指挥中心协调搜救。马方海军、空军、警方派出多艘舰艇和多架飞机在3000多平方海里范围内持续搜救数天。最终在极其艰难的情况下，20人获救生还。领保联络员及华人社团与中资企业志愿者24小时轮班看护照料归来伤者、接待国内家属。马来西亚警方24小时值守确保安全。"1·28"沙巴沉船事件在多方支援下得

陈佩洁总领事在搜救指挥中心协调搜救工作

访问曾有中国游客遭绑架的海岛

到高效妥处。事件发生 17 天后，全部获救人员及遇难者家属顺利回国。

一次，一个中国香港居民自驾小船在古达海域失联，我们坚持不懈地协调搜救。沙巴海军、海警、渔业协会等官民各界坚持数天在相关海域展开搜救，失联者 12 天后获救归来，人们惊叹创造了奇迹。还有一次，来自中国辽宁的旅游团 9 人在吧巴（Papar）遭遇车祸，多人受伤。当时我正在当地访问，闻讯后立即中断行程赶往医院探望和安抚伤者，而领保联络员已先我赶到医院，妥善安排伤者就医及回国等后续事宜。

在所有案件的处置方面，有我工作团队的努力，更有当地官民各界、领保联络员的全力配合与付出。热心负责的领保联络员有时还会自掏腰包解决游客的食宿和机票问题。这是中马友好情谊的传递，是血浓于水感情的真实写照。

沙巴民风淳朴，慈善氛围浓厚，有大大小小几十家关爱弱势群体的民间团体。2008 年汶川地震时，沙巴各界踊跃捐款捐物，谱写了患难与共、守望相助的感人篇章。参与当地慈善活动成为总领事馆的一项日常工作。任内，我走访了福利院、

热心负责的领保联络员们

老人院、地中海病协会、乳腺癌协会等多个慈善机构，向病患和老人们送上问候，陪同孩子们玩耍，同时在力所能及的范围内，急其所急、助其所需，助力"民相亲"。

故事一，资助福利院建车棚。"希望之山"福利院收留了40多位各族孤儿及残障人士，靠社会捐助的车辆往来医院等地。但因日晒雨淋，车辆折旧很快，孩子们上下车也会淋雨，急需一个停车棚。总领事馆决定为福利院捐建一个大型车棚，并请中资公司承建。建成仪式上，孩子们欢乐无比。院方说，车棚在为孩子们遮风挡雨的同时，还可兼作室外活动场地。

故事二，捐赠换血仪器挽救病患。在沙巴，地中海贫血症患病率较高，每年都有不少年轻的生命因此病而离世，如果及时换血，生命就可以延长。换血既需要血浆，也需要专门的仪器，而换血仪器较为昂贵，沙巴地中海病协会仅有为数不多的几台，不敷所需。总领事馆决定向协会捐赠一批换血仪器。患病的孩子们感恩落泪，唤我"爱心妈妈"，令我十分动容。

故事三，捐鼓助康复。乳腺癌协会由患病者和已康复者组织，宗旨是鼓励患病者保持乐观、加强锻炼、战胜病魔。访问中我获知，挥臂击鼓有助于康复训练，便决定捐赠一批太鼓，同时应邀率领同事们参加了主题义跑。

故事四，赈灾。传闻中，"风下之乡"从无地震、台风、海啸等自然灾害。然而，2015年6月5日晨，神山所在的兰瑙县发生了5.9级地震，当时很多游客正在登神山观日出。地震造成包括1名中国游客在内的18人死亡，大量房屋损毁，损失巨大。这使不曾遭受过此等自然灾害的沙巴人感到意外和惊慌。在妥善料理不幸遇难的中国游客的后事后，总领事馆决定向州政府进行赈灾捐赠，并访问地震中受损最严重的学校，为校舍灾后重建提供捐助。一间重建的教室被命名为"思源室"。州政府和各界说，中国总领事馆是灾后第一个参与赈灾的外国政府机构，当地人民对这友好相助的情谊感佩至深。

总领事馆在当地参加慈善活动，助力"民相亲"

开展这些工作时，我们带着感动与友爱尽最大努力去传递真诚与温暖，得到的回馈是更大的感动、更深厚的情谊。我想，这正是双方人民守望相助、睦邻友好的生动体现。

三、文明互鉴，中华文化延绵传承生生不息

沙巴人主要包括马来人、土著（原住民30余族）、华人，人们和谐相处、彼此欣赏，是沙巴的特点和沙巴人的骄傲。沙巴一年到头节日多。无论哪个民族的节日，全体沙巴民众都会穿上这个族群的特色服饰，同欢共庆。例如：年初春节，从州元首、首席部长等各级政要到普通百姓，都穿上唐装，赶赴华社举办的连绵月余的中国新年庆典活动；5月卡达山族丰收节（卡达山族是原住民的一支），人们便都穿上卡达山民族服饰欢聚，畅饮他们自制的佳酿；开斋节与独立日，人们同样都穿着马来装聚于各欢庆场合。入乡随俗，我除了在中国重要节庆时着旗袍，也在当地定制了马来袍、卡达山族衣裙，并在有关节庆时应时应景地穿，受到热烈欢迎。我和同事们都学会了歌颂沙巴的当地著名民谣 *Sayang Kinabalu*（《亲爱的京那巴鲁》）和特点鲜明的卡达山族舞蹈。

与当地民众一起欢度
卡达山族丰收节

这样的土壤，以及各族群对中华传统文化发自内心的喜爱，为中华文化传承奠定了良好基础。而华人华侨以传承中华文化为己任并代代相传、倾心付出，则确立了这里的中华传统文化海外传承最佳的傲人地位。春节、元宵节团拜，端午节国际龙舟赛，中秋赏月，重阳敬老，州政府给予支持，各族群参与其中。有意思的是，虽舞龙舞狮和龙舟赛、武术赛等由华人主导，但参赛队伍中大多是马来人或原住民，其喜爱程度可见一斑。当地官员骄傲地告诉我，这里的中华传统文化源自中国，但在有些方面已超越中国，比如在国际舞狮大赛中获得冠军的往往不是来自中国的选手，而是马来西亚选手。

华文教育是这一骄傲中的重点。华人坚信再穷不能穷教育，华人先贤们筚路蓝缕、呕心沥血，不懈努力、代代传承，华文教育成为沙巴教育体系独具特色的组成部分。华文教育的重要性深入华人骨子里、血液中。令人印象深刻的是，与华人交流时，无论华人是官员、商人，还是社会名流，华文教育始终是大家热衷的重要话题，他们会骄傲地告知别人自己在某华校任校董或承担什么工作、自己所在社团旗下管理着哪家华校等。

沙巴有中小学华校共 100 所。华校的华人学生多精通三语（马来语、英语、汉语），成绩优异，原住民和马来学生也以能入华校为荣。长辈说中华文化的熏陶使年轻一代更懂礼仪和敬重长者。当地高官也争相将自己的子孙送去华校读书。在书法大赛上，常常能见到包着头巾的马来姑娘挥毫泼墨；卡达山小伙子在华文演讲比赛中折桂。挥毫甚至成为一种常见仪式。我在很多应邀出席活动的场合，都被要求与几位嘉宾一同先行挥毫，看着身旁华人部长们写得潇洒，我很心虚和自愧不如，即刻开始苦练。

华校资源有限，看重社会捐助，对总领事馆的支持充满期待。习近平主席说，马来西亚华侨华人是中马友谊和合作的亲历者、见证者、推动者。我在沙巴深深感受到了这一点，当地华文教育的成就也彰显了这一点。支持华文教育是总领事馆的重要工作内容。除了走访多所学校，举办教师节活动，还要与学校协商派书法、武术、舞蹈老师办夏令营，安排学生赴华参加寻根之旅，捐

积极参与当地华人社会弘扬中华文化的活动

赠图书等。我们在开馆次年即设立了总领事馆年度奖助学金，为华校里贫寒且成绩优秀的学子提供资助，极大地激发了孩子们的学习热情，鼓舞了办学者的信心。

四、青山不老，岁月静好，谊水长流

　　沙巴与中国往来频密，过去当地华人常去往广东、福建等祖籍地。总领事馆设立后，沙巴各地都热切希望总领事馆能够帮助其加强与中国的交往合作。我到访多地，并把推进地方交往合作作为工作重点之一。我们协助首府的最大县兵南邦县议会团访问江苏、上海。在访问归来的座谈交流中，议会主席兴奋告知，通过了解中国城市规划和基层治理经验，他对中国的可持续发展理念和中国政府为人民服务的宗旨留下了深刻印象，还与中国城市签订了友好城市协议，这是该县对外交往史上开天辟地头一回。我们还安排沙巴州议会代表团及媒体代表团访华，考察东西部重点地区，了解"一带一路"倡议，并促成哥市与杭州结好，开创哥市对华建立友城关系先河。代表们访问归来后感受都很深，议员们撰文介绍，媒体记者们举办图片展。国内各地到访人次增多，中资企业有了更大投资兴趣，中国潜艇编队也首访沙巴。沙巴与中国的往来与日俱增，合作的路越走越宽，联系的纽带越系越紧。

访问兵南邦县

哥市与杭州结好

民间的情谊令我备感温暖，记忆中那些画面总在回闪：甫落地和离任时，机场数百人热情欢迎和深情相送，警察总监说我离开沙巴当天是沙巴的伤心日；访问各地，总受到警车开道等隆重接待，虽然我每次都专门交代同事叮嘱接待方，轻装简行、避免惊扰当地民众，但效果不彰，当地人喜欢用这样的方式表达热情真诚和对中国发自内心的友善；访问华校并出席活动，师生们热情呼喊着表示欢迎；作为唯一外宾，我应邀出席州警察年度军乐队列操练；有几位耄耋老人，重阳节我必登门看望，其中一位老人家病重离世前说想再见见我，我即登门探望，送上最后的祝福，后来我离任时，其女儿绣了一幅我的十字绣像相赠；一位土著小姑娘将赴华参赛，其父母希望行前见总领事，我即安排见面，给小姑娘鼓励，其母含泪说这是一生中的珍贵时刻；为助华文教育募捐，我首次在大众面前开嗓唱歌，毕生投身于华文教育的老人激动落泪；当地人喜我亲和，外出时我常被路人认出并激动求合影。主流媒体高度关注总领事馆和我的信息，且每出席活动必做采访，争相登载，常以头版刊出。有趣的是，一次媒体问我在当地生活的感受，我笑言：受到大家的喜爱，感觉像明星一样。转天，报纸

媒体报道

就以《我感觉像明星》为题登出采访报道。我与各界友人当时建立的友谊持续至今。无论是海上搜救指挥官、警察总监还是大学校长，每逢年节都与我互致问候，沙巴大学校长还专门发来师生们为中国抗疫加油的视频。华人华侨更是与我感情至深，时常发来想念与问候之语，每逢总领事馆开馆纪念日、我抵离任的日子，就翻出当时的照片发至个人社交媒体。浓浓的情谊未因时间流逝而变淡。

美丽的仙本那风光

总领事馆开馆时，我承诺总领事馆要成为增进两地人文交流、便利人员往来的友谊之舟，促进经贸合作、分享发展机遇的合作之桥，华人传承中华文化、了解中国发展、参与中国建设的服务之窗，旅沙中国公民的海外之家。一路走来，总领事馆在当地落地、扎根，努力发挥着"舟""桥""窗""家"的作用。再回首，已7年。祝愿中马友好长青！祝愿美丽的"风下之乡"繁荣发展，祝愿那里的人民幸福绵长！

吴恒灿
GOH HIN SAN

　　吴恒灿，马来西亚拿督，祖籍中国福建省宁德市古田县，是马来西亚新生代华侨华人优秀代表。吴恒灿是少数精通中华文化以及马来西亚文学的专家学者。出于对中马文化的热爱，他奉献 40 多年心血促进中马两国经贸、文化的交流发展，也正因为如此，在 2013 年他被苏丹赐封"拿督"（等同于男爵）。现任马来西亚汉文化中心主席，马来西亚华语规范理事会委员长，马来西亚旅游、艺术与文化部国家文化理事会成员，中国—东盟商务协会总会常务副总会长，马来西亚清华大学理事会副理事长，广州海外联谊会副会长，天津市海外联谊会常务理事。2023 年被授予"山东省荣誉公民"称号。

　　2009 年马来西亚汉文化中心成立，他担任主席迄今，积极在马来西亚发扬及推广中华优秀传统文化。在中马语文、教学、考试、翻译、出版、教育展览、文化交流、职业技术教育等各领域开拓新的平台，促进各民族文化交流。2019 年与浙江大学出版社社长鲁东明签署了"良渚文明丛书"马来文版谅解备忘录。

我和中国的文学因缘

吴恒灿

选择这个题目我有把握，因为我真正参与了中国文学在海外的推广过程，尤其是中国文学进入当地主流社会的过程。我一直强调我们在海外有 6000 多万华人华侨，他们在海外居住，有些成为当地的公民。在让中国文学在当地跟主流社会融合方面，海外的华人华侨扮演着很重要的角色。一直以来，中国文学在海外都是在华人、华社、华侨圈里推动的，包括在马来西亚也是一样。今天，我想讲一个故事，是关于中国文学在当地主流社会通过翻译来推广的真实故事，这也是我和中国文学的一生因缘。

一、源起

我要感谢马来西亚华裔先贤们在捍卫华文教育方面做的努力，他们使马来西亚成为除了中国以外华文教育体系保存得最完整的国家，也让我有机会接受从小学到高中，一共 12 年以汉语为主要教学媒介语的基本教育。我的华文能力，就是在浓厚的中华文化氛围中打好了基础。

高中毕业后，我考入马来西亚华人社团开办的第一所私立华社高等学府——

新山宽柔马来学系专科班（现升格为南方大学学院），接受3年马来文的专业培训，我的马来文和华文双语能力的培养就此开始。

为报答华社的栽培，我在2所华文独立中学担任马来文教师。我在教学中发现，在马来西亚这个拥有多元文化和族群的国家，2个主要族群——马来民族与华族之间的文化交流还很不够，我希望能为此做些事。

1986年，我和一批志同道合的朋友成立了马来西亚翻译与创作协会，我担任协会秘书长（现任会长），组织精通双语的人才，有计划地将马来西亚华人文学作品，包括短篇小说、诗歌、儿童文学等翻译成马来文，并说服马来西亚国家语文局出版。我不计较稿酬，有时还自掏腰包资助翻译作品出版销售，想方设法将翻译好的作品打入马来西亚主流社会读者群。我们的理想是：通过译介交流，促进民族团结。

我们默默耕耘，出版了多部马来西亚华人文学作品的马来文译本，并举行了一次大规模的文化交流史料成果展，让马来西亚主流社会开始对马来西亚华人文学作品有所了解。

我们持之以恒的翻译工作，受到了当地社会的赞赏与肯定，这也增强了我的信心。我觉得这条路走对了。在实际工作的磨炼中，我们这一批翻译工作者的翻译技巧也日趋成熟。

二、破冰之旅

1989年12月17日，受中国新闻出版署的邀请，我陪同马来西亚国家语文局官方代表团访问中国，并走访了北京、上海、杭州及广州等多个城市。这是代表团首次访问中国，每一位成员也都是第一次来到中国。由于中马之间民间还没正式互相开放，代表团甚至还带了很多清真食物，以备不时之需。当时我们对中国真的不了解，最后这些清真食物一点都没吃。中国的清真餐馆比马来西亚多得多，而且食物又好吃，所以我们带去的食物后来都送人了。在这次为期7天的破冰之旅中，中马两国第一次签署了文学交流合作谅解备忘录，开启了中马在文学、语文、翻译、出版、印刷及书展六大领域的合作。我见证了这一历史时刻，心中激动万分。1989年的访问，在历史上被定位为中马两国正式在文学、语文、翻译、出版、印刷、书展等六大领域上的官方合作，同时我们也是当年东盟国家到中国访问的第一个教育代表团，为后

1989年的访问资料

来中国文学在马来西亚主流社会推广奠定了重要的基础。这份工作我一直做到30多年后的今天。

当时我在北京许下承诺：一定要把在马来西亚将马来西亚华人文学译成马来文的看家本领，搬到中国这个更大的舞台上来，将中国优秀的文学作品翻译成马来文，也将马来西亚杰出的文学著作译介到中国，让中马两国文化交流有更实在的成果。

回到马来西亚后，国家语文局委任我为总策划，推动和完成谅解备忘录中的合作项目。经过2年的努力，1991年，马来西亚短篇小说选华文版《瓶中的红玫瑰》由山西省太原市北岳文艺出版社出版，由我跟北岳文艺出版社的人员共同担任主编。这是新中国第一部与马来西亚官方合作出版的文学著作，已被载入史册。我再次随马来西亚国家代表团出席在太原举行的新书首发式。看着自己辛勤努力的成果面世，我心中的激动无法形容。

1993年，我在教学之余担任编审，将20位中国近现代、当代女作家的短篇小说翻译成马来文，交由国家语文局出版。这也是中马文学交流史上第一部

被译成马来文出版的中国文学作品，书名为《撒尼大爹》。我也是第一次一边译审，一边欣赏当时在马来西亚很难看到的中国近现代、当代优秀女作家的作品。《撒尼大爹》马来文版在吉隆坡顺利出版，象征中马两国文学交流史开启了新篇章。作为马来西亚官方出版的第一部新中国女作家短篇小说选马来文书籍，该书介绍了包括冰心、李纳、王安忆，以及王安忆的妈妈茹志鹃等 20 位中国女作家。这是马来西亚主流社会读者群第一次全面了解新中国女作家及其创作，反响非常热烈，此书也很快再版。

　　合作出版是双向的，中国和马来西亚分别选出 20 位当代作家，互相对译，互出一套。1993 年，中国通过北京现代出版社出版了《马来西亚女作家短篇小说选》，我也以笔名"百粲"翻译了其中一篇。这是新中国出版的第一部马来西亚主流社会的女作家短篇小说集的中文版。趁当时马来西亚总理马哈蒂尔访问中国之际，这本书由总理夫人茜蒂·哈斯玛在中国新闻出版署的安排下，于 1993 年 6 月 17 日在中国人民大会堂举行隆重的首发仪式。中国贵宾是全国人大常委会副委员长孙起孟。我当时担任总理夫人的翻译。所以，这个层次极高的新书发布会，是我们在"破冰之旅"后，双方一直不断推动的成果，是"中国走入世界，世界走入中国"双向合作的典型案例。

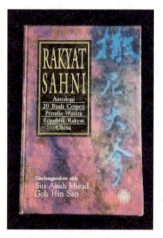 

《撒尼大爹》及《马来西亚女作家短篇小说选》

三、呕心之作

把中国名著翻译成马来文，可以算是我们的呕心之举。早在 30 多年前，我就已经发现中国的古典小说和故事有必要在马来西亚主流社会推广，让人口约占 70% 的非华裔读好中国故事。所以 1991 年，在我担任国家语文局各民族翻译咨询委员会成员期间，在我的策划之下，这些书就由国家语文局出版。国家语文局迄今还是马来西亚最大的官方出版机构。《白蛇传》马来文版应该是进入马来西亚主流社会的第一部中国民间传说故事图书，以马来文配合当地民俗文化译为"白色仙女"，以协助销售。这是我最初策划出版中国故事的一个尝试。

在 1991 年《白蛇传》马来文版出版之后，我被国家语文局邀请协助推广活动。我上马来西亚广播电台，第一次通过广播给马来西亚听众讲解中国的民间故事《白蛇传》。当时这部书在市场上已经销售了接近 6 个月，马来西亚社会对此书的反响出乎我们的意料。记得当时我在马来西亚广播电台推广这部书，与听众交流的时候，其中一个马来西亚听众一上来就问："为什么这个和尚这么多事？这么美丽的故事就应该让它发展下去。为什么要去破坏人家的爱情？对不对？"

从马来西亚社会的角度去了解中国故事，对我来讲是很新鲜的事。一个中国民间故事，竟然会得到马来西亚社会的共鸣，我感到很奇妙。我一直以为中国故事只在中国的族群里传承，可是我后来发现，原来文学是可以超时空、超宗教、超宗族、超文化的，可以变成全世界的文化遗产。就是说中国文学不单单是中国人的，中国文学通过翻译也可以成为世界文化、世界文学的一部分，就好比莎士比亚是英国的，但他的作品现在成为世界文化遗产，丹麦安徒生的童话也是中国的儿童所喜欢的。

今天我提中国文学，是希望在"一带一路"倡

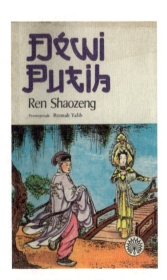

《白蛇传》马来文版

和薜两鸿老先生的合影

议下，中国文学能够走出去，让世界共享，这是一个很重要的方向。果然不出所料，在我们的大力推动之下，1992年，在马来西亚出版的几百种故事书籍里面，《白蛇传》马来文版成为十大畅销书之一。

除了《白蛇传》马来文版以外，我们也出版了《梁山伯与祝英台》马来文版和《聊斋志异》马来文版，它们都是由我策划的。其实《聊斋志异》马来文的翻译，是由印度尼西亚归国华侨薜两鸿老先生做的，他是中国国际广播电台马来语广播创办者。我在北京访问期间，薜老先生亲自到酒店交给我文稿，希望通过我在马来西亚出版。我们按照外文出版社的英译选本，不是全译，而是选出60多篇进行翻译出版。终于在1995年8月5日，我们在吉隆坡隆重举行《聊斋志异》马来文版推介会，邀请马来西亚国际贸易及工业部副部长郭洙镇担任推介贵宾，薜两鸿夫妇在我的邀请下也出席了。另外一部《梁山伯与祝英台》马来文版的反响也很好。

有了鼓励，有了信心，我开始有了更大胆的想法——翻译中国四大古典名著。目前在海外，由同一个组织、同一个出版社、同一批人用多年时间陆续把中国四大古典名著全面翻译出来的，应该不多。我带领团队，在2002年、2012年、2015年、2017年分别完成了《水浒传》《三国演义》《西游记》《红楼梦》马来文版的出版。在我的努力下，我们成功地把中国四大古典名著打入马来西亚主流社会。

2002年，我们将《水浒传》马来文版正式交国家语文局出版，此消息在马来西亚轰动一时，传为佳话，我们迈出了将中国四大古典名著全部翻译成马来文出版的第一步。我们在2002年6月7日举办了《水浒传》马来文版的推介仪式。每一部四大古典名著马来文版出版后，我们都会举办推介仪式。推介仪式很隆重，当时由国际贸易及工业部副部长郭洙镇主持，体育部副部长翁诗杰拿督担任评述人。大家出钱又出力，找人购买并捐给学校，尽量把第一版售光。我们向国家语文局证明，中国古典小说马来文版是受欢迎的。

为了获得国家语文局的支持，我们承诺任何出版的中国翻译名著，都将安排华裔民营企业家购买，并赠送给学校图书馆。这个方法很有效，既解决了出版经费问题，又推广了翻译成果。

在《水浒传》马来文版出版 10 年后的 2012 年，我们成功推出了《三国演义》马来文版。2012 年 5 月 17 日，在国家语文局举行的首发推介仪式上，我们邀请了马来西亚副总理慕尤丁主持首发式，还请演员在现场表演了《三国演义》中刘备、关羽和张飞桃园三结义的戏剧片段，让马来西亚社会了解中华文化博大精深的"义"的含义。

从《水浒传》到《三国演义》的翻译出版耗时 10 年，以至于当时的中国驻马大使柴玺先生在报纸上公开呼吁加快《西游记》马来文版的翻译。

更好的事接踵而来，正好碰上 2013 年"一带一路"倡议的提出，我们立马

请演员表演《三国演义》中刘备、关羽和张飞桃园三结义的戏剧片段

加快步伐，并与浙江出版联合集团及其旗下的浙江古籍出版社[1]合作。我们很快就在 2015 年 11 月 22 日，趁着中国国务院总理李克强访马的时候，在李克强总理的见证下，将刚刚出版的《西游记》马来文版赠给各大院校。李总理也在访马期间将此书赠给了马六甲州民众。这一次的翻译只用了 3 年时间，受到时任中国驻马大使黄惠康的大力赞扬。

《西游记》出版时还面临一个小小的争论：《西游记》里面有猪八戒，会不会对马来西亚社会有影响？李总理赠送该书会不会引起外交事件？其实这个争论很快就解决了，没有任何问题，因为猪八戒不是猪，而是神话故事中的人物。

《红楼梦》出版后不久，马来西亚总理马哈蒂尔到北京参加中马对话。在马哈蒂尔与中国国家主席习近平会见的前一天，即 2018 年 8 月 19 日，我们在北京举行推介仪式，邀请马哈蒂尔在百忙之中参加为齐全的中国四大古典名著马来文版举行的推介仪式。所以，我们这套四大名著马来文版的推介登上了国家的最高舞台。我的心愿也终于圆满实现：译介交流，共享文学，促进和合。

我一直在观察这套四大名著在马来西亚社会会引起怎样的反响。到目前为止，中国古典文学小说和中国当代文学作品比较来看，前者在马来西亚主流社会更受欢迎，接受程度比较高，影响非常深远。这些著作的作者罗贯中、吴承恩等都不会想到，在几百年之后，会有人把他们的作品翻译成马来文。同样的，以上所谈到的几部马来文版著作或者用中文翻译的短篇小说选，将来会在中马两国文学交流史上影响深远，会有更多的学者去研究。目前，已经有许多人将

1　浙江出版联合集团近年来通过在"一带一路"共建国家重点拓展，推动与其出版界的深度合作，与马来西亚出版界的合作，已形成了规模，推出了一系列类型多样、意义丰富的新书和项目。集团旗下浙江教育出版社、浙江人民出版社、浙江人民美术出版社、浙江科学技术出版社、浙江文艺出版社、浙江少年儿童出版社、浙江古籍出版社、浙江摄影出版社等单位的马来西亚华文独立中学高中教材、"非物质文化遗产丛书"、"中国原创绘本故事丛书"、《茶经图说》以及麦家和王旭烽的作品等 50 多个项目输出到马来西亚。与中国移动咪咕数媒合作的海外中小学移动数字图书馆也将在马来西亚 1000 多所华文中小学落地。

中国四大古典名著马来文版中的人物与马来西亚古典小说里的人物做对比，有很多大学里的博士生、硕士生和本科生以此为主题撰写论文，我常常收到这些学生的问询。

四、"一带一路"倡议带来的契机

2013年，中国国家主席习近平提出"一带一路"倡议，自此，中国更加注重让中国故事走出去，向世界说好中国故事，树立好中国在海外的形象。随后，中国国家新闻出版广电总局（现国家广播电视总局）和中宣部共同推动"丝路书香出版工程"。我已经感觉到中国对外文化交流新气象的到来，中国文学外译工作开始有组织地开展起来。

我领导下的马来西亚汉文化中心，一直就跟中国各出版社接触非常密切，所以我们第一时间收到了中国驻马使馆和中方出版社的要求，从2012年起就参与了"中国文学走出海外"在马来西亚的项目与合作。

我们孜孜不倦的努力，也得到中国驻马使馆的关注。大使柴玺和黄惠康不断给予鼓励，并支持中国浙江出版联合集团出版马来文版《西游记》。由于中国方面的大力支持，我们翻译《西游记》的速度大大提升，前后只用了3年时间。

2017年7月25日，作为马来西亚国家语文局及马来西亚汉文化中心代表团成员之一，我拜会了中国驻马大使黄惠康，将耗费几十年完成的中国四大古典名著马来文版移交黄大使，包括刚刚出版的马来文版《红楼梦》。我自始至终亲力亲为，参与了中国四大古典名著马来文版翻译的全部工作，这是我人生中最大的永恒灿烂的成果，正如我的父母为我取的名字一样，我为此感到荣耀与自豪。

回望1985年至2012年，27年间我完成的翻译著作约30本。2012年是

马来西亚汉文化中心主席吴恒灿（左四）向中国驻马来西亚大使黄惠康（右五）
介绍马来文版四大名著（此图片由马来西亚汉文化中心提供）

中国文学在海外推广的里程碑之年，我们搭上了这一辆新的列车。从 2012 年至 2017 年，作为马来西亚翻译与创作协会会长及马来西亚汉文化中心主席，我完成的与中国浙江出版联合集团签署的翻译合作图书一共有近百本。我带领的翻译团队成员，已经从以前的业余兼职，到现在的全职，这变化已不可同日而语。这 5 年，的确是不一样的精彩的 5 年，未来，相信会有更精彩的 5 年。

"一带一路"倡议提出后，我们在中国文学推广上做了许多工作。中国对外文学推广计划，有"丝路书香出版工程""亚洲经典著作互译计划""中华学术外译项目""经典中国国际出版工程""中国当代作品翻译工程"，我们汉文化中心都尽量全面参与。我们在过去十几年里，已经跟中国的十几家出版社合作，出版了近百本涉及文学、教育、哲学、商业、美术等的著作，翻译成英文和马来文出版。

我们还主办了新书推介会、读书会、中国古典小说马来西亚舞剧表演、线上线下朗诵会、分享会等，尽量将每一部书都推广到主流社会中去。工作真的不容易，我们用了很多心血，所以到目前为止，对于中国文学在海外，尤其是在马来西亚的推广，马来西亚汉文化中心可以说是全世界的一个很重要的榜样。

五、展望未来

如果要探讨中国文学，特别是我们的对外翻译文学，如何在马来西亚主流社会中推广，结合我这十几年来的经验，我提出以下几点看法：

第一，对于中国文学走出去，说好中国故事，这几年我们做得非常积极，但是对马来西亚来说只是成功了一半，为什么？中国方面已经努力做到最好，为什么说才成功了一半呢？理由很简单，你在讲，但别人没有听，怎么能算成功？所以只有让当地读者听懂、读好中国故事，才算成功。这个工作有海外的华人华侨配合是最好的。

第二，中国文学作品不仅属于中国人民，而且属于全世界人民。在马来西亚，我们把中国文学作品翻译成马来文，就体现了和合文化的精髓。我现在提出 2 个很重要的词语——文学和合、和合文学。这是翻译的最高境界，与一般翻译是完全不一样的。即将翻译提升到文学的和合的高度，使中国文学体现出当地文学的精髓，你中有我，我中有你，让当地主流社会通过马来文把中国文学接受为自己的文学，并融汇到当地文学中去。

第三，文学可以超时空、超宗教、超宗族、超文化。我们可以把中国文学作品改编成舞台剧，内容不变，但表演形式符合当地的习惯。

大家看一看《西游记》。我们把中文版《西游记》改编成了马来文版，然后把它改编成舞台剧。我们把中国的妖魔鬼怪角色，变成了当地的马来西亚魔鬼，把中国的土地神变成了马来西亚的拿督公（拿督公是当地的土地神）。形式变了，内容没有变，《西游记》通过和合文化融入当地，非常受欢迎。所谓和合文化就是你中有我，我中有你。让马来西亚社会认为《西游记》就是他们的，这就是和合文化。我们要把外国文学融入整个社会，必须要用和合文化。求同存异、和而不同也许是海外华人社会融合不进主流社会的因素之一。我提出的理念是——求同存和，和而合之，这样才能与当地主流社会共生共存。

再谈谈我所在的汉文化中心。该中心自 2009 年创建以来，聘请专业人才推进文学互译工作。我们的《西游记》《三国演义》马来西亚舞台剧，所用的模式都是当地的模式。我们的表演也受到了六小龄童的关注，他问：为什么马来语版《西游记》中的角色变成了当地不同的角色，马来西亚社会都可以接受，连猪八戒也可以接受？他特地飞过来，我带他去看我们的彩排。我们都采用本地元素表演。例如《三国演义》马来西亚舞台剧，用的是马来战马，是当地一种很特殊的具有民族特色的马。我们把它放进了《三国演义》舞台剧里面，然后配上马来西亚音乐和马来西亚舞蹈。观众太喜欢了。我们一步一步地让他们接受《三国演义》，原本《三国演义》是中国的文学，到最后他们认为是他们的，达到了莎士比亚小说和安徒生童话的境界。这就是我们要的和合文化。

接下来我们开始进入另外一个层次。我们也主办了获得茅盾文学奖的作品《平凡的世界》的马来语读书会，对象是马来文读者群，由马来西亚编辑主讲。中国文学用马来语讲，主讲者为马来西亚编辑，讲给马来文读者听，是很新的尝试。而让他们讲中国的故事，角度与中文社会的截然不同，反响却意料之外地好。我们主办的《红楼梦》马来语分享会，邀请了中国的作家、马来西亚的华人作家等，办得非常好。除了路遥的《平凡的世界》以外，另一部茅盾文学奖作品——霍达的《穆斯林的葬礼》，也进入了马来西亚社会。这都是通过我们的和合文化实现的。

另外，我们也配合中国作协成立了"马来西亚中国文学读者俱乐部"，一起把工作做得更好，举办了许多文学作品分享会、诗歌朗诵会等。有很多马来西亚社会的报道，记录了马来西亚社会对中国文学的欢迎程度，大家都知道中国文学就是世界文学的一部分。

除了中国四大名著以外，我们用了3年时间出版了《雍正王朝》马来文版第一卷《九王夺嫡》。随后《雍正王朝》也成了马来西亚社会里非常重要的长篇历史小说，成为继中国四大名著后，又一部打入马来西亚社会的小说。马来西亚的杂志刊登了对中国文学的评论文章，开启了以马来文对中国文学进行评论的新篇章。

中国四大古典名著被改编成马来西亚舞台剧搬上舞台

更重要的是，我们把参加中国文学分享会纳入了马来西亚教育部的课外活动加分项中。教育部发出公函，凡是中学的学生参加我们的中国文学分享会，就可以获得加分，而加分有利于升班升级。这也是历史上第一次，参加中国文学活动成为马来西亚国民教育体系里面的一个评分标准。

同时，我们举办中国文学分享会以后，马来西亚文学评论家在马来西亚的杂志上刊登了分析中国文学与马来西亚文学的评论文章，提高了读者的鉴赏能力。所以，一件事情，只要你肯去做，说不定有非常意外的收获。我们也举行了中马诗歌朗诵会，让两国的诗人分别用马来语和汉语把诗歌朗诵出来，好几位中国的著名作家，包括汤养宗、李元胜、蓝蓝、杨碧薇、马占祥等，朗诵了自己创作的诗歌。中国的诗歌被翻译成马来文朗诵，马来西亚的诗歌被翻译成中文朗诵，意义非常重大。

马来西亚的中国文学本土化打开了一个新的格局，堪称海外模范，因为它接地气、树正气、有人气，这是中国文学走出去的一个新的样态。

六、建议

第一，目前中国设立了好几个文学的对外翻译项目，但都是自己内部决定外译书种，然后交给国外专业人士帮忙翻译出版的。若能够在这个流程中增加一项工作，即当中国决定外译书种的时候，能够和当地国交流商量，听取对方推荐则更好。比如到了马来西亚，就去问一问当地的文学团体，问问这边的读者喜欢哪些作品，这样在选书外译的时候，就不是单方面的选择。因为我发现这10年来，市场上有很多书不适合翻译。一是可能译后没有市场。二是可能内容水准太高。三是可能对当地来说有敏感内容，容易引起误会。比如用马来文介绍内有非清真食品的中国美食等。中方征求意见，双方讨论，共同商量译本，效果会更好。

第二，除了推荐当代优秀的文学作品，如老舍文学奖、茅盾文学奖、鲁迅文学奖、曹禺戏剧文学奖作品外，也可以多介绍一些中国经典小说，以及保健养生、青年励志的作品。因为这些都很重要，尤其是对马来西亚社会来说，民众想知道保健知识、中医中药知识等，所以可以把它们翻译成马来文作品。

第三，可以将小语种文学翻译成中文，在汉字文化圈国家与地区推广。将小语种文学翻译成中文，有些小语种国家可能做不到，中国可以协助这些国家把当地的小故事译成中文，然后在整个汉字文化圈中推广。所谓汉字文化圈，就是所有用汉字的国家与地区，包括马来西亚、新加坡等。未来单向的翻译要成为双向的翻译，海纳百川，吸收人类一切优秀的文学作品，为促进世界和合而努力，这是我们的大方向。

第四，为了持续推广，一些作品的版权应该多样化，不应只限于纸质书版权，也应包括电子书版权等。目前的版权有效期比较固定，2年时间到了需要申请延长。我觉得应该自动延长，如果有的书销量不错，可以将其版权有效期延长到5年甚至10年，让中国文学可以推得更广更久。

（本文根据作者在 2022 年第六届中马"一带一路：海上丝绸之路"国际学术研讨会上的主题发言《我和中国的文学因缘——兼对中国文学在马来西亚主流社会出版翻译前景的探索》及第九届世界华文传媒论坛全球征文活动参赛作品《这五年，我和中国的文学因缘》进行改写。）

廖朝骥
LIAW SIAU CHI

廖朝骥，马来西亚华人学者，现任马来西亚新纪元大学学院助理教授及媒体传播与影视演艺学院院长。曾为北京大学访问学者、华中科技大学东盟研究中心客座研究员、马来西亚智库东南亚社科研究所政治与国际关系研究中心主任。在"孔子新汉学计划"（简称"新汉学计划"）奖学金的资助下，在厦门大学东南亚研究中心获得了国际关系专业博士学位，并于2021年被评为"新汉学计划"优秀博士毕业生。在国内外核心刊物上发表论文多篇，出版合著、专著多部。马来西亚著名评论人，观点经常被报刊媒体报道，并在多家电台与电视台担任特约新闻时事及国际焦点评论员。

知华派青年汉学家在中外交流中的角色

廖朝骥

2023 世界中文大会专项论坛"首届世界青年汉学家论坛"的主题是"中文服务世界，开放引领未来"，而我们这批青年汉学家，以"文明互鉴的新纽带"为主题做了探讨。

本文作者（右三）参加首届世界青年汉学家论坛

一、我与"新汉学计划"

"新汉学计划"是由中国教育部中外语言交流合作中心推出的。它是一项针对全球各地有志于到中国进行研究的学者所设立的计划。这项计划于 2013 年推出。我在 2014 年，得到马来西亚驻中国大使馆的推荐，获得了这项计划的奖学金，并来到厦门大学东南亚研究中心进行国际关系学研究。

在马来西亚时，我在政府部门担任要职，曾任青年及体育部、高等教育部和交通部部长办公室的机要秘书。同时，我也活跃于马来西亚媒体界，常作为时事评论嘉宾出现在电视和广播节目中，并撰写了大量专栏文章。因此，当我在 2014 年决定深入了解中国时，我选择了东南亚研究在中国的要地——厦门大学。

马来西亚对区域内大国的崛起非常关注，但是国际政治相关课题的研究严重匮乏，这也是不可忽视的现状。中国的崛起将影响接下来半个世纪的全球格局。尽管马来西亚的华人在语言方面有一定优势，但本国教材大多只涉及中国 1949 年之前的历史，因此他们对现当代中国的了解极为有限。因此，我相信，最好的了解中国的方式，就是亲自前往中国，与当地的学者、官员和民众互动，深入了解中国的政治、经济和社会的发展与变化。我选择了资源丰富的厦门大学东南亚研究中心。该中心在资料、师资和专题拓展方面都极有助于我的研究。借助"新汉学计划"博士生项目，我能够近距离观察中国的外交政策变化，尤其是针对东南亚的政策。我认为，这一研究领域对塑造马来西亚的公众舆论至关重要，因而最终决定将中国与东南亚的关系作为我的研究方向。

2018 年回到马来西亚后，我在新纪元大学学院担任教职，并成为媒体传播与影视演艺学院的院长。我的研究主要集中在中马关系、区域反恐与东南亚冷战史等领域。在学校，我教授时事分析、政治学理论、国际关系等课程。同时，我持续活跃在媒体及评论界，并开设了多档广播新节目，其中一档是每周国际时事点评，以贡献我的所学。

2021 年，我获得"新汉学计划"优秀博士毕业生的殊荣，与来自全球的其他 18 位杰出新汉学博士毕业生一起被采访，我们的访谈稿被结集在由中国人民大学出版社出版的《中国问道：我的新汉学之路》一书中。在我的访谈稿里，我深入剖析了自己的学术生涯，包括在厦门大学接受的学术训练、回到马来西亚后的工作和研究情况，以及我对未来学术事业的抱负。

在本文中，我将分享我的观点和见解，包括中国形象与中国政策话语在马来西亚及东南亚面临的问题，以及中国式现代化如何改变我们对都市生活的想象。此外，我也希望探讨与其他国家的青年汉学家可能的合作方式。

二、知华派的责任

目前，我不仅在大学里从事教学和研究工作，还活跃在媒体及评论界。近年来，我还担任了智库机构的领导角色，负责研究和规划工作。我持续关注中国形象和中国政策话语在马来西亚乃至东南亚地区的传播过程中所遇到的问题和挑战。

我们都知道，在东南亚这样的多元文化和多语言环境中，中国的信息传播面临特殊挑战。例如，在马来西亚，华语新闻与马来语或英语新闻间存在信息差异，这可能导致对中国政策的不同解读。当地媒体对中国的解读常引用中国的官方用语，但官方用语往往具有中国特色的表达。在将这些话语翻译成当地语言的过程中，媒体经常会遇到难以准确传达中国政策决策意图的问题。因此，我们这些受益于"新汉学计划"的学者，有责任扮演桥梁的角色。我们的首要任务是深入理解相关的政策以及中国当下的情况。凭借流利的汉语与多语言能力，以及在中国顶尖高校多年的学习及生活经验，我们为新闻报道、政策话语，乃至领导人的讲话提供更加公允和平衡的解释。这在纠正东南亚各国对中国政策话语或形象的误解和向东南亚各国准确传达中国政策意图方面至关重要。

由于我有学术界和媒体领域的背景，再加上曾在政府机构服务的经验，我经常与马来西亚的学者、媒体编辑和官员进行交流。因此，我对中国的政治、经济、文化和教育进行的分析与判断，能够为本地学界、政府官员和媒体提供另一种角度的解读，有助于了解中国。例如，中国在共建"一带一路"中与东南亚国家的合作，作为熟悉中国政策的学者，我们可以提供更深入的解析，强调合作的互利共赢本质。我相信还有许多"新汉学计划"的博士毕业生，与我有类似的背景，我们可以利用自己的多语言能力来化解文化差异。通过撰写双语文章、评论或提供翻译服务，我们可以协助所在国的民众客观地理解中国政策。

此外，为了加深理解"一带一路"倡议以及中国现当代政策的变化，我们可以通过所在的大学、机构、智库，组织中国—马来西亚、中国—东南亚学者的圆桌讨论，或邀请中国的官员来阐释项目如何兼顾多方利益。教育和文化交流项目，作为长期事业，始终是增进理解的重要途径。我们可以倡导开展更多的学术交流和访问学者项目，增强中国与东南亚国家间的文化和学术联系。只要我们持续耕耘，就能促进两地间的相互理解和沟通。

然而，当前的挑战有很多，尤其是由于中国自媒体例如抖音、快手与小红书在东南亚极为流行，很多自媒体通过人工智能的自动翻译功能，将这些播主的言论转换成当地语言流传开来，导致了大量似是而非、哗众取宠甚至误导大众的信息在东南亚各国广泛传播。这种情况下，中国积累的一些正面形象和关键信息，常常因自媒体追求流量和眼球效应而遭到扭曲或误解。此时，我们这些了解中国实情的学者就变得尤为重要。我们必须在课堂上和媒体上对现当代中国的时事或社会状况做出准确而深入的阐述，利用我们对中国实际情况的理解，来纠正公众的错误观念和误解，确保信息的真实性和客观性得到维护。

我们也需要积极参与社交媒体讨论，提供专业的中国政策解读。"新汉学计划"的博士研究生或毕业生应该与当地媒体合作，撰写专栏文章，分享在中国求学的经历，以及撰写中国社会经济文化发展的深度分析文章。此外，我们可以通过我们在中国的师长们举办在线研讨会，邀请中国和东南亚各国专家讨论当前的热点问题，这是使公众深层次理解中国的有效途径。

社交媒体已成为大众获取信息的主要渠道，自媒体容易形成劣币驱逐良币的恶性循环。我们可以探索建立新的信息平台，如创建一个多语言网站，定期发布准确、深入的中国政策分析文章。此外，与东南亚地区的主流媒体合作，开设《中国观察》专栏，邀请熟悉中国的学者定期撰写文章，为公众提供准确的中国新闻和深度分析。又或者我们这些"知华派"，可以开设自己的自媒体节目，为大众提供不同的解读中国的视角。

作为"新汉学计划"的受益者，我们不仅获得了深入中国学习的机会，还肩负着"知华派"的新身份。自2013年起，中外语言交流合作中心的"新汉学计划"已培养出一批具有国际视野和学术背景的青年汉学家，他们在促进文明交流、理解和共生方面发挥着关键作用。北京大学副校长方方以及牛津大学的罗伯特·恰德教授（Robert Chard）都强调了青年汉学家作为文化交流使者的重要角色，鼓励年轻人深入学习中文，保持与中国学术界的紧密联系，通过传播中国文化，促进全球化的理解、包容与和平。

"新汉学计划"经过10余年的发展，已经培养出近千名毕业生，我认识几位马来西亚籍的"新汉学博士"，例如谢依伦博士在马来亚大学任教，郭宗华博士在厦门大学马来西亚分校任教，萧文佳博士也在新纪元大学学院任教。他们和其他许多优秀的"新汉学博士"毕业生一样，都在各国的高等教育界扮演着重要角色。这些毕业生中，像我一样专注于国际关系、政治学和社会学等社会科学领域的学者不在少数。我们这个由"新汉学计划"培养出来的"知华派"团队，已经茁壮成长，并在学术领域取得了显著的成就。更重要的是，我们在全球范围内，特别是在各自的国家，正在发挥重要的作用，不仅传播知识，还促进了国家间的交流和理解。

三、中国式现代化：都市的摩登感

在中国学习的这几年，以及随后频繁往返中国期间，无论是访学、参加会议，还是与中国的官员和学者交流，我们都发现了所谓的"中国式现代化"的特点。这种现代化不仅体现在中国政治与社会制度的治理模式中，还展现在中国城市的摩登风貌之上。对许多发展中国家而言，这提供了一种与西方截然不同的城市构想。

中国的城市化进程是"中国式现代化"的一个鲜明标志。例如，北京、上海等大城市的城市建设和设计展示了高效的公共交通系统和先进的城市规划。地铁和公交网络的广泛覆盖显著减少了城市拥堵，提高了居民的出行效率。在马来西亚，我们习惯了行人与车辆共用马路的窄迫与危险，而在中国的北京、上海、南京、厦门、广州等城市，我们可以在宽敞的人行步道上漫步，这些步道连接着公交和地铁线路。这种基础设施的完善，不仅极大地便利了市民的外出，还让我们得以深入探索都市的美好。

近年来，中国在城市绿化和生态建设方面也做出了巨大努力。公路两旁的绿地、公共空间的闲置地，甚至森林公园，都不是简单地铺设草坪，而是种植各种花树。季节变换时，鲜花盛开，城市变成了花园。这不仅美化了城市环境，还提升了市民的审美趣味，展示了可持续发展与现代城市规划的完美结合。

特别值得一提的是，中国的电商和快递服务给我们留学生留下了深刻印象。它们极大地提升了城市生活的舒适度。电子商务的兴起彻底改变了中国人的购物习惯。电商巨头如阿里巴巴和京东的发展，不仅对中国的零售业产生了深远影响，还对全球电子商务产生了显著影响。马来西亚及其他东南亚国家的电子商务正在学习中国的电商模式，呈现出蓬勃的发展态势。无论是购物平台的营销手法还是直播带货、网红经济，我们都看到了中国的影响。

快递服务的迅速发展，尤其是顺丰和京东物流等公司的飞速扩张，为我们提供了高效的物流解决方案，极大地便利了在线购物，同时也提高了其可靠性。

在东南亚各地，我们可以看到这些快递系统和"快递小哥"形象的本地化版本，它们不仅为当地青年开辟了新的就业渠道，还孕育了众多初创企业。

同时，中国完善的在线支付系统使每个人只需携带一部手机，便能满足几乎所有日常生活需求，这展示了科技便利的另一面。在线支付系统的普及，特别是支付宝和微信支付的广泛使用，标志着中国几乎实现了无现金交易。这种支付方式的普及也促进了包括街头小贩在内的小微企业的发展，使其能够轻松接入数字经济。在线支付系统的便利性和安全性提升了消费者的购物体验，并推动了整个零售行业的数字化转型。如今，这种消费体验，即用手机轻松支付，正是许多国家竞相模仿的新颖购物体验。

中国在人工智能领域的应用展示了技术创新和智能化发展的成就。在交通领域，智能交通管理系统的应用有效缓解了城市交通压力。在公共安全领域，面部识别技术和大数据分析的应用提高了城市安全管理和应急响应的能力，为居民提供了更安全、更便利的生活环境。

"中国式现代化"的另一个方面，即都市的摩登感和技术创新，为世界各国，特别是那些正在进行城市化建设的发展中国家，提供了宝贵的借鉴模式。中国在可持续发展和绿色经济领域的努力，如太阳能和风能的大规模应用，为全球应对气候变化提供了重要的示范和经验，展示了现代化进程中环境保护与经济发展的平衡。

四、回儒文明对话

展望未来，我们这一批"新汉学博士"所能做贡献的领域有很多。作为"知华派"，我们在各自的国家不仅可以帮助人们更好地理解中国当前的社会、经济和政治变化，还能在传播中国政策话语和形象方面扮演重要角色，不仅是参与者，更是解释者和补充者。

我们目前面临的主要挑战是国际的紧张局势，特别是文明之间的冲突。在我们这一批"新汉学博士"中，有众多学者来自伊斯兰国家。以我的国家马来西亚为例，总理安华所提倡的"昌明马来西亚"（Malaysia Madani）原则，旨在利用伊斯兰文明的价值观指导国家发展。我主持的智库机构成功举办了"回儒领导对话峰会"（Islam-Confucianism: Leadership Dialogue）。这一峰会于 2023 年 11 月 29 日在吉隆坡举行，马来西亚总理安华、中国驻马来西亚大使欧阳玉靖、国际伊斯兰大学的奥斯曼巴卡尔教授、著名儒学家杜维明教授等政商学界的数百位代表参与。

在峰会上，欧阳大使详细介绍了中华文明和伊斯兰文明的交流历史，强调了这两大文明对世界发展和进步的重要贡献。他还阐述了全球文明倡议，重点介绍了中国国家主席习近平提出的全球文明倡议。总理安华强调，他将继续推动文明间的平等对话，倡导和平、发展、公平、正义、民主和自由等，助推人类文明不断前进。他指出，马来西亚的多元文化遗产为全球伦理治理新时代提供了独特的视角和机会。总理安华提出，"通过拥抱伊斯兰和儒家思想的智慧，我们可以共同努力，创造一个技术和伦理上都更加先进和开明的未来"。

杜维明教授在视频演讲中提到《中庸》的精神，强调和平世界建立在自我理解与理解他者的基础上。他提出："实现己、群、地、天的合一，是儒家和伊斯兰的至高向往。"儒家与伊斯兰文明的对话是一种相互欣赏、理解和确认的对话，致力于共同推动人类繁荣进程。

在当前国际零和博弈、文明冲突的背景下，这些声音具有深远的意义。我们积极提倡儒家与伊斯兰文明之间的对话。这种努力不但为解决国际局势的对立提供了和解、宽容和对话的途径，而且通过这些文明间的交流，我们能够为全球发展做出更大的贡献。

作为青年汉学家，我们肩负着研究和沟通这两大文明的重要责任。我们可将历史上儒家和伊斯兰文明的互动案例，如丝绸之路上的文化和哲学交流，作为促进当代理解和合作的基础。马来西亚作为一个多元文化国家，提供了一个独特的例子，展示了如何利用多元文化优势促进不同文明间的理解和交流。

总之，我们这些青年汉学家，在推动儒家和伊斯兰文明对话的过程中，不仅是信息的传播者和解释者，更是促进文明间理解和合作的积极参与者。

（本文根据作者在 2023 年 12 月 7 日世界中文大会专项论坛"首届世界青年汉学家论坛"上的论坛发言稿《携手共进的中国研究》整理。）

吴明倪
GOH MING LEE

吴明倪，祖籍福建福州古田。毕业于美国加州州立大学弗雷斯诺分校，分子和细胞生物学学士。留学期间任马来西亚留学生会会长。现任马来西亚年度汉字总策划，马来西亚汉文化中文学习测试中心主理人。曾以留美学生会会长一职受任于马来西亚青年与体育部青年团体理事会，并于 2012 年受温家宝总理邀请，作为马来西亚青年百人访华团成员之一，前往中国交流学习。

2012 年至今任职于马来西亚汉文化中心，担任董事经理。多年来组织各族文化活动，积极推动中马文化交流工作。策划并带领团队多次出版中马／马中文学翻译作品，将《平凡的世界》《麦家散文集》《中华文化读本》等书籍翻译成马来文出版。业余时间爱好文学翻译，出版多部儿童及青少年翻译著作，如《甘榜小子》等著名国家文学奖获奖作品。

长期促进中马青少年文化教育互通交流，让两地青少年民心相通。2019 年获得马来西亚教育部国家语文局优秀贡献奖。

我与中国的 20 年

吴明倪

2012 年 2 月，作为马来西亚留美学生会代表的我，收到了来自马来西亚青年与体育部的邀请，参加为期 10 天的马来西亚青年百人访华团文化交流之旅。从美国毕业回来不久的我，刚刚结束了电影拍摄的工作，正处于在家里休息的阶段，这份邀请函就好像久违的朋友在轻轻地呼唤，呼唤着我重新踏上这熟悉又陌生的异国土地。

一、懵懂认知中的中国

中国，是爷爷奶奶、外公外婆的故土，是我懂事以来最熟悉却陌生的存在。小时候过年，我总会在大人口中听到他们当时怎样从中国搭船到马来西亚、谁家的老人在艰苦的岁月里冒着生命危险送信寄钱回家。老一辈操着家乡的方言，我似懂非懂地听着，把他们的人生经历当成一个又一个的故事，有的惊险，有的激励人心，有的伤感，有的充满希望。2002 年我初三的时候，爷爷老家来人了！他们拿着"二战"期间我爷爷奶奶托人写的家书，寻着书信上的地址联系到了我二伯。跟爷爷年龄差不多大的堂哥带着陈旧的族谱——那旧黄色的宣纸上用毛笔写着列祖列宗的厚重之物——来到了我老家，柔佛州永平。在爸爸和二伯的带领下，我们这一辈所有孩子的名字，总算落在了那宣纸上。不久，一本厚厚的像历史课本一样的新族谱出现在了新年团圆饭的圆桌上。

2005年我高中毕业，爸爸说我们回爷爷奶奶的老家看看吧。那年的冬天，我们全家踏上了福州的土地。那时候我们没有经历过这样的冬天，刺骨寒风在我们姐弟仨的体验中是新奇的。从福州到古田，再转乘卖大白菜的卡车，我们在弯曲绵延的山里摇摇晃晃、跌跌撞撞地来到了石力洋——爷爷的老家，沿路感受着当时他们去马来西亚的艰辛，以及背井离乡的复杂心情。从没有见过面的亲戚们七嘴八舌地说着福州话，就应该要叫我侄女还是姑婆的事说了好久，才让一个两三岁的孩子开口叫人。我和弟弟们笑着说，我们简直是直接老两辈，便宜得了个孙子。那一次是我人生中第一次踏入中国，这个熟悉又陌生的祖籍国。

二、盛情且朝气的中国

离开马来西亚前往美国留学之前，在家等待录取通知书的时候，我迎来了第二次前往中国的机会。这次是被老爸带着见世面，从河南郑州到北京故宫。生意场上的学问我学得不多，但历史文物却牢牢地抓着我的眼球。博物馆里的甲骨文、故宫的午门、太和殿前的铜鹤，这些仅在课本里出现的文物，瞬间鲜活了起来。以至于2008年的时候，我特地从美国赶回马来西亚，拉着我妈，两人直接冲向北京。北京有老爸的好朋友——北京外国语大学马来语系创办者吴宗玉教授。他说：来吧！你们就尽管放心地来吧！就这样，2008年7月25日，奥运会开幕式前夕我和妈妈到了北京。北京的蓝天连着盛夏的热风，知了的叫声在颐和园里敲击着我的耳膜，还有路上行人激动不已的场景，构成了我记忆中北京奥运的景色。北京欢迎你，为你开天辟地，这朝气川流在我见到的所有人、事、物里。7月29日，我们在北京动物园刚看完慵懒的熊猫，爸爸的一个好朋友张总就捎来了好消息，奥运会第一次的带妆彩排门票有了！临出发时我被反复叮嘱不能带摄像机入场，否则我的社交账号上将多一抹隆重。我在8月8日前就已经看到了几乎完整的北京奥运会开幕式，那令人兴奋、激动的场景，现在回想起来，我还是会自然而然地嘴角上扬。

三、少年强，则国强

2011年，中国国务院总理温家宝在访马期间与马来西亚总理纳吉布达成两国百人青年互访的共识。2012年4月18日至27日，由中国的中华全国青年联合会正式邀请马来西亚青年与体育部艾哈迈德部长以及他带领的100位来自各行各业各民族的青年启程前往北京、河南和上海。作为华裔同胞的我们兼任着翻译的工作，为代表团的友族朋友介绍中国的一点一滴。在北京期间，我们参访了什刹海体校，我带领马来朋友们与体校的小朋友们打了一场5分钟的乒乓球友谊赛，马来朋友们甘拜下风。而游览牛街的清真寺，是一个十分特别的体验。在领队介绍的同时，马来朋友也在我身旁介绍，说这个图案是什么，有什么用途，那个标志和马来西亚的不一样。他指着墙壁上的阿拉伯文字逐一念给我听，并解释这段文字是什么意思。中文和马来文同时在我耳边回荡，中华文化和伊斯兰文化第一次在我眼下融合得如此美妙。"不到长城非好汉"，印度裔的朋友嬉笑着挑战马来朋友，看看谁最先抵达第四烽火台。在河南马渡新村考察新农村建设时，我听到大家在用马来语讨论其实这套方法也可以在马来西亚的垦殖区推行，为偏远地区的群体带来福利。在5分钟乒乓球友谊赛中甘拜下风的马来朋友，在与华北水利水电学院学生的足球友谊赛中重拾信心。少林寺山门前一群马来男生说着"kung-fu，kung-fu"，兴奋地比画着。我们在龙门石窟前声声惊叹，在闪光灯的闪烁下留下了许多美好的回忆。这一次访华，我对中国是祖辈故土有了更深的理解，而中国值得更广义的解读。无论是河南的新农村建设，还是上海政府支持创办的青年就业创业项目、青少年素质教育基地，都可以看出中国政府全面贯彻为人民服务的理念。代表团中非华裔朋友们在离别前说道，这次访华让他们非常直观地了解了中国的发展状况以及中华文化的包容兼纳。和我要好的几个马来朋友异口同声地说，回到马来西亚，一定要找中文老师教导他们中文，从学习语言开始深入了解中国。所以让马来西亚的同胞们沉浸式体验，是帮助他们解读中国的最佳方式。对于两国青年来说，双方都在这次旅程中找到了共同的价值观、共同的信仰。同时对人类命运共同体有了更深的理解——风雨同舟，荣辱与共。好些年过去了，昔日同游的伙伴们几乎都在各自的领域里促进着中马文化交流以及各行各业各层面的中马相互合作，成了中马友谊的重要推手。

四、从传承到传播的语言之路

文化交流的起点常常是从语言学习开始的，我们可以通过语言文字逐步了解与自身不同的文化，从而使思想碰撞与融合。有着中国以外最完整中文教育体系的马来西亚，从先辈下南洋开始便为中文在这里的传承与传播打下稳固的基础。英殖民时期，祖祖辈辈也不忘记自己的根，为自己的后辈创造母语学习环境。因此，马来西亚是学习中文的一片沃土，千百年来中华儿女在这片土地上深耕，语言文字的交流早已融入生活中的方方面面。比如马来西亚同胞最喜欢的面食——"面"和"米粉"，在马来语当中就叫作"mee"和"mihun"，也就是中国潮州话中"面"和"米粉"的发音。还有舢板，在马来语当中就叫作"sampan"，这词就连不会马来语的中国人都能准确发音。这一类型的词语

2012年本文作者受邀参加马来西亚青年百人访华团

在马来语中数不胜数，所以马来西亚的非华裔群体在学习中文上有一点优势。而我所在的汉文化中心看中了这一优势，想在马来西亚主流群体中开展国际中文教育。因此，2012 年，我访华回来后，正式把对外汉语教学纳入公司业务中，成为四大业务板块之一。开始推行的时候有阻碍是必然的，因为当时马来西亚中文教育的大方向是海外纵向传承，而中文横向传播面向的是主流群体，也就是占马来西亚人口约 70% 的马来人，而他们有的对中国不了解，有的带有中文很难的刻板印象，所以显得意兴阑珊。头几年我们面向主流群体推广中文的步伐走得慢。从以马来语为主要教学媒介语的教师开始培训以储备人才，一直到投标政府官员的基础中文课程，现在回想起来，虽然走得辛苦，但也一步一个脚印地稳步前进。

在中文成为东盟地区贸易语言后，学习中文在马来西亚主流群体中逐渐盛行。汉文化中心一路走来，虽然风雨无数，但在前人不懈努力、贵人不断相助、中国教育部中外语言交流合作中心及汉考国际的鼎力协助下，打开了主流群体学习中文的市场，带领一众中文老师在不同领域给不同阶层的人群培训中文，再以中文为工作语言的理念提升政府官员学习中文的热情。在黄惠康大使的关注下，2016 年，我们和中国驻马大使馆成立了"马来西亚政府官员汉语学习联谊会"，课程中成绩优秀的官员们有机会前往中国沉浸式学习中文，他们的足迹踏遍北京、天津、厦门。我们要求官员们从落地中国开始就使用中文沟通。他们一字一句努力地向刚认识的中国朋友问好，兴奋地用课堂上刚刚学到的新词语与食堂阿姨打交道，更用他们毕生所学的中文词语独自在商场里讲价。记得有一次看着官员眉飞色舞地讨价还价，我只在旁协助说了一两句便往另一个方向走去。到了集合时间，官员手里拿着"战利品"飞奔过来，口若悬河地说着她是如何与大爷用中文讨价还价的，大爷还对她竖起大拇指表示对她中文能力的赞赏，最后她成功地用理想的价格购买到物品。这些年看着学员们从零起点到能蹦出几个词，再到能讨价还价，他们努力进步的模样成为我们工作的动力，让我和团队坚定不移地走下去。

五、成为一道璀璨夺目的光

2020 年新冠疫情袭击，在公司几乎所有部门业务都因为疫情停滞时，我带领着团队开始优化公司内部结构，并注重考培部门的发展，为当时急需考汉语水平考试的学生安排后续事务。开始时疫情来势汹汹，政策变化频繁，时而开放，时而隔离，而我们拥有全马最多的考点，考务部的同事们每天看着政策查询当地是否实施隔离，然后紧急通知考生办理缓考事宜。面对众多考生的询问，我想起中文课程上的几张笑脸，拿起手机发了好几则短信，迅速获得了回复。在他们的协助下，我们有了严格封锁的那段日子里顺利开考的唯一一个考点，开办了大半年以来全马唯一一场 HSK 汉语水平线下考试，也协助同行安顿了他们的考生。犹记得当时政府突然封控，已经报考的同学着急得哭了，我们在卫生部和教育部两部门的特批下，由卫生部官员（也是我们选中到中国学习的学员之一）为我们特别制订防疫措施，为当时急需申请中国大学的百余名学子主办了那次我现在想起来都惊天动地的考试。所有的考生资料都上交卫生部和教育部获得批文，再发给内政部审批，然后交给警队下放到学校考点。当时封控情况下外出需要特别文件，而我们所有的考生在考试当天，拿着内政部审批的文件，跨越警队与军方设下的疫情封控路障，顺利到达指定的考场进行考试。百余号人全部到齐。语言和文字，绝不只是用于文化交流而已。2020 年至 2022 年，我们连续 3 年被中国教育部中外语言交流合作中心评为 HSK 全球优秀考点，而这一荣誉不只是我们团队通过锲而不舍的努力得来的，更属于在我们的中文课程中努力学习的他们。2023 年，马来西亚汉文化中文学习测试中心正式成立，面向广大主流群体而设，在未来会有更多机遇以及无限可能。中文日益成为重要的商业用语，成为日常生活中一道璀璨的光。

六、文化润物无声，文明成风化人

无形的文化好像流动的水，润物无声，风化于成。虽说华人在马来西亚深耕多年，但主流群体中仍有很多人对中华文化一知半解，有的甚至误解颇深。撇开政治不谈，民间来往多浮于表面，大家仍旧担心触碰了忌讳而小心翼翼。我在留学之时就发现了这个问题，当时也在能力范围内为留美的马来族同学举行了些活动，硕果累累。回国后，文化交流成了我立志做好的事业。我们借由马来西亚国家语文局的力量，在学校和学生群体中为文化搬砖，让打破既有印象变成一件很好玩的事。我和团队创建了很多个不同的跨文化交流体验营，在营期间学生们勇敢突破，有了深入了解的契机。马来族同学对中华文化的认知从毛笔字发展到中国的节日，发现原来华人庆祝的节日中几乎没有一个是和宗教有关的。对于二十四节气，他们从完全不懂，一直到了解了天干地支和马来西亚独创的节令鼓。对于他们来说，这些都是新鲜的。他们只知道农历新年，却不知道农历的用途。他们知道节令鼓，但不知道为什么陈徽崇等老师创作时寄望鼓声中的天人合一。在跨文化体验营里，大家发现原来坐月子这回事，不只是华人的传统，更是马来人的必须。华人坐月子大概是 1 个月，而马来人坐月子是 44 天；都不可以吃辣的，不可以光脚下床，也不可以受寒吹风；马来人坐月子不吃豆类是因为会引起胃胀导致不适，华人坐月子不吃寒凉的食物以避免后患。这类面向中学生的跨文化体验营，我一直做到了疫情暴发前的 2019 年。而面向小学生的马来戏剧观摩赛又是另一种精彩。2016 年，国家文化及艺术部看到我们主办的跨文化体验营，主动找到我们，希望我们能带领小学生用马来文讲述中华文化经典故事，用官方语言让华裔与非华裔小朋友互相理解，从而促进文化交流、国民团结。一拍即合，说干就干，没有任何戏剧基础的我，聚一群对的人，做一桩对的事，水到渠成，所有的难题迎刃而解。第一次观摩赛，我们用中国四大名著中已经翻译成马来文的《西游记》作为蓝本，让华文小学的学生用马来语上舞台演绎，成为当时的佳话。马来小学和泰米尔文小学的学生在舞台下看得津津有味，甚至在观摩赛结束后找到扮演孙悟空的华小学生，指定要学习耍金箍棒，玩得不亦乐乎。舞台上师徒四人遇到的是马来"妖怪"，入的"地府"带有马来韵味。也有在华小念书的印度裔学生扮演的唐三藏拿着九环锡杖在降妖伏魔。语言障碍可以用快乐的舞台剧跨越，文化误解可以用体验营的形式消除，而传播方式千千万，只要有心，就能点石成金。2013 年，习近平主席提出"讲好中国故事"，与此不谋而合的是，我们在马来西亚做着"听好中国故事"的事，让主流群体用自己熟悉的语言，认识中华文化，从而认识中国。文化常有共通之处，不仅体现在共同价值上，也体现在日常生活之中。相互了解是两国之间友谊的基础，文化交融由浅入深，无声无息。

七、翻译事业成就文化交流

　　文化的传播少不了文字的承载。因为父母的熏陶加上启蒙老师为我的中文打下比较好的基础，我在阅读中文书籍时如鱼得水。也因小时候家里经济紧张，唯有在书展上父亲会毫无保留地让我想买啥就买啥，所以从历史、天文、地理类图书到侦探小说、文学、诗歌，我涉猎了许多不同类型的文学和社科类书籍。父亲书房里有金庸、倪匡、冰心、巴金、老舍等现当代著名作家的作品，曹禺的《雷雨》陪我度过了初三年末长假的时光。2001 年，学校对面的商场里开了一家大众书局，我中学时候的零用钱几乎都贡献给了它。还记得那时放学后，我和朋友们汗流浃背地在学校礼堂前的骑楼里聊天，聊着聊着朋友说到书局里去蹭冷气，我们几个屁颠屁颠地过去了。一踏进书局，我们一下就散开来，各自前往自己感兴趣的书架处去了。入门右手边的推荐书架上放着几十本一样的蓝色童书，封面上拿着扫帚的戴眼镜的小男孩立刻引起了我的注意。我拿起书本看了看，映入眼帘的是"人民文学出版社"这几个字，我读了勒口上的简介就翻到其中一页读起来。我没想到，在我随手翻开这本书时，命运的齿轮也开始转动，除了 10 年的追书追剧之旅外，此时更是我后来管理翻译出版的起点。时光一晃到了 2023 年 3 月，我有幸在吉隆坡国际书展上认识了人民文学出版社的李红强总编辑，签下了葛亮老师的《燕食记》和徐坤老师的《神圣婚姻》的翻译出版意向书。20 多年前从封面上看到的出版社，如今成为合作方，共同在马来西亚推广中国译文书，现在回想起来真的很神奇，这应该就是缘分吧。

　　因为父亲在翻译界的缘故，我家有好几套中国四大名著不同出版社的版本。我东看看西看看，在初中转高中的时光里完成阅读。年少的我最喜欢的是《三国演义》，让我看得头昏脑涨的是《红楼梦》，《水浒传》里的英雄热血打动了我，《西游记》引发了我对闯荡国外的巨大幻想。由于父亲从 20 世纪 90 年代开始带领着马来西亚翻译家翻译四大名著，年少时的我有幸参加了好几次编辑会议，听着前辈们为一个字的翻译找遍大大小小的字典，偶尔还会争论到脸赤，

中国作协参访马来西亚汉文化中心

我想对于文化的热爱和文字的执着应该就是这样耳濡目染地印到我骨子里的。那些年热爱着文字的前辈们几乎都不拿酬劳地日复一日手写译文。四大名著中的第一部马来文版《水浒传》，2002年由父亲牵头在马来西亚国家语文局出版。华人是马来西亚少数民族中的大多数，中文与马来文的交融和传播就是在先辈们一次又一次的坚持不懈下实现的。我在成年以后管理着偌大的翻译团队，当初耳濡目染地看着前辈们对字句的斟酌和反复推敲造就了我出版中文文学译本的基本功。随着中国国力日渐强盛，马来社群开始对这个陌生的国家有所憧憬，很多马来出版社在发现我们出版了各种不同类型的译文书后，纷纷向我们询问并下单。中国文学图书及社科类图书，已从当初的无人问津到现在开始有了基础的读者群。2020年，在马来西亚教育部副部长拿督马汉顺医生的见证下，我们和北京出版集团成功主办了现代中国茅盾文学奖作品——路遥老师的《平凡的世界》新书发布会。发布会上，来自马来出版界的人士纷纷送上祝福，并希望有更多的优秀作品被翻译出版。2022年，霍达老师的《穆斯林的葬礼》分成上下两册发布，立刻就获得了马来读者群的关注。我想，这条在当时看来充满荆棘的道路，是越走越宽了。翻译极度考验语言能力及文化底蕴，翻译文学作品更是。我想，当下最要紧的是人才培训及孵化，让大量的翻译人才进入中马互译的行列，这样才会有大量的中国文学作品在保证质量的前提下被翻译出版，再在马来出版界和马来书商的大力推动下推广到普罗大众的手中。除此之外，实体书需要随着科技的发展逐渐转变，用不同的方式让年轻一代熟悉并喜欢上阅读也是我们推广工作的重中之重。马来西亚古代谚语中有一句"没有相识何来爱情"，相互尊重的前提是相互理解，译文作品就如江河上的船只，载着两岸人群跨越语言的长河到达彼岸。

八、结语

如今，我已是社会的中坚分子，这些年，对于中国这个祖辈们的故土，我已从当时的懵懂认知到合作无间。中国的探索和改革、巨大的转变和向上的朝气值得马来西亚借鉴学习。相似的文化，是两国之间友谊的稳固桥梁。我期望在不远的将来，无论是两国互派留学生，还是民间交流，抑或是官方互访，都能从面向华人群体扩展到主流群体。我期待看到越来越多优秀的中国作品成功翻译出版，无论是儿童绘本还是茅盾文学奖作品都能在马来群体中流传，同时也希望马来西亚国家文学奖作品和其他优秀的马来西亚文学作品能在中国被翻译、出版、销售，让中国多了解马来西亚这个由多元民族构成的国家。文明因多样而交流，因交流而互鉴，因互鉴而发展。2024 年是中马建交 50 周年，而马来西亚是第一个与中国建立邦交的东南亚国家，我期望两国能继续相互了解、相互学习、相互尊重，把两国之间的全方位合作共荣作为榜样向世界展示。愿中马两国人民的友谊代代相传，合作、互利、共赢！

李瑛
LI YING

　　李瑛，硕士毕业于南京大学，曾任上海交通大学—马来西亚全球汉语文化学院（简称"全球汉语学院"）的对外汉语教师，被派往马来西亚工作4年，现居新加坡，在某商学院任中文教师，一直致力于华文传播事业。

华文传播老兵成长记

李瑛

因为曾作为对外汉语专职教师公派至马来西亚 4 年，所以我一直以来都牵挂着那片热土。我曾于 2009 年至 2013 年作为公派专任汉语教师在马来西亚工作，每每回忆起自己在马来西亚工作和生活的日子，我总是对未来多一分期许和热情。无论过去、现在、将来，我都相信大马的生命力！

说起来，对马来西亚人的认识始于 20 年前在南京大学求学期间。我结识了一些来华修读中文专业的马来西亚研究生，他们的学风非常扎实恳切，其中有些人读完汉语言本科还继续攻读硕士。他们的热爱和坚持，给了我们这些浮躁的本土文科生不小的冲击和提醒。原本笑言自己以后多半是"万金油"的我们，心底渐渐也对自己的中文专业多了些自信。至少我是这样，更愿意静下心来多看点书，多思考些纯专业的问题，盼望着有一天能从事与专业对口的工作……

随着中国经济地位的提升，世界各国对中国的关注与需求发生了显著变化，国际汉语教学和推广的工作由此获得了迅速发展的良好机遇。汉语言及文化的学习在世界各地掀起热潮，学生与日俱增。国家对外汉语教学领导小组办公室（简称"国家汉办"，是中国教育部下属的事业单位）为了应对日益蓬勃的中国语言文化学习需求，秉承孔子"和为贵""和而不同"的理念，于 2004 年成立了第一所海外孔子学院。2006 年，中国国家汉办在北京举行第一届孔子学院大会。正所谓因缘际会。当时我正在北京新华社做见习记者，有幸采访了几位院长，特别是与来自马来西亚的冯久玲女士有了较多的交流。这位女士著有《文化是好生意》等畅销书，其对如何提高文化软实力有颇多高论。在此之前我在母校南京大学海外教育学院给留学生们上过中文课，作为一个初涉对外汉语教学的小兵，看到全球汉语热持续升温，并且国家对汉语推广的关注和切实努力越来越多，我非常振奋。

这份热忱，终于在 2007 年我硕士研究生毕业之际，引领我走上了国际汉语教学这条路。在上海交通大学国际教育学院接受了近 2 年密集的新教师培训后，2009 年我通过面试和培训作为国家公派汉语教师，如期被派往全球汉语学院，同期还有另外 2 位老师。

至第一所海外孔子学院成立的第五年，中国在 162 个国家（地区）建立了550 所孔子学院和 1172 个中小学孔子课堂，这个大手笔很快就加速了国际中文教育和中华文化推广，孔子学院逐渐成为世界认识中国的一个重要平台。各地孔子学院都在充分利用自身优势，开展丰富多彩的教学和文化活动，逐步形成各具特色的办学模式，成为各国学习汉语言文化、了解当代中国的重要场所。

作为这一行业的一线教师，我们都非常幸福。走出国门前，我们在培训中数次听到"民间大使"的说法，无不为之激动。现在回想起来，那确实是段光荣与梦想交织、热情与感动同行的岁月。

马来西亚是一个拥有多元文化的国家，主要由三大种族（马来裔、华裔和印度裔）组成。在教育政策上，由于受到英国殖民时期的分而治之的影响，遂把教育分为以三大语言为媒介语的教育系统，如以马来语和英语为官方语言，并且定位为国语，以华文和泰米尔文为辅。因此，教育的财政预算以马来语教育系统为主。

华人社会自古秉持着再穷也不能穷教育的心态踽踽前行。对于华文教育事业，每位马来西亚华人都尽自己最大的努力付出和坚持。马来西亚有支持华文教育的华人社团、华人商会公会，还有宗祠创始者直至近四代华人先贤们，在大家的努力下，华文教育延续至今，实属不易。在马来西亚生活、旅行时，有时可能会遇到一些华校学生在街头找人募集资金资助华校。遇到这种情况，不少马来西亚的华人都会慷慨解囊，纷纷捐出50林吉特、100林吉特。因此，华文学校能够在马来西亚一路走下来，靠的是当地华人持续的捐助。

马来西亚是除了中国以外，全世界唯一拥有完整华文教育体系的国家，华文教育覆盖小学、中学和大专院校。这一独树一帜的教育体系，在东南亚乃至海外任何华人聚集地区都是难得一见的。2006年，马来西亚政府顺应亚洲经济的发展趋势，已经在国民中小学中尝试向马来人及其他非华裔学生推行汉语教学。所以除了华人，一些马来人和印度人的孩子也会去华小学习中文。可以说，推广中文在这里有着得天独厚的优势，但也正是其地域的特殊性给推广传播工作带来了复杂性。

我被派往全球汉语学院。学院成立于2006年，由马来西亚全球教育管理集团与上海交通大学国际教育学院联合创办，是马来西亚最早的一所孔子学院，也是马来西亚最大、最具影响力的汉语教学机构之一。其课程设置涵盖短期汉语课程、少儿汉语、商务汉语、汉语教师培训、中国零距离游学体验项目和各种文化活动，形式多样。

学院的外方院长是一位很有见地、有前瞻性的老华人，多年在商海打拼，拥有非常开阔的办学思路。临近退休之际揽下这个新工作，非常不容易，完全没有随便做做的想法。

学院自成立起就定下了3个核心策略。

第一，建立品牌。作为非营利机构，虽然每年都有中国国家汉办在教材和师资上提供支持，但学院管理层一直有忧患意识，坚信必须认真打造好自己"全球汉语"的品牌，才能实现学院的可持续发展。因此，对教育服务和教学质量两方面都精益求精。所有宣传资料、网站上的内容都经过精心设计；所有课程方案，也都是从学生角度出发多方讨论、反复备课的。

第二，努力打造一支高素质且多元化的对外汉语教师团队，除了把几位中国老师作为"卖点"，学院从成立伊始就注意培养当地师资。从马来西亚华人中文教师入手，逐渐将汉语传播工作扩大至马来西亚非华裔人士。通过提供短期教师培训和长期对外汉语本科学历课程，从华语教师及大学生群体中挖掘和培养优秀的汉语教学师资。这也被视为学院重中之重的一项工作。

第三，通过开展丰富的文化活动，提升广大学习者对中国语言文化的兴趣。学院每逢华人传统节日都会开展传统文化活动，捞鱼生、包饺子、汉语之夜等活动都是学生们非常期待的文化派对。诸多活动中，学院与马来西亚政府相关部门、中国驻马大使馆三方联合主办的名为"百年光影，百部经典"的首届中国电影展影响力最大，共有将近20000人次参与了20个高校为期10天的活动。

正因为一系列的办学努力，学院的名声在马来西亚广泛传播开来，吸引了越来越多高端学员。截至2011年，共计210名包括多位大使、其他政府官员及企业高层在内的学员参与了学院的课程，并通过了结业测试。

初到马来西亚，面对新环境，心中确有不少惶惑。公交车不准点怎么办？晚课结束回家路上会不会不安全？等等。

好在有同事们的关照，吃穿住行等各方面都很快适应了，只是当地的治安状况出乎意料地不好。刚到的那个月就有2位老师因为出门时疏忽大意，走在大路上单手拿着包或者电脑，被飞车党给抢了……吓得我着实不敢一个人出门，以至于后来出门时只敢带上不超过20林吉特的钱，电脑在下课后也基本不带回家。

这样一来就有了新麻烦：不带电脑回家，就不方便夜里备课。犹记得当时2位和我住一起的同事，为了成全我这个完美主义者每天课后写报告、每晚都要为第二天的学生调整课件熬到十一二点，他们就在那个安静得有些吓人的办公室里，静静地陪着我、等着我……

有办法就不是问题，做减法、过简单的生活，随着生活重心很快落在工作上，心倒是很快就安定下来了。

学院彼时工作氛围也是真好。院长非常慷慨地邀请我们品尝最正宗的大马美食，甚至不惜大早上跑去榴梿园，就为了让我们这些中国老师尝到最新鲜的极品猫山王……还有同事为了免去女老师们中午被暴晒的痛苦，隔三岔五地就把一个人的中餐烧成了家宴。学院的厨房总是很热闹，大家有什么好吃的都不会吝惜分享，当然有什么有助于把课上好的好方法、新招数，也都会在品尝美食那一刻交流得透透的。

所以，虽然没有穿过"枪林弹雨"，但在那段"激情燃烧"的日子里，我和同事们真的结下了非同寻常的"革命"友谊，我们常笑称彼此为"战友"。

当然，在中文环境颇为复杂的马来西亚，我们这些年轻的中国老师也绝非没有遇到挑战。

初到大马时，院长提醒我，这边学生的华语水平一般会比在上海交通大学国际教育学院的海外学生高，要注意调整方式、态度。天性好强的我听了其实心里有些不爽，认为这是院长对我水平的不信任。后来真正开始教学了，就慢慢发现，真的很不一样，比如课堂上要把重点放在汉字的识读上，又比如学生普遍较内向，老师需要花费更多心思引导他们有效练习口语，还有就是学生可能会提出让华人不自在的问题，诸如此类。

不仅要"知其然""知其所以然"，还要说得鞭辟入里，不落俗套。这是中国老师区别于会讲中文的普通人，必须做到的。面对已有一定身份认同的华人学生时，无疑要求更高。要做到这些，十分不易。我们慢慢意识到，要帮学生提高中文，还要帮得不动声色……

特别让我有感触的是一个中高级水平混合的班级。做过这行的老师就知道，大多数学生的水平集中在初级，越往上学生情况越复杂，水平越是参差不齐，人数也越少，很难有整整齐齐的班级。一个小班五六个学生，这个会认不会说，那个会说不会认，还有的一直不显山露水，非得等问题攒成一堆了再一起提出……为此我一面向更资深的老师讨教，一面也绞尽脑汁想了很多方法，光是为了满足不同层次需求自编教材就费了很多的心力和时间，那阵子挑灯夜战 10 次中有 8 次是为了这个人数最少的班。当然，也是这个班的学生在我即将离开马来西亚时准备了非常感人的送别仪式，其中几个一直与我有联系。作为来自

本文作者（右二）离任回国前与华文高级班学生合影

中国的老师，当地的华人学生给了我们非常多的鼓励和动力。我发现，不只是"教学相长"，老师和学生的用心程度真的可以高度接近。我很感恩那段时间的历练，也从此不再怀疑自己做的选择。

　　他们说老师的认真态度很打动他们，而我又何尝没有为了他们的执着和不放弃而感动呢？说起来，和这些"少数派"较劲的经历，是真正提醒我不忘初心、激励我知难而进的宝贵经验。事后回想起那段难熬的日子，我心中满是感恩，正是因为学生里既有"喂不饱"也有"吃不下"的反馈，才逼得我短短几个月内几乎吃透了中高阶所有的常用教材，也为后来正式编写教材做了一些准备和训练。

　　为提高教师业务水平，做好课程建设，学院一直扎根短期课程，深耕教师培训、儿童汉语，打造特色商务汉语课程。最初的基础汉语培训皆由上海交通大学国际教育学院全面参与，并由上海交通大学派出专家教授进行初期的教学实践指导、管理监督及师资培训。因此我们从一开始就有着较为完整的教学系统，其中精品课程是以听说为重点、兼顾读写的基础汉语，课程共有6级，每一级为50个小时，分为精读课及口语听力课2种课型，分别由2位教师穿插进行授课，一位负责精读部分，一位负责口语听力。2010年学院在教学重点及教学方法方面都做了一些改变，并以适应马来西亚本地学生的特点为目标，对原有教材进行了整合，教学效果再上一个台阶。把学院开办的基础汉语课从第一级一直坚持上到最高级，学生就能从完全零起点水平到可以就某些事件发表自己的看法，从一个汉字都不认识到可以阅读三四百字的文章，它可以说是个很成功的课程。

学院还与时俱进，在课程建设方面争当弄潮儿。2009年前后，学院就针对有需求的商务人士推出了线上中文课、团购课等，不时在马来西亚中文培训和教学届有令人耳目一新的尝试。学院坚持把快乐带进汉语学习，改变不少学生"汉语很难"等先入为主的观念，逐步营造"学汉语很酷"的氛围。这些尝试和努力，无论是在当地还是在走出马来西亚的其他项目中，都获得了认可。

针对特定团体的特定需求，学院为其定制课程和编写教材，例如根据马来皇家警察厅学习需求编写的《警察汉语》，后来成为近3万马来西亚警察进修汉语使用的教材。

另一较有特色的是面对低幼儿童的熊猫汉语课程。毋庸置疑，华文教育需要从娃娃抓起。全球汉语学院从创立伊始就积极开展儿童汉语教学推广，与吉隆坡及周边上百所幼儿园达成了不同程度的课程合作意向。

在课程基础内容已经过反复实践的《等级汉字》教材基础上，学院增加了"熊猫汉饼"等专为儿童设计的识字游戏，主要情节设计是小熊猫勇勇通过售卖汉字饼干的方式逐步完成自己周游世界的梦想。这不仅是一套汉字学习系统，还立足于培养儿童"礼乐书数体技"六方面的能力。学习过程中贯穿着儿歌、绕口令等趣味性较强的中文通识性教学，且鼓励家长和孩子一同学习。这个项目一经推出就受到当地多所幼儿园的欢迎，几乎所有经历过这个项目的老师都表示希望有机会继续这个有趣的体验。

也正是因为在汉语教学及文化传播方面的各种努力和持续贡献，全球汉语学院于 2010 年 9 月被中国国家汉办评为"魅力孔院"。

作为一所学企合作的孔子学院，区别于学学合作（中方大学与外方大学合作），其特点是重行销、重效率。不能等市场送上门、等规模自动形成。我所在的这所全球汉语学院自成立伊始，就瞄准非华裔人士、华语教师、大学中文系学生、已经或有意在中国投资的企业等，针对性地组织了"学习标准汉语与提升自身能力""学习标准汉语与融入世界经济圈的关系"等多场演讲会，将汉语学习的益处晓之人心。与此相关的是，全球汉语学院还放宽思路，不仅走向东南亚其他国家，促进相互交流、相互提升，例如与泰国农业大学附属学校合作创办华语夏令营，同时还组织移动教室，将课程带到中国，把上千名学生带到北京、上海、苏州等地，开展沉浸式中文教学，从而进一步充实马来西亚的华文教育。

印象较为深刻的经历，还有参与面向当地师资推出的培训课程。

马来西亚的华文小学和独立中学体制内的 70 万名学生，从他们的大约 2 万个华语老师那里所学到的是带有浓厚马来西亚特色的华语（马式华语）。全球汉语学院作为推广标准普通话的机构，希望能系统地、有效地再培训华小教师，因为他们是提升华裔汉语普通话能力的最直接和最关键的人士：孩子们如果在小学时就已经掌握了标准普通话，长大之后，就不需要再花费精力重塑中文能力。

而且我们在马来西亚明显感觉到，越是低龄的华人，华语学习动力越不足。原因不只是大环境的影响，客观地说，是因为能深入浅出地引导学生爱上华语的老师少之又少，所以我们希望能尽可能地借由各类培训给本地老师们"赋能"。

2007 年第二个季度，学院面向本地的华文教师推出了"正音和教学教法"课程，计划在 1300 个华文小学的 3 万名教师中推广，如果计划顺利实现，就有64 万名小学生受惠。当时推行的这个华小华语老师与普通话接轨的培训课程主要包括普通话水平测试这一考核。每位参与培训的老师将接受按中国教育部国家语委制定的普通话水平测试标准所进行的测试。这一要求看似寻常，但是对本土老师来说困难重重。因为马来西亚语言混杂的情况非常常见，当地的一位华语老师就说："我们有一些马来西亚华人看起来像是没有母语的族群。我们能说多种语言，却不能用单一的语言来完整地表达自己的想法、与人沟通。我们总是在一段话里掺杂着各种语言，慢慢就越来越不习惯用中文表达。"这话乍一听似乎有些小题大做，却是不容否认的遗憾。

后来，我们几位中国来的专职教师考虑到难度，为了使培训更有效，事先做了很多功课，并编写了一整套讲义和教材，在课上从语音、词汇、语法、语用、修辞表现及汉字应用等几个角度条分缕析地梳理马来西亚华语和标准汉语的不

规范汉语词汇	马来西亚式词汇	开车	驾车
看不到	看没有	林先生、林太太	林生、林太
多少	几多	幸好	好彩
开灯	开火	古董车	老爷车
吃盒饭	吃饭盒	出租车	德士
百分之五十	五十巴仙	公共汽车	巴士
卡车	罗里	自行车	脚车
菜市	巴刹	钥匙	锁匙
礼券	固本（coupon）	干爹	契爷
三明治	三文治（sandwich）	放高利贷者	大耳窿
集装箱	货柜（container）	皮条客	姑爷仔
火灾	火患	姥姥／奶奶	婆婆／外婆／祖母
老年人	乐龄（senior citizen）	家具	家私
手机	大哥大	豆芽	芽菜
这是什么颜色？	这是什么色？	凤梨／菠萝	黄梨
这条马路很宽阔	这条马路很阔	绿	青
这（一）次	今次	红绿灯	红青灯
这（一）期	今期	发热	热气
什么时候	几时	洗澡	冲凉
脸盆	面盆	作业	功课
纸巾	面纸	摩托车	电单车
上市	面市	＋	

面向马来西亚华语教师的普通话培训讲义

同，并通过组织"标准汉语与马式华语的区别"研讨会等形式，逐步提高教师的专业素养。

同时，我们也不是一味同化本地老师，学院定下一个授课基调：既强调尽量向普通话靠拢，尽量以中国的规范为标准，以保留共同的华语核心，又强调加强交流，让语言比较自然地融合。

此类培训刚开始时反响很热烈，但是相关学校都是靠华社资助，无法负担学费，因此只能靠募款赞助，后来进展很快就慢下来了。同时，初期的教师培训效果也不尽如人意。因为教师平时要上班，所以把3年的课程压缩在10个晚上完成，效果难免不尽如人意。如此种种，我们逐渐不得不接受一个事实：培训在职老师不是最有效提升其中文教育水平的方式，我们要想更多办法来提高效能，要想一些别的出路。

为此，我们一方面和上海交通大学的几位专家群策群力，讨论开发整合出一个更有效的授课方式，如远程教学，另一方面与教育部门一再沟通，提供给在职老师们不脱产的本科学习方案和配套支持。学院还将此课程规划为一个5年计划，而且打算逐渐结合实践经验，发展出一套用于多媒体和网上培训的配套教材。

为了给马来西亚培养更多高水平的种子教师，全球汉语学院还相继有了其他了不起的努力：一是在当地大学组建汉语言文化本科学历课程；二是与上海交通大学合作共同培养3届共计103名汉语言文学专业本科生；三是与苏丹再纳阿比丁大学（UNISZA）合作进行双学位培养和商务汉语硕士培养的探索。这些无疑都是非常积极有益的努力。

有光的日子里，当下即是未来。在推广汉语这件事情上，各位老师都不再只是教书育人的老师，我们跟着院长一起做方案，尝试了一次又一次。我们不但创造条件给当地老师提供进修的机会，也积极走进校园，尽一切可能给当地的华语教师提供进步的阶梯，而这些努力都不曾计入工作量。在当地华人那颗推广汉语的拳拳之心面前，我们这些文化小兵也想出力。我们逐渐意识到，在提高汉语教学质量的道路上，可以说还有很多可以尝试的方向和方法，也可以说还有太多需要面对的困难和无奈。当然，也正是这些感触，催动我们后来做出一些令人心动的新尝试。例如，学院在5G还没被提出、互联网还不是那么发达的时代，推出了团购课、线上课等非常新颖的授课方案，虽然这些方案因为大家对远程授课效率的怀疑，并没有多么成功，但类似这样的遇到问题努力想办法的体验，无疑可以说是日后我们这批人人生中的一笔财富。

也正是这样一些小小的细节，撑起了我异常热血的大马记忆。现在每每想起来，还是非常怀念彼时的热忱和坚定。

作为一名中文老师，我很欣喜地看到中国政府正有信心地开展汉语国际传播与推广事业，并意识到如果能够在马来西亚建立起一个更有效的汉语教学推广体系，也将有助于中国在整个东南亚顺利推广汉语，这对进一步增强中国与东盟的全面战略伙伴关系必将有重要意义。

在这些年的汉语推广过程中，我对国务院参事、国家汉办原主任许琳接受《对外大传播》记者采访时说的那段话有了更深的体会，"汉语国际推广不是纯教育。特别是在向国际上推广的时候，就更是一个文化产品。我们必须以产业来运作，由市场来运作，如果不走这条路，汉语教学绝对没有出路"。全球汉语学院在2014年因与上海交通大学理念不合，终止了合作。之前诸多努力和创新，后来都无疾而终，甚是遗憾。与此同时，我们都相信学院这10年的努力没有白费，马来西亚的华文教育一定会越来越好。

记得离开学院时，院长对我说："在这里经历了这些，相信今后你们无论去哪儿教学，都没问题。"这句有些鸡血的"心灵鸡汤"，甚至成了我日后走向其他岗位的力量源泉。在后来的一份新工作中，我曾遇到领导在布置工作时暗示可以"简单应付"，这让我痛苦不已。因为我从来没有在工作中敷衍的习惯。也正是这样的品质，让我不久后成了单位里可靠的人。

漫漫人生路，"吾将上下而求索"。其实我们所有的经历，不外乎两件事：认识这个世界，认识我们自己。我很幸运在年轻时曾和一群可爱的同事在大马度过了那些闪光的日子。现在我全家移居新加坡，不时唏嘘，新加坡人的整体华语水平落后马来西亚太多，实在是觉得可惜，但也再次希望自己能一直记得当初的那些热忱和努力，在未来的人生道路上，不忘初心，多一些坚持和勇敢。

自从新冠疫情席卷全球，小到学校里的一节课，大到整个国际中文教育行业，都不可避免地经历着变化。对我来说，无论是疫情不明朗时陡然成了"高危行业"从业者，戴着双层口罩两点一线地在家（网课）和教室间来回穿梭，还是一夜之间所有课全部都转为线上教学时略显艰难地在网上踟蹰摸索的那些夜晚，都是刻骨铭心的经历。

而今疫情已成过去式。经历了这场前所未有的全球大疫情，受制于不甚明朗的经济发展局势，我们可以观察到一些或许"今时不同往日"的担忧和却步。部分国际学生对中文学习的动力不足以及后疫情时代各年龄层学生对学习方式和效率的更高需求，都对教师提出了更大的挑战：教师的教学水平及其知识的前沿性、综合性等都面临着更高要求——教师要作为"反思性实践者"，积极主动地提升自我，并在教育行动中不断反思，实现专业知识和能力的提升。

事实上，面对挑战的不只是教师。面向新时代、新形式，既要教材创新，也要技术创新和思维创新；同时，也需要全行业凝聚各方智慧和力量，架起学科现实与未来之间的桥梁。

如今，我依旧会不时检索"孔子学院"的消息，不难发现我们的中文国际教育圈越来越活跃，2023年全球"孔子学院日"活动成功举办，全球各地也纷纷举办关于中文国际教育发展的论坛和研讨。这一势头无疑是鼓舞人心的：国际汉语教学的中坚力量，都在结合新形势，努力总结近年的经验，围绕着"加强多方协同发展、'中文+'特色课程和项目开发"、新"数智汉语"教研模式等议题深入探讨、交流心得，给国际中文教育提供丰富、生动的新动力，齐心协力共同绘制中文国际教育的未来美好蓝图。

协同创新，行稳致远。希望我们"中文人"能坚守"从语言入手，用文化交融，促民心相通"的初心，用科技赋能，推动学科探索创新，致力于探索出一条高效发展的路径，继而在增强中华文化传播力和影响力、建设文化强国的工作中当好排头兵。

第二篇章

寻迹与对话

邢 晶
XING JING

　　邢晶（左），包头师范学院文学院新闻专业副教授，马来西亚马来亚大学文学与社会科学学院中文系博士。在马来西亚马来亚大学攻读博士学位时，多次参与马来亚大学孔子学院、吉隆坡中国文化中心组织的各类文化活动。在这些活动中，深切感受到中马两国文化的交融与碰撞。

何启才
HO KEE CHYE

　　何启才，马来西亚华裔，出生于马来西亚槟城州，祖籍海南文昌。于马来亚大学获得学士及硕士学位，后负笈于中国厦门大学南洋研究院，取得历史学博士学位。现为马来西亚马来亚大学文学与社会科学学院中文系高级讲师、马来亚大学马来西亚华人研究中心副主任、马来亚大学马来西亚冷战研究群主持人、《马大华人文学与文化学刊》主编、林连玉基金学术委员会副主任、"国际中学生陈嘉庚常识比赛"学术委员兼裁判团成员、马来西亚华人博物馆顾问。著有《潮迁东殖：马来西亚半岛东海岸潮州人移殖史与会馆史略》（2015年）、《晋风南扬：马来西亚晋江社群与社团研究》（2019年，合著）、《休戚与共：马来西亚左翼运动史论集》（2023年）。

何以可能与何以可为：
中马媒体公共外交的路径升维

邢　晶　何启才

2023 年 3 月 29 日，马来西亚总理安华抵达中国展开为期 4 天的访华行程，同时这是安华就任总理后首次出访中国。访问期间，双方领导人就共建中马命运共同体达成共识。2023 年是中马建立全面战略伙伴关系 10 周年，2024 年则是两国建交 50 周年，两国政府都希望将双边关系提升至更高水平，共同为本地区繁荣发展注入活力，开启双边关系新篇章。

中国主流媒体与马来西亚华文媒体普遍认为安华此次访问中国对推动中马关系行稳致远发展具有重要意义。安华明确表态，他是作为中国的真正朋友、怀抱对中国的真诚友好来华访问的。此前，2022 年 11 月，安华就在记者会上表示，在经贸、投资、文化等领域提升与中国的双边关系是马来西亚的优先事项，他不会让两国关系仅仅维持现状。马来西亚与中国历史渊源深厚，理念相近，利益相融，人文相通。新冠疫情之后，在世界经济复苏的背景下，此次访问不仅有助于双方共同应对全球挑战，协商解决地区和国际性问题，还能够为马来西亚与中国创造更多发展机会。此次访问期间，两国企业共签署了 19 份合作谅解备忘录（MOU），中国对马来西亚做了高达 1700 亿林吉特的投资承诺。安华在博鳌亚洲论坛上表示，马方将与中方深化"一带一路"建设，并拓展绿色发展、数字经济等新兴领域的经济合作。在"一带一路"倡议的"政策沟通、设施联通、贸易畅通、资金融通、民心相通"的"五通"建设中，民心相通是重中之重，中国和马来西亚通过行之有效的公共外交实践，为推动两国关系发展走在地区国家前列奠定民意根基。本文主要通过对安华访问中国期间中国主流媒体和马来西亚华文媒体的相关新闻报道进行文本分析，重新审视中马公共外交可能遇到的挑战，深入分析双边公共外交的可为领域，进而观照公共外交关系中的媒体因素，以实现中马媒体公共外交的路径升维。

一、调试与拓展：中马公共外交的可能空间

（一）历史脉络下的中马互动

中国与马来西亚隔海相望，友谊深厚，友好往来的文字记录可以追溯至汉朝，两国经过历代朝贡贸易的发展与相互影响，关系日益密切。明朝时期，中国航海家郑和 7 次率领船队到东南亚地区进行贸易和文化交流，多次抵达马六甲海峡商港，使其成为中马商贸往来的重要通道。近代中国命运也与南洋紧紧相连，尤以新加坡、马来西亚最为重要。孙中山先生领导的革命运动曾多次在马来西亚募款，受到当时爱国华侨的热烈支持和响应。1957 年，马来亚联合邦宣告独立。1963 年，马来西亚联邦制国家成立。20 世纪 70 年代，国际政治形势急剧变化。1970 年 9 月，敦·拉扎克当选为马来西亚第二任总理后，率先提出东南亚中立化的主张，采取相应措施改善与中国的关系。1974 年 5 月 31 日，马来西亚和中国发表联合公报，宣布两国政府互相承认。至此，马来西亚正式与中国建立外交关系，成为东盟创始成员国中第一个与中国建立外交关系、实现关系正常化的国家。进入 20 世纪 90 年代，马来西亚为实现经济高速增长，积极向外寻求发展机会，而此时的中国也正处于政治经济转型期。因此，两国之间的合作更加深入广泛。同时，马来西亚政府解除访华限制，开放直航班机，放松中马民间交往管控，促进了两国民间情谊。1999 年，中马发表双边合作框架的联合

声明，表明两国将在政治、经济、文化、教育、军事各领域逐步深化合作。[1]

　　值得一提的是，进入 21 世纪，中马两国不仅在政治经济领域利益相连，还在科技、教育、文化、医疗等领域密切合作。马来西亚参与中国提出的"一带一路"倡议，推动互利共赢的合作发展，致力于在区域合作中发挥作用。中马开展行之有效的公共外交活动，从而进一步深化双边友好关系。"中国马来西亚文化旅游年"成功举办，中国文化中心在吉隆坡正式揭牌，马来西亚多所孔子学院与孔子课堂开办，中国厦门大学马来西亚分校落地，这些都有助于中马民间深度交流，为加强两国人文交流、促进民心相通发挥积极作用。新冠疫情期间，中马政府主导，官民并举，持续深化政治互信、经济互利、抗疫互助，高层互动频繁，民间交流热络，通过在公共卫生健康领域开展医疗物资捐赠、新冠疫苗研发、抗疫信息共享等合作，打造互联互通新样板，展现了"遇山一起爬，遇沟一起跨"的共克时艰精神。

（二）智库视角下的中马关系

　　马来西亚独立民调机构默迪卡民调中心（Merdeka Center）与马来亚大学中国研究所合作开展了关于"马来西亚公众对中国的认知"的民意调查。[2] 结果显示，39% 的马来西亚民众对中国的整体好感度偏高，12% 持负面态度，45% 保持中立。超过一半的马来西亚民众肯定了中国在疫情期间对马来西亚的援助外交。对比过往数据，民众的整体好感度有所上升，比 2016 年 7 月时同类民调 35% 的好感度增加了 4 个百分点。其中马来西亚华人对中国的好感度显著提升。

1　陈琮渊、林煜堂：《"海丝"战略下的中马关系：发展趋势与华侨华人的参与》，贾益民主编：《华侨华人研究报告（2015）》，社会科学文献出版社 2015 年版，第 35—59 页。

2　本次调查时间为 2022 年 3 月 17 日至 26 日，共有 1204 名来自马来西亚半岛各州属（包括沙巴州和沙捞越）的受访者，年龄在 18 岁及以上。每位受访者使用自己偏好的语言通过电话的形式接受采访。调查结果边际误差约为 ±2.94%。（数据来源：https://merdeka.org/v2/9813-2/）

对于马来西亚华人社会而言，中国崛起的意义在于提供了一种具有替代性的发展模式，因此马来西亚华人群体中很多人将中国作为重要的贸易伙伴，将中国模式视为自成一体的成功案例。此外，马中在抗击新冠疫情方面的合作也促使

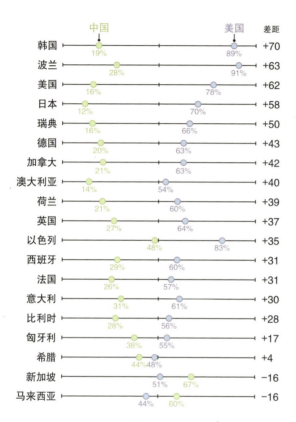

19个国家对中国与美国的态度比较

马来西亚民众对中国的好感度提升，同时多数受访者表示对后疫情时代的马中合作充满期待。[1]

根据皮尤研究中心（Pew Research Center）公布的"关于对中国与美国的态度比较"的民调数据[2]，在被调查的19个国家中，对于多数国家而言，美国普遍比中国更受欢迎，大多数人对美国持赞成态度，而对中国持赞成态度的人不到1/3。在亚太地区态度差异更大。在韩国，有89%的人对美国持赞成态度，比对中国持赞成态度的高出70个百分点，这也是所有国家中差距最大

1 陈悦：《民调显示：七成五马来西亚民众对后疫情时代马中合作具期待》，https://www.chinanews.com.cn/gj/2021/12-01/9620186.shtml，2021-12-01。
2 本次调查时间为2022年2月14日至6月3日，分别对来自19个国家的24525名成年人进行调查，比较国际社会对中美两国的态度。（数据来源：https://www.pewresearch.org/short-reads/2022/06/29/across-19-countries-more-people-see-the-u-s-than-china-favorably-but-more-see-chinas-influence-growing/）

的。在日本（高出 58 个百分点）和澳大利亚（高出 40 个百分点），美国也比中国受欢迎得多。相反，马来西亚和新加坡是仅有的 2 个对中国的好感度大于美国的国家。这 2 个国家对中国的好感度比对美国的高出 16 个百分点，约 67% 的新加坡受访者和 60% 的马来西亚受访者对中国抱有好感。需要强调的是，马来西亚民众对美国持积极态度的比例是所有受访国家民众中最低的。中国大力推广文化软实力，强调中华文化的海外传播，无形中对追寻文化和民族根源的东南亚华人颇具影响力。此外，也要归因于近年来中国的经济崛起，以及中国在应对新冠疫情方面的表现和成果。

新加坡东南亚研究所（ISEAS）连续 5 年发布《东南亚国家态势调查报告》[1]，旨在评估东南亚人对影响该地区的地缘政治发展、关键区域事务以及东盟在过去 1 年中与其对话伙伴关系的看法。自 COVID-19 被宣布全球大流行以来，东南亚地区的关注议题已经不再局限于新冠疫情所引发的健康问题，而将重点放在社会经济、气候变化和不断演变的地缘政治局势等之上。总体数据显示，中国继续被视为该地区最具影响力的经济力量（59.9%）和政治战略力量（41.5%）。64.5% 的人认为中国是在经济方面最具影响力的国家，68.5% 的人认为中国在政治和战略领域最具影响力。2023 年国家层面的数据显示，如果东盟被迫选择与中国或美国结盟，东盟国家的态度各有差异。61.1% 的受访者表示全力支持美国，支持中国的比例从 43.0% 下降到 38.9%。然而，当将受访者按国籍进行评估时就会发现，来自文莱、马来西亚和印度尼西亚的大多数受访者倾向于支持中国而不是美国。中国获得了马来西亚民众超过半数（54.8%）的大力支持，相较 2022 年提升了 11.8 个百分点。

---

1 《2023 年东南亚国家态势调查报告》是第五版，调查目的是评估受政策影响的民意。调查在 2022 年 11 月 14 日至 2023 年 1 月 6 日进行，为期 8 周。调查语种分别为英语、印度尼西亚语、缅甸语、柬埔寨语、老挝语、泰国语和越南语，来自 10 个东南亚国家的 1308 名受访者参加了这项调查。（数据来源：https://www.iseas.edu.sg/articles-commentaries/state-of-southeast-asia-survey/the-state-of-southeast-asia-2023-survey-report-2/）

区域	中国		美国	
	2022 年	2023 年	2022 年	2023 年
东盟	43.0%	38.9%	57.0%	61.1%
文莱	64.2%	55.0%	35.8%	45.0%
柬埔寨	81.5%	26.9%	18.5%	73.1%
印度尼西亚	44.3%	53.7%	55.7%	46.3%
老挝	81.8%	41.1%	18.2%	58.9%
马来西亚	43.0%	54.8%	57.0%	45.2%
缅甸	8.0%	32.2%	92.0%	67.8%
菲律宾	16.5%	21.2%	83.5%	78.8%
新加坡	22.1%	38.9%	77.9%	61.1%
泰国	42.7%	43.1%	57.3%	56.9%
越南	26.4%	22.1%	73.6%	77.9%

东盟国家对中国与美国的支持率比较

综合分析上述智库视角下的中马关系，马来西亚民众对中国的好感度持续上升。两国民心相通很大程度上得益于近年来中马公共外交的合作成果。[1] 公共外交（public diplomacy）的概念最早是由美国塔夫茨大学弗莱彻法律与外交学院院长埃德蒙·格利恩（Edmund Gullion）于 1965 年在爱德华·默罗公共外交研究中心成立仪式上的演说中提出的。近年来，中国政府一直在加强软实力，将软实力作为硬实力的补充，最大限度实现将崛起的中国形象从硬崛起转为软崛起，公共外交越来越受到重视，已不再是内部公共事务的一种形式或外宣媒体单向交流的传播手段。传统意义上的公共外交是指一国政府对国外民众的外

---

1 林逢春：《马来西亚华人在推进中国公共外交中的作用与制约因素》，《亚非纵横》2014年第 2 期，第 83—91 页；赵可金、刘思如：《中国侨务公共外交的兴起》，《东北亚论坛》2013 年第 5 期，第 13—23 页；胡春艳：《"一带一路"下的马来西亚华人与中马文化交流》，《暨南学报》（哲学社会科学版）2016 年第 4 期，第 27—32 页；刘泽彭、陈奕平：《华侨华人在国家软实力建设中的作用研究》，暨南大学出版社 2018 年版。

交形式，但在科技高速发展的今天，日新月异的新媒体技术为公众通过互联网参与公共外交实践提供了可能。[1] 作为提升国家软实力的重要途径，公共外交的目标是与他国公众交换信息，维护正面形象，消除刻板偏见。公共外交已由独白式的媒体宣传转型为全民参与的互动对话，这种转变体现出新型公共外交的对话性、协作性与兼容性。[2] 行之有效的公共外交活动能够实现人文领域的交融契合，促进政治互信与经济互助。中国对马来西亚开展持久且有效的公共外交活动，离不开对现代媒体的充分利用。[3] 本文通过对此次安华访问中国的相关媒体报道以及社交媒体评论进行分析，将公共外交作为理论，同时也作为行为实践进行深入剖析，以回应关于媒体因素在公共外交中的现实关切，实现媒体公共外交的路径升维。

二、碰撞与弥合：中马公共外交的可能挑战

（一）中国媒体报道分析

2023 年 3 月 31 日下午，在中国北京的人民大会堂，中国国家主席习近平先后会见了 3 位外国领导人，分别是西班牙首相桑切斯、马来西亚总理安华、新加坡总理李显龙。中国主流媒体中央广播电视总台用几乎相同的新闻时长报道了习近平主席与 3 位领导人的正式会面，充分体现出主流媒体在国家公共外

1 Gullion, E. *Public Diplomacy*. London: Sage Publications Ltd., 2002, pp. 4-21; Leonard, M., Stead, C., Smewing, C. *Public Diplomacy*. London: Foreign Policy Centre, 2002, p. 115; Nicholas, J.C. *Public Diplomacy, Lessons from the Past*. Los Angeles: Figueroa Press, 2009, pp. 34-56.

2 韩方明：《公共外交概论》，北京大学出版社 2012 年版。

3 Wang, Y. W. "Public Diplomacy and the Rise of Chinese Soft Power." *The ANNALS of the American Academy of Political and Social Science,* 2008,616(1) , pp. 257-273.

交事务中发挥的作用。

　　本文通过对比 2 则新闻报道内容原文，利用 Nvivo 12 软件进行词频统计，发现"中国""发展""合作"成为新闻报道中的共现高频词汇，但是中国对马来西亚和新加坡外交关系的重点则有所差异。习近平主席在与马来西亚领导人会面时强调了两国世代友好的历史渊源，肯定了安华政府提出的"昌明大马"理念与中国提出的"构建人类命运共同体"理念高度契合。中马同属亚洲文明，双方将深化中华文明与伊斯兰文明的交流互鉴，推动共建"一带一路"。而习近平主席在与新加坡领导人会面时则突出强调了中新是重要合作伙伴的定位，把中新关系提升为全方位高质量的前瞻性伙伴关系，同时也肯定了新加坡是东南亚国家中参与中国改革开放程度最深、同中国利益融合最密切的国家，中方把新加坡置于周边外交优先方向。最后，不论是马来西亚还是新加坡，都将数字经济、绿色发展、新能源等领域作为与中国合作的增长点，共同反对阵营对抗与强迫选边站队，主张国与国之间应相互尊重、和平共处，共同应对风险挑战，肯定了中国为促进世界和平发挥的建设性作用。

　　通过分析中国主流媒体报道内容可以得出，中国将与新加坡的合作视作亚洲地区的示范平台，而对马来西亚则多次强调提升高质量共建"一带一路"水平，

习近平主席会见马来西亚总理新闻报道高频词云图　　习近平主席会见新加坡总理新闻报道高频词云图

以及把马来西亚视作深化文明交流对话的通道。马来西亚新闻媒体人发表评论称，在全球地缘冲突风险加剧的当下，上述会面凸显了中国对马新两国的重视，每一个朋友对中国来说都弥足珍贵，而如何与崛起的中国合作，也已成为马来西亚在外交上必修且要修得好的一课。[1] 还有一个值得关注的画面，在正式会面现场，安华全程佩戴翻译器，而李显龙没有佩戴翻译器。李显龙的祖籍地是广东省梅州市大埔县，他能说一口流利的客家话，这在无形中增进了语言交流的亲近感。相较于主流媒体平台的报道内容，对比清博智能[2] 新媒体指数，在2位领导人访华期间，包括2023年3月31日当日，新加坡相关话题的网络传播指数远高于马来西亚。由此可见，中国网民对新加坡的关注度与正面评价指数明显高于马来西亚。

（二）马来西亚华文媒体分析

　　马来西亚华文媒体同样在马中公共外交中扮演了重要角色。早在安华此次出访中国之前，马来西亚各大媒体就已对访问进行"预热"并给予期待。安华此行意味着他以马来西亚最高领导人身份正式走上国际舞台，马来西亚各界对安华访华寄予厚望，希望可以促进马中各领域合作。《东方日报》称，安华访华不只着重于商业成果，各界也应从国际关系和影响力的角度来看待这次访问。马中企业签署的19份总值1700亿林吉特投资数额的合作谅解备忘录，是中国对马来西亚做出的历史性的最高投资承诺，反映了国际社会对安华政府的信心。《星洲日报》关注到两国共同推动"一带一路"倡议关键项目的意愿，以及中国与马来西亚开展合作、支持东盟中心地位和坚决抵制"新冷战"的态度，认为未来几年来自中国的投资将为马来西亚的经济发展打下良好基础。《中国报》肯定了中国协助马来西亚培养促进经济发展的高级人才的重要性。安华在访问

1　陈绍谦：《中国已不是过去的中国》，www.sinchew.com.my/20230402，2023-04-02。

2　清博智能（www.gsdata.cn）是第三方新媒体大数据评估和研究平台。

清华大学之后不止一次表达了希望两国加强教育机构间合作的意愿。整体而言，马来西亚媒体普遍认为此次访问意义重大，加深了马中双边关系，为两国协商解决一系列地区和国际性问题、建立更紧密的战略伙伴关系奠定了基础，有助于双方共同应对全球性挑战。在全球经济不确定性上升的背景下，安华此行也为马来西亚和东南亚国家创造了更多发展机会。

通过 Python 抓取几大华文媒体在社交平台（以 Facebook 为主）上的关于安华访问中国报道的网络评论，利用 Nvivo 12 软件对讨论区网络评论进行词频分析得出，舆论对于安华访华的情感态度普遍较为正向，尽管各家媒体的新闻关注点不同，但是首位词均为"中国""国家""首相"等实词，其中"加油""good""👍"等褒义文字或表情包高频出现，足以证明马来西亚民众对马中双边关系的情感态度。大部分网民的高频词更多体现出对于经济与教育议题的关注。同时，在相关评论中，有些污名性词汇被反复提及，由此可见马来西亚华人社会内部对中国态度的撕裂与分歧。此外，也有部分马来西亚网民将中国报道中把 Anwar bin Ibrahim（安华）的中文名字翻译为"安瓦尔"等做法视为对马来西亚华语规范理事会的不尊重，甚至上升为"如果连中国都无视大马华语规范和翻译，大马华文教育何以继续坚持走更远"的讨论。[1]事实证明，由于马中华人网民没有语言文字的沟通障碍，少数网民的消极评价、负面评论足以影响双边舆论动向。海量吞吐的信息潮流使得社交媒体平台成为马中关系的舆论场和信息交流的集散地，在两国民众主动追求交流传递信息时，网络空间就成了公共外交的场域，因为网络言论本身就已经构成了一种公共外交行为并产生了相应的结果，负面的言论会消弭官方层面的外交努力。

---

1 评论内容来自 https://www.facebook.com/KwongWahYitPoh，https://www.facebook.com/NanyangSiangPau，https://www.facebook.com/SinChewDaily，https://www.facebook.com/ChinaPress 讨论区。

中国	出席	期待	东南亚	包括	进行	陷阱	消息	意义	重视	层面	出访
	加油	签署	访问	带来	开离	大会堂	非凡	国会	国务院	黑洞	会见	接受
				发展	人民	代表	分别	举行	媒体	朋友	企业	企业家
国家	领袖	北京	穆斯林	访华	上任	当中	峰会	肯定	清华大学	土耳其	问题	演讲
		备忘录	政府	抵达	公公	恐怖	人民币	已经	展开	主席
首相	合作	大马	good	会面	双边	第一	关系	谅解	身份	议员	宗教	走访
				见证	我国	非常	官方	领域	讨论

《光华日报》网络评论抓取

首相	加油	人民	经济	访华	友好	国际	骄傲	可能	空港	认为	世界
		大马	朋友	好处	重要	听见	country	great	ic	ok	our	soon
	中国	领带	问题	美国	工作	现在	☺	大家	第二	访问	放大	放心
				希望	利用	新疆	包含	感觉	建立	交好	接见	进步
国家		马来西亚	表示	一个	北京	选择	保持	骨头	礼仪	人民币	认识	生意
							场合	合作	利益	视频	西方	新加坡
	全民	没有	支持	迎接	关系	变成	出来	欢迎	难道	双边	一定	应该	中立
							大大	鸡蛋	全部	投资	一穷	主席	表现

《星洲日报》网络评论抓取

首相	一家	马来西亚	☺	应该	来宾	万岁	改变	华语
		马来	大哥	终于	华人	可能	查看	现在	一个
	大家		国际	哈哈哈	领导	朋友	世界	我国	英语
		地位	演讲	语言	一定	掌握	☺	回来
加油		国家	全民	重要	之前	利用	访华	海龟	欢迎	经济
	中国	人民	认为	不要	国语	感觉	带来	英文	掌声	政府
		希望	大马			代表	学习	中文	工作	功劳
				☺☺☺	看到	很多	冰淇淋	以前	翻译	表示	问题

《中国报》网络评论抓取

三、机遇与共赢：中马公共外交的可为领域

（一）新型媒体公共外交，告别独白式传播

传统媒体通过议程设置、信息传播、舆论影响、形象塑造、观点沟通等功能[1]参与公共外交实践，直接或间接影响双边民意，进而影响民众对国家形象的认知。传统媒体公共外交"单一外向""宣传式独白"的传播思维已经难以适应新形势的变化。[2]在中国推行中国式现代化的对外传播新格局的背景下，对外开展公共外交活动是新形势下完善外交布局的客观要求，也是外交工作的开拓方向。中马两国如何将媒体外交与双边国家关系有机结合起来，如何更好地推动国际传播交流的双向驱动，已经成为公共外交亟待解决的问题。首先，主流媒体要打破传统思维束缚，提升对外传播能力，充分尊重新闻传播的客观规律，这关系着公共外交现代化发展战略布局。其次，实现主流媒体的价值功能，需要加强媒体队伍建设，释放媒体生产力，增强主流媒体的综合竞争力。主流媒体在涉及两国双边关系的报道中要做到倾听优先，寻求双方利益的最大公约数。有些中国媒体在涉及海外华人的国际新闻报道中，通常将"华人"与"祖国"联系在一起，属于逻辑不通。对马来西亚华人而言，中国可以称为"祖籍国"而非"祖国"。[3]中国主流媒体在对外传播中，应充分借鉴非英语国家华文媒体的海外传播经验，学习掌握国际传播规律，让双方民众看到两国合作所能带来的互惠机遇。最后，中马主流媒体还应以官方媒体身份主动参与两国公共外交事务，通过加强媒体间的交流与协作，消除误会，增信释疑。

---

[1] Bartuseviciute，L.：《中国媒体公共外交现状与对策探析》，《中国报业》2016年第6期，第23—24页。

[2] 史安斌、杨晨晞：《后疫情时代的国际传播与公共外交：挑战与应对》，《青年记者》2021年第15期，第89—92页。

[3] 陈效卫：《国际新闻关于"华侨""华人"报道的错误剖析》，《青年记者》2021年第21期，第43—44页。

（二）新型数字公共外交，参与式互动传播

互联网信息技术的更新迭代给媒体公共外交带来了革命性变革。事实上，互联网并未消解大众传播媒体的垄断权，相反，数字公共外交作为新型媒体公共外交的补充环节，依托新媒体技术打破信息壁垒，加大信息覆盖面，构建规模化、集团化的国际网络传播阵营，是新形势下国家公共外交发展的产物。从现实情况来看，当前数字公共外交仍缺乏对目标受众的精准把控，中国国际传播话语体系构建亟待改进，因此有必要通过新媒体数字公共外交构建全媒体国际传播矩阵。以数字信息技术为代表的新媒体从新技术与新平台2个维度重构了公共外交的主体、内容与传播方式，政府与非政府人员和组织借助互联网、社交媒体平台、大数据与算法实施和参与外交活动。[1]当前作为数字公共外交受众的网民日益呈现出分众化、圈层化特征，数字公共外交的具体形式包括通过新媒体平台宣传国家政策主张及文化资源，利用社交媒体平台收集公众对外交事件的反馈意见，利用数字媒体技术强化国家间的人文交流等，数字公共外交需要实现从"目标化传播"向"定制化传播"转型。在中国知乎平台[2]上，一则"马来西亚人对中国人的看法和印象是怎样的"提问得到了上百个回答，其中部分回复来自马来西亚华人。在这个微缩的数字公共外交场域下，一些网民的回答却充斥着极端的民族主义言论，这样的言语伤害了两国民众间的感情，无形中为马中民间友好蒙上阴影。由此可见，网民的个人言论很可能影响民间的舆论动向。在公开网络环境肆无忌惮地表达对他国的褒贬，不论是跟帖评价还是留言，网络文字都可能成为舆情指向的引文。部分网民的思想和言行并未及

---

[1] 郭毅：《数字化公共外交：实践困境、理论缺陷与伦理风险》，《未来传播》2021年第5期，第38—45页。

[2] 知乎是中文互联网知名的问答社区，致力于构建一个人人都可以便捷接入的知识分享网络，让人们便捷地与世界分享知识、经验和见解。知乎用户通过知识建立信任和连接，对热点事件或话题进行理性、深度、多维度的讨论，分享专业、有趣、多元的高质量内容，打造和提升个人品牌价值，发现并获得新机会。

时跟上国家的进步和国际地位的提升，表现出传统狭隘思维。虽然每个个体都有在互联网平等发声、自由表达的权利，但是一旦成为集体声音，就会升级为国家事件，影响到国家形象和国际关系。大数据时代的网络舆情，存在着不同阵营的激烈交锋，甚至借助舆论制造议题、贴标签，不难看出虚拟空间的数字公共外交更具有圈层性、隐蔽性和复杂性的特点，并且极易受困于算法操控的"信息茧房"。如何利用数字公共外交在两国民众心中树立可信可爱可敬的国家形象，如何引导民间舆论实现全民共情，成为新时期中马数字公共外交亟待解决的问题。

（三）新型全民公共外交，基于华社共情传播

近年来，中马两国在发挥跨国企业、国际组织、学术智库等非政府行为体作用的同时开始关注外侨资源，国际移民群体逐渐成为国家媒体外交中倚重的资源。在国际关系研究领域，随着海外华人在国际社会中的地位越来越重要，以侨务资源为载体的中国公共外交实践逐渐成为推进民心相通、提升国家软实力、塑造国家形象的重要抓手。[1]2013 年，中国国家主席习近平对马来西亚进行国事访问时曾发表讲话称："马来西亚华侨华人是中马友谊和合作的亲历者、见证者、推动者。你们到中国投资兴业，捐资助学，推动两国文化交流，为中马关系发展牵线搭桥。没有华侨华人的努力，就没有中马关系今天的大好局面。"[2]在中国政府提出"中国梦"与"构建人类命运共同体"的时代背景下，马来西亚华人毫无疑问具有开展公共外交的"资源优势、传播优势、融入优势和长久优势"[3]，他们不仅是公共外交的开展主体，同时也是传播客体，将华人角色置于中马关系框架下尤为重要。生活在多元文化、多元民族国家之中，马来西亚

1　刘泽彭、陈奕平:《华侨华人在国家软实力建设中的作用研究》,暨南大学出版社 2018 年版。

2　杜尚泽、暨佩娟:　《习近平出席马来西亚各界华侨华人欢迎午宴　希望华侨华人为促进中马友好合作再立新功》,《人民日报》2013 年 10 月 5 日，第 2 版。

3　张梅:《中国侨务公共外交:问题与展望》,《现代国际关系》2017 年第 11 期，第 58—63 页。

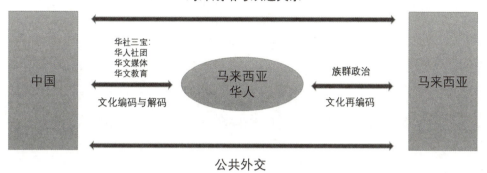

中马公共外交中的华人角色

华人长期以来为维护华文教育与华人文化做出了不懈努力，使马来西亚成为除中国以外保留最完整华文教育体系及中华文化的国家。马来西亚华人因双边互利需求使自己成为中马经济合作的重要桥梁[1]，又因对中华文化与生俱来的亲近感发挥独特的文化间性的纽带作用，通过文化的编码、解码与再编码为中马文化交流互鉴提供可能性与可行性。作为沟通中国与马来西亚的中介载体，根植于血脉深处的民族情感和文化基因使马来西亚华人社会的"三大支柱"，即华人社团、华文媒体与华文教育，在中马公共外交中扮演了不可或缺的角色。面对中国和平崛起的效应，以华文媒体为代表的公共外交主体基于共通内容的文化价值观的情绪感染实现情感共鸣，扮演了跨国政治参与的软性角色，有效推动了中马媒体公共外交。因此，中马公共外交有必要总结提炼华人群体参与的基本逻辑，才能妥善处理马来西亚华人的媒介关系，构建"基于华社并超越华社"的全民外交新范式。

---

[1] 胡春艳：《"一带一路"下的马来西亚华人与中马文化交流》，《暨南学报》（哲学社会科学版）2016 年第 4 期，第 27—32 页。

然而，以侨为桥是一柄双刃剑：一方面，发挥华人华侨在公共外交中的桥梁作用，能够提升国家软实力，塑造国家形象[1]；另一方面，将众多海外华人纳入公共外交队伍，赋予外交职能，会不可避免地产生国家间的外交问题。自2008年马来西亚大选以来，马来西亚政治持续走向民主化，华人社群对公共事务参与的热情以及政治效能感皆相对提升。但是由于近年来马来西亚华人的政治实力并未与其经济版图等量齐观，当局有利于华社的政策承诺多属大选之前的昙花一现，所以华人在中马关系发展的参与中呈现政冷经热。诚然马来西亚华人正在成为推进中马公共外交不可忽视的因素，但是要求马来西亚华人持续扮演深化中马关系的积极角色，将马来西亚华人视为中国对马来西亚开展公共外交的重要资源，对马来西亚族群政治和谐是否有加成作用，仍有待商榷。

四、结语

当下，世界之变、时代之变、历史之变正在以前所未有的方式打开，给人类社会带来了严峻挑战。中国的发展惠及世界，首先必将惠及邻国。作为隔海相望的好邻居、经贸互利的好伙伴，中国与马来西亚势必在亚洲经济复苏中发挥更为深远的区域意义。安华在接受中国媒体采访时表示："我觉得此行最大的成果是与习近平主席的会见，因为本次会见超越了普通会谈所涉及的贸易和投资领域。我们讨论了各自的哲学思考，我们的世界观、价值观、文明观等。我们彼此信赖，倾心相谈。不过，我们确实也谈到了一些具体议题，比如对彼此的期待、共建中马命运共同体，还有贸易投资、人员培训等议题以及两国之间的合作潜

---

[1]　曾少聪、陈慧萍：《海外华人传播中国形象的理论探析与实践启示》，《学术探索》2021年第9期，第118—127页。

能。"中马保持着稳定和良好的双边关系，这种关系将在今后得到进一步加强。当前世界正在面临地缘政治挑战，中马互相作为对方的重要邻国和贸易伙伴，巩固和稳定双边关系显得尤为重要。过去几年，中马两国都遭受了新冠疫情带来的冲击，通过 2023 年两国元首的顶层设计，深化各领域务实合作，挖掘双方合作潜能，在经济、教育、文化等领域互相提供支持，持续推进各类倡议措施；面对一些争议问题，如南海问题时，不应刻意放大分歧，可以通过对话等方式协商解决争议并达成共识。

在后疫情时代，伴随着《区域全面经济伙伴关系协定》的红利显现，中国与马来西亚将以此为契机，持续深化区域一体化进程，坚持开放的区域主义，维护来之不易的和平稳定，助力亚洲经济发展。中马两国在"一带一路"倡议的推动下共同应对潜在风险，为双边关系发展奠定民意根基。首先，两国智库机构和研究者携手合作，对当前民意进行扎实调研，扭转此前在国内政治与国际局势分析中的后知后觉。其次，复杂网络舆情的背后也凸显出中国与马来西亚媒体公共外交的困境。媒体外交在议程设置中应突破思维视野的局限，更多关注两国社会共同的话题，充分发挥把关人与意见领袖的舆论引导作用，使以民心相通为核心的公共外交成为重要议题，营造有利于两国发展的外部舆论环境，不要让民间对他者的褒奖或抨击成为外部势力制造矛盾的武器。最后，政府有关部门需要对海外侨情的最新动向加强了解，以谦虚、平等的姿态对待双边事务中的各方行为者，使公共外交政策的制定更加贴合实际需求，如此才能实现国家间的合作共赢。

李健友
LEE KEAN YEW

李健友，马来亚大学亚欧研究所博士，主要从事马来西亚华人、创新管理、企业精神等研究。

万雪黎
WAN XUELI

万雪黎，成都师范学院讲师，西南大学法学硕士，马来西亚马来亚大学文学与社会科学学院中文系博士研究生，主要从事中马关系与马来西亚区域问题研究。

从技术转移和隐性知识管理探讨中马"一带一路"的合作案例

李健友　万雪黎

一、导言

"一带一路"倡议引起了国际社会的关注，它是由中华人民共和国领导人习近平主席于 2013 年提出的重要倡议。

马来西亚是最早表态支持和参与"一带一路"共建的国家之一。过去 10 年，受惠于"一带一路"跨国经济合作发展，马来西亚整体经济结构经历了显著的提升与转变。这是"一带一路"跨国经济合作框架内的成功典范，为两国双边经济发展提供了重要支持，向世界展示了中马战略合作的成果。中马双边贸易蓬勃发展，不但持续推动两国贸易额度增长，更推动了马来西亚出口贸易，使其拓展了更多的市场，改变了以往只依赖几个主要市场进行贸易的情况。此外，通过合资与知识共享来加强科技创新，也增强了马来西亚在全球市场的竞争力。在战略方面，作为"一带一路"跨国经济合作中的一员，马来西亚积极与中国共同应对挑战，不断从双边合作中吸取经验，持续调整、改进以确保项目得以完善并落实。这种协作精神使项目执行更为高效，确保其符合马来西亚的发展目标和优先事项。作为"一带一路"资深成员，马来西亚也不断探索新的合作领域。双方合作已经从过去单纯的商品贸易发展到贸易、金融、科技、基础设施、农林渔业、园区建设等广泛领域。

技术转移被定义为知识、技能、方法或技术从一个组织或国家传递到另一个组织或国家的过程。这种转移可以是从发明者到生产者、从一个国家到另一个国家，也可以是从一个行业到另一个行业。技术转移可以通过多种方式实现，包括技术许可、技术合作、技术引进等。[1] 技术转移涉及隐性知识和显性知识。人际关系和组织整合在转让隐性知识方面发挥着重要作用。在"一带一路"合作的背景下，技术转移不仅涉及硬件、软件的传递，还包括制造流程、运营管理，以及产品开发方法的交流。技术转移在"一带一路"框架中的作用是支持合作国家的工业和技术升级，同时促进中国的技术和规范在全球推广。

　　隐性知识管理应被定义为识别、编纂、共享和应用组织内部不易形式化或传达的知识的过程，通常包括个人经验、洞察力、直觉和技巧。隐性知识可以被视为组织的关键资源，在车间发挥着重要作用，工人在日常工作中开发和使用着隐性知识。隐性知识管理对于组织的竞争力和创新能力具有重要意义。[2] 迈克尔·波兰尼指出，许多隐性知识被保存并配置于一个社会的共同习俗或传统里，社会中的每个人都需要融入该习俗以取得部分个人知识，这也凸显了社会里的若干学习程序。[3] 这些知识之所以是隐性的，是因为其没有在社会中被明白地重现，而若社会成员采取集体行动（如模仿），则可将知识加以配置（分享）。[4]

　　在中马"一带一路"合作中，隐性知识管理不仅意味着技术信息的传递，还包括文化理解、市场适应策略和本土化经验的共享。马来西亚政府鼓励高科

1　Chaudhry, A. S. *Knowledge Sharing Practices in Asian Institutions: A Multi-Cultural Perspective from Singapore.* Paper prepared for World Library and Information Congress: 71st IFLA General Conference and Council, 2005.

2　Abell, A., Nigel, O. *Competing with Knowledge: The Information Professional in the Knowledge Management Age.* London: Library Association Publishing, 2001.

3　迈克尔·波兰尼著，许泽民译：《个人知识：迈向后批判哲学》，贵州人民出版社 2000 年版，第 129—131 页。

4　Polanyi, M. *Personal Knowledge: Towards a Post-Critical Philosophy.* Chicago: University of Chicago Press, 1974.

技高附加值的产业发展，主张"向外看"，着力引进更多包括中国企业在内的海外智能科技企业，借此推动马来西亚在知识管理领域的发展。知识管理的概念于 20 世纪 90 年代末期开始在马来西亚出现[1]，当时若干跨国企业如微软和惠普将其知识管理的实际运作、程序以及应用带进了马来西亚。就在此时，马来西亚政府也开始推动知识经济主体计划（Knowledge Economy Master Plan），意图将马来西亚从以生产为本的经济转化为以知识为本的经济。[2] 研发产值占国内生产总值（GDP）的比例较低。此外，科技从业者对政府的方案了解不足。针对"一带一路"倡议，尽管目前从政治、经济、社会和文化等各种角度有不少论述，但与中马承接技术转移相关的研究较少。且自"一带一路"倡议提出以来，针对中马在"一带一路"合作中承接技术转移的案例，学术界也还没有进行整理、分析，以至于合作所带来的机遇往往被忽视和遗忘。

二、中马在"一带一路"合作中承接技术转移的成功案例

随着时代发展，智能科技已经被推到各行业发展的最前沿。中国企业在通信、人工智能、大数据、云计算和机器人技术上重点发展，马来西亚参与"一带一路"建设将有助于其在合作中接受技术转移。以下从两国成功的技术转移案例来探讨两国的知识分享文化。

---

[1] Wad, P., Govindaraju, C. "Automobile Industry in Malaysia: An Assessment of Its Development". *International Journal of Automotive Technology and Management,* 2011, 11(2), pp. 152-171.

[2] Bunnell, T. *Reconfiguring the "Political"(from) Beyond the West: Globalization, Governmentality and Malaysia's Multimedia Super Corridor.* Paper presented at the 4th International Malaysian Studies Conference (MSC4), Universiti Kebangsaan Malaysia (UKM), 2004.

案例一：上海擎朗智能科技——推动机器人技术在服务行业的创新应用

随着马来西亚进入工业 4.0 时代，与中国在高科技机器人制造领域的交流预期将促进经济增长。马来西亚推出国家机器人技术蓝图（NRR），旨在广泛应用机器人技术并使其成为主流，同时提升生产效率。政府计划通过此举减少对外籍劳工的依赖，以减少马币外流。上海擎朗智能科技有限公司与马来西亚开展紧密合作，致力于开发实用机器人，并推动中国人工智能技术在马来西亚的应用，以提高生产力和生活效率。此外，机器人品牌体验店和酒店业的全自动化服务型机器人，为提升服务能力提供了智能化解决方案。擎朗酒店机器人BUTLERBOT W3 带来全新智能化的宾客体验，使马来西亚旅游业焕发新生，其出色的客房配送服务功能，包括自主乘梯、零接触及注重隐私的封闭式舱室等，使其成为旅游和酒店行业不可或缺的解决方案。

通过建立基于知识的系统、数字创新中心、合作代理系统和直观工程平台，隐性知识得以在机器人技术开发中有效流转和被管理。政府出台相关政策进一步推动了这一过程，提供了实现技术转移的结构和资源。中马之间的国际合作不仅展示了跨境技术转移的潜力，而且通过共享和管理隐性知识，提升了双方的技术能力和市场竞争力。机器人品牌体验店，展示了如何将隐性知识具体化并应用于日常操作中，从而提高了技术接受度，加速了知识传播。最终，这些

擎朗酒店机器人BUTLERBOT W3带来全新智能化的宾客体验

努力提高了生产效率和经济增长速度，对经济产生了显著影响，减少了对外籍劳动力的依赖，并增强了国家的经济自主性。这一案例体现了技术转移和隐性知识管理在当代经济发展中的核心作用。

案例二：安徽唐兴装备科技——在马来西亚机械产业中创造新生态系统

2023 年，安徽唐兴装备科技股份有限公司投资了 5000 万林吉特，在森美兰州达城科技谷设立唐兴装备（马来西亚）有限公司，专门生产顶管挖掘机设备。唐兴装备（马来西亚）有限公司的建成投产是安徽唐兴装备科技股份有限公司发展历程中的重要一环，是总公司专注于非开挖工程专用掘进装备产业化建设、实施国际化发展战略的重要部署，也是总公司走向国际化最重要的一步。为推动共建"一带一路"，唐兴装备（马来西亚）有限公司运用知识转移，提升能力，年产 50 台顶管挖掘机，其中 80% 的附加价值产量出口到中东及东南亚市场。唐兴装备（马来西亚）有限公司将出口市场重点放在东南亚，将森美兰州作为海外投资的重点区域，选择与吉隆坡国际机场及巴生港毗邻，相互探索与合作，将掘进装备产业知识转化为显性知识。

公司专注解决非开挖成套设备行业的难点与痛点，构建全方位运营体系

安徽唐兴装备科技股份有限公司在马来西亚机械链产业中的投资突显了技术转移和隐性知识管理的重要性。首先，通过在森美兰州达城科技谷的投资，该公司实现了直接的技术和知识转移，这不仅涉及资本的注入，更重要的是将公司 30 年的制造技术和经验引入马来西亚。其次，这一过程涉及将公司的隐性知识，如独特的工艺和市场洞察力，转化为显性知识，并通过建立生产基地来传播。此外，中马两国政府间的政治互信和文化交流为这种技术转移创造了有利条件，反映出在"一带一路"倡议下的战略经济合作。进一步地，唐兴装备（马来西亚）有限公司利用森美兰州的地理优势，即将地理位置作为出口产品到中东和东南亚市场的战略优势。最终，这些举措不仅推动了公司的国际化发展战略的实施，也为森美兰州带来了经济增长和就业机会增加的双重利益，突显了中国企业在国际舞台上的扩张能力和影响力。

案例三：马中关丹联合钢铁项目——先进技术与地区发展的结合

2013 年，马中关丹产业园开园，两国政府都对产业园寄予厚望。2014 年，习近平提出，"要对接各自发展战略，将钦州、关丹产业园区打造成中马合作旗舰项目和中国—东盟合作示范区"[1]围绕这一目标，中马两国展开紧密合作。

联合钢铁（大马）集团公司（简称"联合钢铁"）始建于 2014 年 4 月，坐落于关丹港口附近。联合钢铁从项目开工到全流程生产线建成用时仅 18 个月。联合钢铁目前有数千名员工，其中大部分都是本地人，其薪资高于当地平均工资水平。公司是集生产、加工、配送、贸易为一体的大型跨国企业，是马来西亚同行业中工艺技术装备最精良、品种规格最齐全的钢铁联合企业，也是东南亚最具竞争力的钢铁厂之一，促进了上万人就业，还是东盟首家采取全流程工艺生产 H 型钢的企业。钢铁厂采用了世界主流的全流程钢铁生产工艺，全面投

---

1 章念生、刘慧：《携手推动马中关丹产业园走向新辉煌（共建"一带一路"）》，《人民日报》2023 年 4 月 4 日，第 3 版。

产后不仅可以满足东盟和国际市场在基础设施建设方面对钢材不断增长的需求，还能提升马来西亚的生产技术和产业知识水平。

在联合钢铁的发展过程中，技术转移和隐性知识管理的理论得到了显著体现。园区的成功建立，在很大程度上得益于其将中国联合钢铁项目的先进生产工艺和管理经验，转化为对本地员工和中小企业的实际技能和知识。这一过程不仅涉及了硬技术的移植，也涉及了企业文化、操作技巧、生产效率优化和质量控制等隐性知识的共享与本地化。通过园区内工程的本地承包，隐性知识被转化为显性的经济活动，推动了当地中小企业的发展和壮大，并显著增强了区域内的产业知识储备。这不仅改善了当地居民的生活水平，也为"一带一路"倡议下的战略合作伙伴关系注入了可持续的发展动力。通过中国联合钢铁项目在关丹产业园的实施，隐性知识得以转化为显性知识，为当地人提供了高薪的就业机会，同时，项目的成功执行，验证了技术转移和隐性知识管理理论在实际操作中的可行性。

案例四：华为在马来西亚——推动数字经济与人才培养

2012 年 6 月 14 日，华为在马来西亚开设了首个海外信息通信技术培训中心。[1] 华为与马来西亚政府合作培训 1 万名信息和通信技术（ICT）人才，与当地 10 所高校一起建立培训实验室及设立奖学金，兑现其对教育和人才发展的承诺。华为的企业文化，强调协调、相互信任、学习、领导力以及动机和奖励机制，在推动组织内部目标实现和知识创造方面发挥着关键作用。这种文化不仅促进了知识的传播和创新，还激发了员工的内在动力，为马来西亚经济的增长和数字化转型贡献了力量。华为对马来西亚数字自由贸易区的积极态度和持续投资，进一步践行了其承诺——促进当地数字经济发展并培养未来所需人才。华为对

---

1 李海霞：《中国企业走出去系列报道——中国企业投资马来西亚"正当时"》，http://finance. people. com. cn/n/2013/0531/c1004-21686538. html，2013-05-31。

华为马来西亚客户解决方案创新中心汇聚华为最新前沿科技应用和服务

客户需求的关注度，对员工的公平对待和为员工提供的丰富的晋升和培训机会，以及对法律法规的严格遵守，都是其在全球范围内取得成功的关键因素。

　　华为在马来西亚的发展案例是一个典型的成功案例，展示了技术转移和隐性知识管理的有效实践。自2001年进入马来西亚市场以来，华为不仅传播了先进的通信技术，还通过在当地设立全球培训中心，将其深厚的技术专长和管理经验传授给了当地员工和合作伙伴。这种技术转移不仅体现在硬件和软件的直接传递上，还体现在企业文化、操作技巧、市场策略等隐性知识的共享上。通过与政府和教育机构合作，华为进一步加强了其在知识管理方面的作用，培训了大量ICT专业人才，为当地数字经济的发展培养了关键人力资源。这种深入的技术和知识转移，不仅提高了马来西亚在通信领域的技术水平，也推动了当地经济的整体增长，体现了技术转移和隐性知识管理在促进区域发展中的重要作用。

案例五：宝腾与吉利合作——马来西亚汽车产业的全球化新纪元

马来西亚宝腾与浙江吉利控股集团的合作，不仅是汽车行业供应链上的典范，也是全球化战略的重要一环。马来西亚从 20 世纪中叶开始发展本土汽车产业，通过与外国企业如三菱汽车的合作，致力于将其打造成使国民骄傲的国家产业。随着中国企业在东南亚的业务日益发展，宝腾与吉利的合作成了全球化战略的关键部分。此合作不仅让马来西亚引入了吉利的专业知识和资源，促进了宝腾产品线的多样化，还推动了中马之间的数字贸易，为中小企业发展和人才培养提供了新的机遇。这一系列动作共同促进了区域汽车行业的发展，并强化了中国企业在全球化布局中的地位。

在马来西亚宝腾与浙江吉利控股集团的合作中，吉利的先进汽车制造技术和管理经验转移到宝腾，显著提升了后者的产品质量和制造效率。重要的隐性知识，如生产技巧、管理经验和对市场的深刻理解，在这一过程中被共享和学习，增强了双方的创新能力和市场竞争力。此外，合作双方的互补性，如宝腾对本

宝腾、吉利正式"结亲"

土市场的深入了解，为吉利提供了宝贵的市场洞察。[1] 组织文化和管理模式的交流也是这一合作的一部分，有助于提高内部管理效率和员工积极性。这种长期的、互惠互利的合作关系不仅促进了技术和知识的流动，还提高了双方在全球汽车市场中的竞争力，展现了国际合作在促进技术发展和知识共享方面的巨大潜力。

三、分析

（一）技术转移效率存在问题

技术转移过程在中马"一带一路"合作框架下存在着明显的效率问题。首先，技术转移的复杂流程是一个主要挑战。这个过程不仅涉及知识、技能、方法或技术从一个组织或国家转移到另一个组织或国家，还包括从发明者到生产者，甚至从一个行业到另一个行业的转移。这种转移过程不仅涉及显性知识和隐性知识的转移，还涉及人际关系和组织整合。由于马来西亚和中国在文化、语言和商业实践上存在差异，技术转移面临着诸多挑战。这些差异使得技术转移不仅要考虑技术本身的适应性，还要考虑如何在不同的操作环境中最大限度地发挥这些技术的效用。其次，技术融入日常运营存在困难，这也是一个关键问题。两国在标准、法规和运营实践方面存在差异，使得将技术融入日常运营变得更加困难。最后，技术转移的跨学科性质也是一大挑战。技术转移不单是一个技术或信息传递的过程，需要我们用多学科方法来解决各种挑战。在中马合作中，技术转移涉及从大学和其他知识创造机构向企业传递知识，以促进创新和竞争优势。这个过程需要考虑文化、社会、经济和技术等多个领域的知识和实践，

---

[1] 毛鹏飞、汪艺：《中国车企"赋能"马来西亚绿色转型》，《经济参考报》2023 年 6 月 2 日，第 5 版。

如法律、工程、管理、市场营销和人力资源等多个学科的知识和技能。

（二）隐性知识管理环境存在问题

在中马合作中，管理环境面临严峻挑战，主要体现在隐性知识共享和传播的复杂性以及其他合作的障碍上。隐性知识包括管理经验、文化理解和创新方法，对于技术转移的深度和效果至关重要，与显性知识相比，这部分知识的共享和传播更为复杂。隐性知识的特点使得它难以被正式化和系统化，进而导致其在组织内部的识别和共享方面面临挑战。这类知识通常基于个人的经验和直觉，而非易于形式化的程序或规则，传统方法难以捕捉和传播这类知识。此外，马来西亚在中马合作中面临的文化和市场适应问题进一步加剧了隐性知识管理的困难。文化差异和知识吸收能力的不足导致马来西亚在吸收和利用不同的技术和市场实践方面面临挑战。这些文化和市场上的差异影响了双方在商业习惯、沟通方式和管理风格方面的相互理解和协作，进而影响隐性知识的有效传递。政策和战略不一致也是隐性知识管理环境恶劣的一个原因。尽管马来西亚政府积极鼓励高科技产业的发展，并致力于引进包括中国企业在内的海外智能科技企业，但在理解并与中国的技术战略和标准对齐方面面临挑战。由于中国和马来西亚在技术发展、市场需求及业务环境方面存在差异，马来西亚需要在政策和战略层面上与中国保持一致，以促进有效的技术合作和知识共享。

（三）总体观察

在中马"一带一路"合作框架下，总体存在问题，这些问题涉及经济和技术的不对称、文化差异，以及对其缺乏全面研究。首先，经济和技术的不对称是一个显著问题。中国和马来西亚在技术进步和经济发展方面存在差异，这导致两国在技术转移和知识管理方面面临挑战。中国在高科技产业领域有技术优势，而马来西亚需要适应和学习这些技术，以提升自身的生产技术和产业知识水平。其次，文化差异也是一个重要问题。文化障碍和商业实践的差异阻碍了隐性知识的有效转移。在中马合作中，双方在商业文化、工作方式、沟通习惯等方面的差异导致了误解和效率低下。这些差异影响了隐性知识的有效传递，尤其是在管理经验、业务策略和创新方法等方面。最后，缺乏全面研究也是一个关键问题。尽管相关学者对"一带一路"倡议进行了各种政治、经济、社会和文化讨论，但将技术转移与中马合作联系起来的研究很少。这导致对合作机会和挑战的理解不全面，影响了有效合作策略的制定和执行。

四、建议措施

（一）提升技术转移效率

为提升中马"一带一路"合作框架下的技术转移效率，首先需简化技术转移流程，通过制定清晰的指南和协议，简化法律和行政程序以降低流程的复杂性。针对中马之间的文化、语言和商业实践差异，加强跨文化理解与适应是关键，可以通过组织文化交流活动、语言培训和双边会议来提高对对方的理解和适应能力。为解决技术融入日常运营的困难，调整技术以适应本地标准、法规和市场需求至关重要，包括对技术进行定制化或本地化改造。同时，考虑到技术转移的跨学科性质，应建立多学科合作平台，邀请工程、管理、市场营销和人力资源等领域的专家，以促进跨学科团队协作。此外，加强知识共享和合作，特别是在大学、研究机构和企业之间，联合研发项目和开展技术合作，可以更高效地传递和应用新技术。

（二）优化隐性知识管理环境

针对中马合作中隐性知识管理环境所面临的挑战，可以提出以下优化建议。首先，为解决隐性知识共享和传播的复杂性问题，建立一个专门的知识管理平台至关重要，该平台应便于分享管理经验、文化理解和创新方法等隐性知识。通过这个平台，员工能够轻松共享个人经验，降低隐性知识识别和共享的难度。其次，加强文化交流和理解对于克服文化和市场适应问题至关重要。可以通过组织跨文化交流活动、开展员工交换项目和双边研讨会来加深双方对彼此文化的理解。再次，为了解决政策和战略不一致的问题，马来西亚政府需要与中国政府协调，确保双方的技术战略和标准对齐，从而促进有效的技术合作和知识共享。这涉及调整技术政策，以更好地适应中国的技术发展趋势和市场需求。最后，为了保证隐性知识管理的有效性，定期评估和改进共享、管理的效果至关重要。根据双方企业和员工的反馈，不断调整和优化合作策略。

（三）适应总体挑战的综合策略

针对中马"一带一路"合作框架下存在的经济和技术不对称、文化差异，以及缺乏全面研究的问题，可以提出以下建议。首先，为了解决经济和技术的不对称，双方应加强技术培训和知识分享，特别是在高科技领域。马来西亚可以建立合作平台，引入中国的先进技术和管理经验，同时注重培养本地人才并提升技术水平。其次，针对文化差异带来的障碍，建议加强关于文化理解和沟通技巧的培训。通过组织跨文化研讨会、开展员工交换项目和共同文化活动，增进双方对彼此文化和工作方式的理解。此外，为了解决缺乏全面研究的问题，建议双方共同投资于研究和开发，特别是在技术转移和知识管理领域，建立联合研究中心或项目，深入探讨技术转移的最佳实践和策略，从而促进双方的长期合作和共同发展。这些措施，可以有效地促进技术转移和隐性知识管理，解决存在的问题，提升双方合作的效率和加深双方合作的深度。

胡 宁
HU NING

　　胡宁（左一），江西赣州人，河南大学民俗学硕士，马来西亚马来亚大学文学与社会科学学院博士研究生，主要从事马来西亚华人民间信仰研究。

何启才
HO KEE CHYE

　　何启才，马来西亚华裔，出生于马来西亚槟城州，祖籍海南文昌。于马来亚大学获得学士及硕士学位，后负笈于中国厦门大学南洋研究院，取得历史学博士学位。现为马来亚大学文学与社会科学学院中文系高级讲师、马来亚大学马来西亚华人研究中心副主任、马来亚大学马来西亚冷战研究群主持人、《马大华人文学与文化学刊》主编、林连玉基金学术委员会副主任、"国际中学生陈嘉庚常识比赛"学术委员兼裁判团成员、马来西亚华人博物馆顾问。著有《潮迁东殖：马来西亚半岛东海岸潮州人移殖史与会馆史略》（2015 年）、《晋风南扬：马来西亚晋江社群与社团研究》（2019 年，合著）、《休戚与共：马来西亚左翼运动史论集》（2023 年）。

从马来西亚国际关公文化节
看关公跨境新分香的再社群化

胡　宁　何启才

一、前言

在马来西亚华人社会的形成过程中，移民和移神几乎是同步进行的。当中国闽粤的百姓离开故乡，移居到马来半岛后，其家乡的神灵也随之迁移并扎根在当地，以此保佑华人在新的环境中获得平安和成功。这些分出来的神灵，延续并承载着原乡的信仰，其灵力通过分香可以纵向地贯通起来。[1] 因此，神灵在某种程度上代表着某一地区或方言群的文化传统，具有了与人的祖籍相对应的烙印。可以说，在马来西亚华人社会早期，神灵的祖籍在很大程度上反映了人的祖籍。石沧金曾论述：广泽尊王、保生大帝、清水祖师等一般是闽籍人参拜的神祇；金花娘娘、冼太夫人、何仙姑等则多是粤籍人祭拜的神祇；三山国王、谭公爷、黄老仙师等更容易在客家人建立的庙宇中出现；妈祖、关公、观音是公共神祇；拿督公和仙师爷则是结合当地文化再造的神祇。[2]

在华人民间神祇中，没有比关公更突出的神祇了，关帝庙也是华人社区不

1　王铭铭：《走在乡土上·历史人类学札记》，中国人民大学出版社 2003 年版。

2　石沧金：《海外华人民间宗教信仰研究》，马来西亚学林书局 2014 年版。

可或缺的一部分。[1] 事实上，关公信仰起源于中国的内陆地区。[2] 由于目前普遍认为关羽的头、身、魂、衣冠冢分别安葬于河南洛阳、湖北当阳、山西解州、四川成都，因此这些地方的百姓都建立了关公庙来供奉和祭祀关羽，庙宇的香火非常旺盛。在明清朝廷的不断加封和民间百姓的积极推崇下，关公从地方性神祇逐渐扩散成为全国性的公共神祇。18—19 世纪，由于早期华人跨境南移，传统的关公跨境分香从闽粤一带迁移到马来半岛并扎根当地，不仅保留了明清时期关公信仰的某些元素，还与当地文化相融合。因此，关公在马来西亚华人社区的不同语境中具有多重神格。如商人崇拜他为财神，会馆将他供为正义之神，社团崇拜他为忠义之神，关公后裔以祖先神祭祀他，屠宰业视他为行业保护神[3]，普通家庭尊其为平安神。如果说，关公从地方性神祇扩散到全国性神祇，是在中国内部范围的扩大式传播，那么，明清时期，关公随着闽粤华人下南洋，则是在中国外部范围的跨境式传播。在这一时期，关公信仰从中国到马来半岛的迁移可以被看作一种传统的跨境传播形式。这种跨境式传播，更多承载的是原乡文化。

随着新生代华人[4]的崛起，华人更多地以马来西亚"华族"的身份自居。在与其他族群的比较上，他们弱化了内部方言群的归属感，强化了对整个族群的认同。与老一辈华人对原乡神灵的重视程度和区别程度相比，新生代华人对民间信仰的边界感逐渐模糊。他们更看重神灵背后所凝聚的中华文化属性，而不仅仅局限于原乡文化属性。当下，新生代华人在回应如何基于关公信仰传承关公文化的问题时，将目光投射到寻找"神灵的祖籍"而非"人的祖籍"上。通

---

1 Yang C. K. *Religion in Chinese Society: A Study of Contemporary Social Functions of Religions and Some of Their Historical Factors.* Berkeley: University of California Press, 1961, p. 159.

2 有学者认为是荆州，有学者认为是解州。说法不一。

3 参见王琛发于 2012 年 6 月 28 日在中华关帝信仰文化论坛上发表的《殊途同理：马来西亚关帝崇祀的诸种渊源与形态》。

4 本文所讨论的新生代华人，主要是指在马来西亚出生，并一直在当地生活、学习和工作的华裔，他们可能是第二、第三、第四……代华裔。

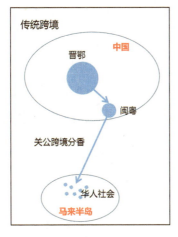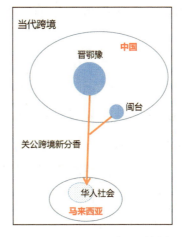

关公跨境分香传播至马来半岛的路径与关公跨境新分香传播至马来西亚的路径

过向关公的祖籍地（山西）、关公信仰的兴盛地（湖北、河南）以及其向海外传播的始发地（福建、台湾）"取经"，以现代文化节的方式将当代中国的关公信仰文化从本源地直接跨境传播到马来西亚。

当代关公信仰文化的跨境传播过程，可以通过对马来西亚国际关公文化节（MIGGCF）[1]的个案研究来考察。笔者于 2022 年 10 月 13 日至 30 日参与了第八届 MIGGCF，跟随马来西亚关公文化推广中心，初步在柔佛、马六甲、森美兰、槟城、霹雳、吉打、雪兰莪、吉隆坡进行了调研。根据田野调查和相关的文献资料，主要从 2 个方面讨论关公跨境新分香（CNGG）[2]在马来西亚华人社会的再社群化：第一，CNGG 在马来西亚华人社会的社群化之路是如何建构起来的？第二，CNGG 如何与华人社群产生互动？

---

[1] "马来西亚国际关公文化节"的英文名为 Malaysian International Guan Gong Cultural Festival，故简称 MIGGCF。

[2] 关公跨境新分香，英文译作 cross-border and newly-divided Guan Gong，故简称 CNGG。与传统的早期的关公跨境分香相比，CNGG 是新生代华人通过当代跨境的方式从中国的山西、河南、湖北、福建、台湾迁移过来的新分香。

二、马来西亚国际关公文化节的由来和发展

　　节庆是一种社会和文化现象，代表了一个地方或社区的民俗生活。组织或参与庆祝的当地居民，通过节日加强了彼此之间的自然纽带，并将自己与过去的传统或现有的文化联系起来。[1]同时，节庆是统一个体模式的直接表现，是克服个体差异、产生群体共融的有效途径。[2]CNGG 通过现代文化节的形式展现为 MIGGCF 时，意味着以民间神祇命名的文化节，在一定程度上淡化了民间信仰的神圣性和神秘性，强化了现代色彩，具体表现为祭典活动的规范化、庆典活动的娱乐化和游神活动的大型化。[3]MIGGCF 由马来西亚关老爷文化协会[4]从中国引入。2014 年末至 2015 年初，马来西亚关老爷文化协会作为活动发起方，专程组团到中国的山西、河南、湖北、福建、台湾考察了当地的关帝庙以及关公文化，发现马来西亚的关公信仰虽然很普遍，但关公文化却相对薄弱，有必要将中国的关公文化及其文化节的表现方式，引入马来西亚。[5]于是，2015 年 6 月，首届 MIGGCF 在吉隆坡、柔佛、槟城举办。截至 2022 年，已成功举办了 8 届[6]，覆盖 7 个州 1 个直辖区。《联合日报》2020 年报道，2015 年至 2019 年，

1　Lau, C. Y. L., Li Yiping. "Producing a Sense of Meaningful Place: Evidence from a Cultural Festival in Hong Kong". *Journal of Tourism and Cultural Change,* 2015(1), pp. 56-77.

2　Simmel, G. *Sociology of Religion.* New York: Philosophical Library, 1959, pp. 42-43.

3　陈春阳、林国平：《文化节与闽台民间信仰——以福建东山关帝文化节和湄洲妈祖文化节为中心》，《东南学术》2019 年第 3 期，第 208—214 页。

4　马来西亚关老爷文化协会是马来西亚华人社会的一个民间社团组织，成立于 2015 年 4 月，官方注册名为 PERTUBUHAN KEBUDAYAAN GUAN LAOYE JOHOR BAHRU, JOHOR，会长为马来西亚华裔拿督 Soh Kok Hiang（苏国贤），注册类目是文化艺术团体，注册地点是柔佛州新山市。

5　被访谈人：孙艚华，男，马来西亚人。访谈人：胡宁。访谈时间：2022 年 10 月 17 日。访谈地点：马来西亚柔佛州新山大丰广场。

6　马来西亚关老爷文化协会牵头举办了 2015 年、2016 年、2017 年 3 届 MIGGCF。后因内部人事变动和意见协商等问题，2018 年至 2022 年，MIGGCF 均由马来西亚关公文化推广中心发起。

参加 MIGGCF 的单位约有 400 个，其中中国 152 个（包括台湾 68 个、香港 1 个、澳门 1 个）、越南 29 个、泰国 6 个、新加坡 13 个和马来西亚 186 个。关于 MIGGCF 历年的基本情况，如下表所示。

MIGGCF基本概况一览表

时间	主题	活动发起方	举办地点	恭迎站数量	恭迎的跨境分香
2015-06-19—2015-06-28	—	马来西亚关老爷文化协会	吉隆坡、柔佛、槟城	3	—
2016-09-01—2016-09-04	弘扬关公精神，传播中华正气	马来西亚关老爷文化协会	柔佛	6	①
2017-10-23—2017-10-29	"一带一路"正义的传承	马来西亚关老爷文化协会	吉隆坡、柔佛	6	③
2018-10-26—2018-11-03	关公下南洋	马来西亚关公文化推广中心	吉隆坡、雪兰莪、森美兰、马六甲和柔佛	28	②
2019-10-18—2019-10-27	义勇千秋	马来西亚关公文化推广中心	柔佛、马六甲、森美兰、雪兰莪和吉隆坡	25	④
2020-12-11—2020-12-13	正义·关公文化信仰	马来西亚关公文化推广中心	线上	—	—
2021-11-20—2021-12-05	忠肝义胆	马来西亚关公文化推广中心	线上＋线下（森美兰）	2	②④⑤⑥
2022-10-13—2022-10-30	忠义千秋	马来西亚关公文化推广中心	柔佛、马六甲、森美兰、雪兰莪、槟城、吉打、霹雳、吉隆坡	33	②③④⑤⑥

备注：跨境分香标号如下。
①河南洛阳关林庙金元时期900年的关圣帝君（主灵，短期交流使用后归还原庙）
②山西运城解州关帝祖庙明代时期关圣帝君分香
③福建东山关帝庙明代洪武二十年关圣帝君分香
④湖北荆州关帝庙三教普护神威远镇关圣帝君分香
⑤山西常平家庙身首魂合一圣像分香
⑥台湾宜兰敕建礁溪协天庙九灵懿德武肃英皇后关夫人胡玥娘娘分香

综上，MIGGCF 从 2015 年到 2022 年，恭迎站的规模数量和举办点的覆盖范围都呈上升趋势。[1] 即使在 2020 年和 2021 年，其也通过线上或者线上线下结合的方式，小规模地举办，这就确保了活动的持续性发展，吸引了更多的支持者和利益相关者。

三、关公跨境新分香再社群化的建构路径

再社群化是在社群化的基础上扩展的概念，依赖于社群。社群被定义为一种由相互关系和情感纽带所连接的社会网络，并且不受地域的限制。[2] 那些更关注情感纽带的个体会因为共同的理解和责任感而聚集在一起，这是社群的一个重要基础。基于社群的过程化，社群化被定义为促进归属感的任何行动模式。[3] 这种模式是一种文化建构，强调社会生活中连续性和普遍性的过程。宗教信仰、情感关系、个人忠诚、国家共同体、军队的团队精神以及家庭，这些可能是社群化发生的背景。[4] 个体的团结在于共同关注那些通过构建和传播对过去的有说服力的愿景来培养归属感。社群化需要将共享价值不断注入社群，而这个价值是使每个个体长期留在社群的原因。共享价值可以基于共同的责任感，或者基于相同的亲属关系。当共享价值在社群中发挥作用时，个体将通过互动融

---

[1] 2020 年和 2021 年，活动在线上举办，不计入线下规模的统计中。

[2] Thomas, B. *Community and Social Change in America*. New Brunswick, New Jersey: Rutgers University Press, 1978, p. 7.

[3] Brow, J. "Notes on Community, Hegemony, and the Uses of the Past." *Anthropological Quarterly,* 1990, 63, p. 1.

[4] Weber, M. *Economy and Society*. Berkeley: University of California Press, 1978, p. 41.

入各种社群。在一定程度上，社群是团结的 [1]，并且个体很容易在彼此之间形成关系链。关系链的形成增强了社群的价值。因此，社群化的建构需要共享价值、互动和关系链。与社群化的过程类似，再社群化是对传统社群秩序的部分调整，通过个体的重新组合形成了一个新的社群。这种部分调整通常是对外部环境或内部个体需求变化的回应。这些回应可能包括共享价值的扩大或收缩，或者互动方式的变化或关系链的重新建构。再社群化是对社群化的延续，并没有本质上的变化。

MIGGCF 作为华人民间社会组织的自发活动，形成了 CNGG 社群。每当活动开启时，都会有大量的华人参与进来。快速响应的速度，以其非结构化的特点，加速了 CNGG 的再社群化。CNGG 基于 2 种社群化语境进行再次整合：一是 CNGG 虽然已经在中国建立了一个社群，但跨境到马来西亚后，在华人社会需要再次建构新的社群；二是马来西亚华人已经建立了本地关公的社群，如关公庙、会馆和餐馆中凝聚了一批忠实的信众，这对于想在马来西亚华人社区定居的 CNGG 来说，可能是一个挑战。通过实地调查发现，MIGGCF 重点关注 2 个方面：整合 CNGG 系统和构建 CNGG 社群。

（一）整合 CNGG 系统

整合不仅是人们共同生活的一种关系形式，而且可以升华成体现在神身上的具有人格形式的万物整合性。[2] 神灵系统的整合，意味着将代表不同力量、具有不同特征的神灵组成一个更广阔的神灵网络，体现了万物之间的联系。关公作为三位一体的神，具有文像、武像和帝王像三重身份。[3] 来自不同区域的关

---

1 Turner, V. *The Ritual Process: Structure and Anti-Structure.* New York: Cornell University Press, 1966, p. 132.

2 Simmel, G. *Sociology of Religion.* New York: Philosophical Library, 2011, p.19.

3 Ruhlmann R. "Traditional Heroes in Chinese Popular Fiction". Wright, A. Ed. *Confucianism and Chinese Civilization.* Stanford: Stanford University Press, 1975, pp. 122-157.

公，在造型艺术和文化内涵上各具特色，其背后所凝聚的民俗文化是不一样的。CNGG 系统的整合将代表不同权力和特征的关公聚集在一个更广泛的网络中，相较于华人社会原有的关公信仰系统，不仅容易聚集资源，而且汇聚了当代中国多个地域的文化属性。

第一，结合了"中国大陆五大关庙"[1]之说。MIGGCF 上的 4 尊关公分别来自中国山西运城解州关帝庙、湖北荆州关帝庙、福建东山关帝庙、河南洛阳关林庙，还有 1 尊来自关羽的家乡常平。这些地方的关公信仰非常兴盛，而且每个地方的关公文化都具有地方性的民俗特色。第二，形成了"夫妻同祀"的现象。在关公分香系统中，有 1 尊来自台湾宜兰敕建礁溪协天庙的关夫人，名叫胡玥娘娘。当地人认为她是关羽生前的夫人[2]，便将其纳入关公跨境新分香系统。笔者认为，其中的缘由有三：一是历史人物关羽确实有妻子；二是与阴阳调和的哲学思想和家庭崇拜的传统有关；三是可以吸引更多女性信众的参与。第三，整合了 CNGG 的标签属性。MIGGCF 是关公跨境新分香最主要的整合平台，为了增强新分香的辨识度，文化节将这些分香塑造成一个整体的 IP[3]，并建构多个属性标签[4]。标签本质上传达了某一事物独特的故事、特征和能力。标签的概括评定功能和行为导向功能，在一定程度上影响了参与者对被贴标签事物的认知。CNGG 的标签化，增强了 CNGG 的辨识度，便于与马来西亚

---

[1] 朱正明根据关羽生前镇守荆州，死后头枕洛阳、身卧当阳、魂归山西、外传福建的情况，认为"中国大陆关帝庙最著名就是解州关帝庙、荆州关帝庙、当阳关陵、洛阳关林和东山关帝庙"。此观点被 MIGGCF 采纳。

[2] 历史上关于关羽妻子的描写寥寥无几，后人对其姓名也有争议。淮剧《关公辞曹》中关羽的妻子是曹操的义女曹月娥，明成化年间的《花关索》一折中提到关羽的夫人名叫胡金定。

[3] IP 原指 intellectual property，即知识产权。本文的 IP 借用了互联网行业的 IP 概念，即将关公新分香作为一个符号、一种价值观、一个共同特征的神灵来塑造，具有明显的产品特质，从而吸引更多的参与者。

[4] 标签原指商品的分类，本文的标签借用了互联网行业对标签的概念，即自我介绍的浓缩，便于参与者在了解过程中产生先入为主的印象，并进行初步的信息匹配。

本地的关公形成区别。

新的文化特质之引入，使得原有文化模式发生"失调"。¹ 文化失调并不一定是负面的。它也可以成为促进成长、学习和跨文化理解的催化剂。个体和群体通过理解、协调和适应，在文化整合的过程中找到方法，既能欣赏多样性，又能保留自身文化遗产的特色。因此，MIGGCF 从引入中国不同地区的关公文化，到整合 CNGG 系统以适应新文化，一方面突显了 CNGG 在传播和被接受过程中的独特性，另一方面见证了新生代华人在传承中华文化方面的诉求变迁。

（二）建构 CNGG 社群

CNGG 并非来自华人的祖籍地，这意味着它缺乏马来西亚华人社区信众基础和神明威望。MIGGCF 通过对组织者、参与者和传播渠道的建构，推动 CNGG 经历一个再社群化的过程，并使其真正融入当地华人社会。MIGGCF 的组织者为 CNGG 提供了一个仪式想象空间和世俗秩序空间，参与者可以在这里体验关公的存在和力量，并进行交流和互动。一方面，当组织者通过线下沟通，将关公与华人社会的庙宇、地缘社团、商业组织联系起来时，这些地方的信众或会员很可能成为融入 MIGGCF 的参与者；另一方面，部分参会人员通过网络平台看到主办方发布的 MIGGCF 宣传信息，有意前来现场参与。

1. 组织者

在中国传统社会中，神祇有自己专属的祭祀空间，如寺庙、祭坛或神龛。MIGGCF 的 CNGG 被放置在其正式注册的民间文化组织的工作场所。通常情况下，它被组织的工作人员或受邀请的访客参拜，并在 MIGGCF 期间被带出来游行。目前，马来西亚关公文化推广中心（MGGCPC）是 MIGGCF 的主要推动

1　费孝通：《中国文化内部变异的研究举例》，《社会问题》1933 年第 9 期。

力量。现以这个组织为例，考察其内部结构。MGGCPC 成立于 2015 年 [1]，截至 2023 年 1 月，有会员 129 人，志愿者 200 余人，负责推广关公文化的讲师 6 人，负责讲解《桃园明声经》的讲师 2 人。该组织的内部运行机制采用董事会结构，其内部结构如下图所示。

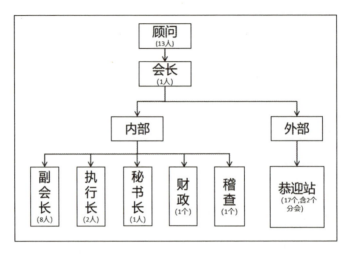

MGGCPC的内部结构

理事会由 14 名成员组成，主要负责人为会长。同时，理事会也聘请了 13 人作为顾问。其中 7 名顾问是马来西亚华人社会里具有一定影响力的民间精英，参与协调筹款、站台背书、提供建议、沟通关系等事宜；6 名顾问是来自不同州属的政府要员，参与站台背书、政府拨款等事宜。此外，MGGCPC 还设置了 17 个主要的恭迎站，分布在吉隆坡、雪兰莪、柔佛、马六甲、森美兰、吉打等地方，负责对接 MIGGCF 落地的具体事宜。

1　MGGCPC 在马来西亚注册局登记的名称为 PERSATUAN KEBUDAYAAN GUAN GONG, JOHOR BAHRU，会长为马来西亚华裔 Soo Boo Hua（孙儎华），注册类目是文化艺术团体，注册地点是柔佛州新山市。

2. 参与者

一个组织不断与其他组织建立社会网络连接，可以促进更大规模的社会网络系统的形成，扩大影响力，增加参与者数量。因此，作为推动 CNGG 的主要民间组织，MIGGCF 不关注被邀请的组织的类型或参与者的祖籍，而是将华人社会的不同组织凝聚在一起，以此吸引愿意支持的群体和挖掘潜在的参与者。MIGGCF 的参与组织分为 6 类：宗教组织、地域或方言会馆、文化和体育协会、商会、姓氏宗族和其他组织。很多商人认为关公是财神，商会也可以通过 MIGGCF 表达对关公的崇拜。从这可以看出，MIGGCF 对参与者的选择标准非常宽泛。通过这种方式，CNGG 很容易与华人社会的各类组织建立联系，从而构建参与者的网络系统。

2022 年，MIGGCF 公布了部分组织者名单。组织者将 5 尊 CNGG 神像绕境马来西亚 7 个州 1 个直辖区。以柔佛新山为活动起点，经过马六甲后，5 尊神像分别经过 3 条路线，供在不同的地方举办活动。有的州属设置多个恭迎站，每一个恭迎站根据自身能力确定活动规模，邀请不同类型的社会群体参与。

通过连接具有不同属性但同一信仰的组织，MIGGCF 将 CNGG 作为 IP，以强化标签化的方式提升分香在华人社会的知名度和可信度，从中获取更多的反馈和支持，进而向更广泛的潜在参与者传播 CNGG 的历史和文化。在这样的运作下，参加 MIGGCF 的人数规模不容小觑。

3. 传播渠道

传统的庙宇、会馆、社团，参与者辐射的范围以内部和局部为主。当然也不排除有些成为旅游打卡点的庙宇，如吉隆坡茨厂街的关帝庙，参与者的来源多元化。为了扩大传播的范围，组织者会委派专门的人员，运用新媒体平台，如开设 Facebook 账号、建立 WhatsApp 群，发布关公的历史故事、民间传说、忠义精神、参访庙宇、文化交流等一系列内容。尤其是在 MIGGCF 期间，相关账号会利用定点投放的广告功能，发布活动资讯、参与者招募等内容，以扩大 CNGG 的曝光量，提高参与率。

通过有意识地宣传关公文化，让新媒体平台上的粉丝在无意识中接收到 CNGG 的讯息，从而在一定程度上向更多华人传播 CNGG 的文化。这种传播方式可以使参与者对 CNGG 产生认同感，甚至投身到 CNGG 的推广中。比如，吉玻关公文化推广中心的成立，就有赖于 MGGCPC 在 Facebook 上的宣传。2018 年，吉打潮州籍华人 Ng 通过 Facebook 与 MGGCPC 取得联系，在吉玻成立分部。后分别从福建东山关帝庙和台湾宜兰敕建礁溪协天庙恭请了新的关公分香和关夫人分香，以此作为新组织的主神。Ng 认为，他一方面是被推广中心发布的中国关公文化所吸引，另一方面出于自身崇拜关公的原因。[1]

网络传播可以覆盖更广泛的地域范围，为更广泛的个人提供参与、合作和建设社区的机会，使更多的人能够参与公共话题。[2] 因此，社交媒体传播和实体组织传播这 2 种传播渠道是相互作用的。一方面，连接现实生活中更多的实体组织，让更多的实体组织成为 MIGGCF 的组织者，并在社交媒体平台上共同推广 MIGGCF；另一方面，社交媒体平台可以记录组织者的推广行为，当组织者去推广文化节时，它可以作为一种证据，在现实世界中增强说服力。

四、关公跨境新分香与华人社群的互动模式

涂尔干认为，神圣世界和凡俗世界的沟通，是需要社会成员内部通过各类互动仪式的周期性重现才能建构起来的。[3] 互动仪式则依托于一定范围的社会关

---

1 被访谈人：Ng Hean Loon，男，马来西亚华人。访谈人：胡宁。访谈时间：2022 年 10 月 25 日。访谈地点：马来西亚吉打州亚罗士打。

2 彭兰：《网络传播概论》，中国人民大学出版社 2012 年版。

3 涂尔干著，渠东、汲喆译：《宗教生活的基本形式》，商务印书馆 2011 年版。

系结构，塑造集体认同，增强社会内生性道德秩序的运作动力。[1] 同时，互动仪式也诠释着不同的社会结构、社会规范和行动逻辑。[2] 在仪式中，生存世界和想象世界借助一套单一的符号体系混合起来，变成相同的世界，从而使人在真实感中制造出独特的转化。[3] 在马来西亚华人社会中，华人把神圣世界视为精神寄托的场所、共同情感表达的聚集地。相比之下，凡俗世界则是日常生活中可见可触的部分，是一个分散的社会状态。只有在互动仪式实施的时候，神圣性才能具体化为现实价值。因此，为了保持互动仪式的公共塑造功能，华人会定期通过节庆的方式，即完全公开的文化表演方式，再现共同的情感和动机。这些文化表演，有些是宗教性质的表演。对于参加者来说，宗教表演是宗教观点的具体化，不仅是他们所信仰的东西的模型，而且是为对宗教观点的信仰建立的模型。[4] 换句话说，节庆的互动仪式不仅是族群共同参与的一种人与神沟通、人与人交流的方式，更是华人塑造族群特性和功能的重要手段。

马来西亚华人社会的关帝庙以及一些拜关公的会馆或社团，在成立之初，供奉的关公已在内部获得正名。比如，关帝庙通过多次有效的互动，在华人社群中积累了很好的口碑。在这个过程中，华人与当地的关公建立了一种互动模式。然而，当 CNGG 来到马来西亚后，它并没有建立这样的互动模式。基于此，MIGGCF 通过"为神正名—向神许愿—巡境游神"的多重互动模式，最终使 CNGG 实现了与马来西亚华人社区的互动。

1　郑永君、张大维：《社会转型中的乡村治理：从权力的文化网络到权力的利益网络》，《学习与实践》2015 年第 2 期，第 91—98 页。

2　褚建芳：《人神之间：云南芒市一个傣族村寨的仪式生活、经济伦理与等级秩序》，社会科学文献出版社 2005 年版。

3　Geertz, C. *The Interpretation of Cultures*. New York: Basic Books, Ins. 1973, pp. 112-113.

4　Geertz, C. *The Interpretation of Cultures*. New York: Basic Books, Ins. 1973, pp. 113-114.

（一）"为神正名"的互动仪式

当地对 CNGG 的认可来自 3 种力量：组织者、法师、政府要员和华人精英。通过 MIGGCF，他们与 CNGG 进行了互动，不仅体现了他们对神的尊重，也帮助他们获得了当地人民的认可。

1. 法师正名：净坛仪式

净坛仪式是一种清除坏气、净化道场的道教仪式。

2. 组织者正名：安座仪式

CNGG 的组织者通过连接各地的关帝庙，在 MIGGCF 上共同通过安座仪式为关公的跨境分香正名。

3. 政府要员和华人精英正名：仿古祭祀大典

仿古祭祀大典是中华民族传统文化的重要组成部分，对于加深人们对中国传统文化的了解和认识，保护和传承中国传统文化具有重要的意义。

（二）"向神许愿"的互动仪式

如果说，"为神正名"的互动仪式更多的是组织者和小部分重要参与者对 CNGG 的单向行为，那么，"向神许愿"则是一种需要 CNGG 通过现象以示显灵，与组织者和参与者共同完成的双向互动。"向神许愿"的互动仪式在 2022 年 MIGGCF 中是临时性但又是自愿性的表达。

（三）"巡境游神"的互动仪式

巡境游神通常是指一群信徒带着神像或神轿沿着固定的路线巡游，以祈求神灵保佑。"境"是指一方神祇所管辖的地方，"巡境"则是巡游队伍在其庙宇和信仰范围内出巡，接受民众的香火膜拜。[1] 巡境游神是马来西亚华人社会一

---

[1] 参见王琛发于 2010 年 11 月 10 日在第二届海峡两岸武当文化论坛上发表的《全球视野下的玄帝信仰版图——以〈元始天尊说北方真武妙经〉为探讨根据》。

种传统的民俗活动，直观地展现了人与神互动、人与人互动的过程。MIGGCF 沿用了这项传统的民俗活动。

在 2022 年的 MIGGCF 上，柔佛新山有许多传统文化表演。这些表演已不再局限于祖籍地的本土文化，而是融合了马来西亚的福建、广东、客家籍华人的传统文化。与其他仪式相比，文艺表演通过使用象征性的语言、动作和其他表达元素，在观众中产生强烈的意义和情感。[1] 这种丰富原有文化符号和象征元素的文艺展演的互动方式，体现出华人的中华文化符号系统处在演化之中。综观 MIGGCF 的当下发展，CNGG 作为现代性视域中的"他者"，正在被新生代华人用现代性力量重新塑造。MIGGCF 上的宗教信仰色彩逐渐被淡化，在仪式和内容上的神圣感和神秘感也逐渐消退，更多的是体现出世俗化的社会功能。对于参与者来说，关公巡游的文化表演代表着一种潜在而间接的互动形式。他们会在不知不觉中通过观看文化表演来识别 CNGG 的到来。这种仪式表演，促使信仰合理化，本质上是引导人们接受信仰的权威性。

CNGG 是整个绕境游神的核心。通过这个仪式，我们可以看到人与神以及人与人的互动。巡境游神活跃在马来西亚华人的神圣世界和世俗世界中，将来自不同祖籍的华人聚集在一起，加强了华人社区的集体意识和文化认同。

五、结语

CNGG 以 MIGGCF 的方式，在马来西亚的当代社会环境下，形成了一条新的传播路径，并经历了一个再社群化的过程。这个过程既是华人社会的地方精

---

[1] Turner, V. *From Ritual to Theatre: The Human Seriousness of Play.* New York: PAJ Publications, 1982.

英和大众联合在一起，重新建构一套共有的实践和标志[1]，也是新生代华人维系与祖籍国关系在文化价值层面的象征符号。CNGG 与华人的互动模式，不仅促进了 CNGG 与马来西亚华人社会之间的紧密联系，也为 CNGG 在华人社会奠定了信任和认同的基础。通过与华人社区的互动，CNGG 得以融入当地文化，与社区成员共同探索、传承和庆祝华人传统的信仰。

马来西亚独立后，新生代华人基本完全融入马来西亚多元文化社会。华裔新生代将祖籍国"对象化"，并且他们的国民认同和族群认同均表现出相当的强度。[2] 由此，面对其他族群，华人通过强化华裔族群内部的认同，凸显出华裔族群整体的辨识度，以此区别自己和马来西亚其他族群。这种显著的族群对立状况，冲淡了马来西亚华人内部之间的方言群归属。[3] 换而言之，一方面，方言群认同意识的弱化导致民间信仰原本强调区域和方言群的特点减弱，民间神祇内部的分界线逐渐模糊；另一方面，新生代华人对祖籍地更多的是想象的概念，他们在思考如何传承公共性神祇的时候，自然也就不再局限于从人的祖籍地去寻找神的主灵。方言群和地缘群模糊的情况，反而为华人的民间信仰带来了新的发展契机和机遇。加之，华人还保留了中华民族对万物神灵心存敬畏的思想。基于以上情况，民间信仰在整体发展上出现以下变化：一是方言群神祇很可能已被不同祖籍地的人崇拜，或者说，华人祭拜神祇，已不再看重神祇的方言群归属；二是到中国境内非祖籍地的地方寻找神祇的本源，成为新生代华人传承中华文化的突破口和新契机。因此，CNGG 传播到马来西亚华人社会，在原神祇信仰的基础上，更容易度过适应期并被华人社会接受。它通过现代化节日重

1   Watson, J. L. *Standardizing the Gods: The Promotion of T'ien Hou* ("*Empress of Heaven*") *Along the South China Coast, 960–1960*. David J., Andrew J. Nathan, Evelyn S. R. Ed. *Popular Culture in Late Imperial China*. Berkeley: University of California Press, 1985, pp. 292-324.

2   俞云平、杨晋涛：《马来西亚华裔新生代的"祖籍记忆"初探》，《南洋问题研究》2006 年第 3 期，第 57—66 页。

3   何国忠：《马来西亚华人：身份认同、文化与族群政治》，马来西亚华社研究中心 2002 年版。

新建构起来，经历了在华人社会的再社群化过程，从而加强了华人内部之间、华人与中国非祖籍地城市之间的互动。

刘亚斌

LIU YABIN

　　刘亚斌，四川大学博士生，浙江外国语学院中国语言文化学院副教授、港澳研究中心副主任，浙江省"新世纪151人才工程"第三层次培养人员，主讲文学概论、美学、儿童文学等课程。先后主持过国家级和省市级科研项目，多次参与各级项目合作。

新世纪马来西亚小诗艺术研究

刘亚斌

2018 年，由大陆华文研究专家朱文斌和泰国诗人曾心共同主编的《新世纪东南亚华文小诗精选》（以下简称《小诗精选》）由浙江工商大学出版社出版。《小诗精选》是"新世纪东南亚华文文学精选"系列丛书中的一部，里面共收集了金苗、冰谷、钟夏田、李楠兴、苏清强、林佩强、朝浪、陈川兴、李宗舜、陈秋山、方路、王涛、冯学良、刘育龙、许通元、罗罗、周天派、欧筱佩和陈伟哲等 19 位诗人的诗作，每人 2 首，共计 38 首小诗，组成《小诗精选》中的"马来西亚卷"，与其他"新加坡卷""泰国卷""印度尼西亚卷""菲律宾卷""文莱卷""越南卷""缅甸卷"和"柬埔寨卷"一起构成选集的全部内容。马来西亚入选的诗人诗作数量仅次于新加坡，与泰国并列第二，可见 21 世纪以来马来西亚小诗在东南亚华文文坛的地位和价值。本文将以"马来西亚卷"中的 38 首小诗为例剖析其审美特色，展示东南亚华文小诗的新世纪动向，由此管窥东南亚华文文学在新时代的精彩华章。

一、小诗形式的发展

20世纪20年代是汉语小诗的初创期，不仅出现了大量的译诗，还诞生了不少优秀诗人诗作。如冰心的作品和宗白华的《流云》，在当时就受到了普遍的欢迎，至今仍是小诗的典范之作。尤其值得注意的是，诗评家跟上了诗歌发展的时代步伐，没有滞后，他们对小诗诗学进行了广泛的讨论，其见解具有深远的意义，至今仍有巨大的价值。

周作人是小诗的最早提出者，其1922年发表在《晨报副镌》上的《论小诗》（署名仲密）一文已成为小诗研究的"金科玉律"。在文中，他对"小诗"有如下定义："所谓小诗，是指现今流行的一行至四行的新诗。"[1] 钱理群等人认为，当时流行的小诗是一种即兴的短诗，一般以三五行为一首，表现作者刹那的感性，寄寓一种人生哲理或美的情思。[2] 如今，小诗创作有了长足的进步，其内容更为丰富，在"马来西亚卷"中小诗的行数和字数均有变化，具体情况见下表。

小诗行数统计表

小诗行数	小诗首数	诗人及诗作
1	1	周天派《十年》
2	1	周天派《爱河》
3	3	陈川兴《镜子的故事》（一、二），王涛《红甲虫》
4	9	金苗《爱国者》《线》，冰谷《萤火虫》，朝浪《狂风暴雨》，陈秋山《夜》《风扇》，刘育龙《勿忘我》，欧筱佩《守护》，陈伟哲《呼吸》
5	5	李宗舜《谁在横行霸道》，方路《马尾发》，王涛《八哥》，冯学良《思念》，欧筱佩《阳谋》

1　许霆：《中国现代诗歌理论经典》，苏州大学出版社2008年版，第137页。
2　钱理群、温儒敏、吴福辉：《中国现代文学三十年》，北京大学出版社1998年版，第127页。

小诗行数	小诗首数	诗人及诗作
6	18	冰谷《向日葵》，钟夏田《人生》《哲学家》，李楠兴《李楠兴日莱峰游记》（一、二），苏清强《孤岛》《灾区救护》，林佩强《三月窗》《短颂诗》，朝浪《听夜雨声》，李宗舜《静好》，方路《腰》，冯学良《故事》，许通元《手纹》《旅途》，罗罗《蚤想》《芒花》，陈伟哲《遗言》
8	1	刘育龙《从前》

从行数上看，"马来西亚卷"的小诗具有多样化的一面，1 至 8 行不等，最短的是周天派的小诗《十年》，只有 1 行："你回来找我，使我年轻了十岁。"最长的要数刘育龙的《从前》，共有 8 行。6 行诗占据大多数，其次是 4 行诗，而 3 行、5 行的不多。小诗不再只是即兴情思、刹那感性或哲理象征，而是能将整个故事、情节发展、历史脉络等更大时空的内容融合进去。换句话说，21 世纪马来西亚小诗更具丰厚意蕴，也更值得读者回味。从另一个方面来说，21 世纪的小诗在行数的限制下，是戴着镣铐跳舞的，但确实有长诗化的倾向，与 20 世纪的小诗相比，无论是在形式还是内容上，均有所突破。

小诗字数统计表

小诗字数	小诗首数	诗人、诗作及具体字数
0—9	0	
10—19	7	冰谷《萤火虫》（16字），朝浪《狂风暴雨》（16字），陈秋山《夜》（16字）、《风扇》（12字），王涛《八哥》（14字），周天派《十年》（12字）、《爱河》（14字）
20—29	12	金苗《线》（25字），冰谷《向日葵》（24字），陈川兴《镜子的故事》（一为26字，二为24字），李宗舜《静好》（22字），王涛《红甲虫》（25字），冯学良《思念》（27字）、《故事》（26字），刘育龙《从前》（26字）、《勿忘我》（25字），欧筱佩《守护》（25字）、《阳谋》（27字）
30—39	5	金苗《爱国者》（32字），李楠兴《李楠兴日莱峰游记》（一）（38字），李宗舜《谁在横行霸道》（33字），陈伟哲《呼吸》（30字）、《遗言》（37字）
40—49	7	钟夏田《人生》（44字）、《哲学家》（41字），李楠兴《李楠兴日莱峰游记》（二）（43字），朝浪《听夜雨声》（44字），许通元《手纹》（46字），罗罗《蚤想》（43字）、《芒花》（40字）

小诗字数	小诗首数	诗人、诗作及具体字数
50—59	4	林佩强《三月窗》（58字），方路《马尾发》（50字）、《腰》（54字），许通元《旅途》（50字）
60—69	2	苏清强《孤岛》（63字）、《灾区救护》（63字）
70—79	1	林佩强《短颂诗》（77字）

　　小诗因其短小，行数、字数都受到限制。"马来西亚卷"入选小诗的字数最少的是十来字，如周天派的小诗《十年》除去标点才12字，陈秋山的《风扇》也是12字；字数最多的是林佩强的《短颂诗》，共计77字。

　　大部分诗人的2首小诗的字数都差不多，苏清强的2首诗均为63字，是其中字数差距最小的，差距最大的是林佩强的2首小诗，相差近20字。在某种程度上，诗歌字数显示出诗人所擅长的结构模式。林佩强、方路和许通元等诗人的作品，字数比较多，构思较为复杂、表达丰富、语意曲折多义，具有相当大的阐释空间。苏清强的诗作是根据现实的受灾事件写的，将现状及其诉求全面反映出来而显得字数相对较多，也表现了诗人宏阔的构思能力和深厚的社会关怀。诗作字数比较少的诗人则以精练醒目著称，最为典型的是周天派，他的2首诗作均为20字以内，语言简洁有力、干脆利落，内容却是抒发绵长情感，刚柔相济、韵味悠长。

二、4种诗学表现

　　前述周作人曾就小诗问题进行过全面深入的探讨，在讲到小诗的兴起原因时，他认为，"这种小诗在形式上似乎有点新奇，其实只是一种很普通的抒情诗……他们忽然而起，忽然而灭，不能长久持续，结成一块文艺的精华，然而足以代表我们这刹那的内生活的变迁，在或一意义上这倒是我们的真的生活"[1]。在周作人看来，小诗之所以流行开来，就在于快速变化的现代生活，文学需要将那种刹那的真实感受迅速地加以捕捉，在这方面小诗无疑是最有效力的文学形式，也就是说，基于现实生活的刹那内心感受的变迁，是小诗创作真实的根源。当然，具体到文学创作中，到底该怎么做呢？再者，如果强调刹那的生活点滴的感受，那会导致诗歌只是些零碎的念头、琐碎的情绪和飘忽的思想。

俞平伯早在 1921 年《〈忆游杂诗〉序》中就对症下药过。他坚持小诗贵在集中而使读者自得其趣。朱自清在《〈杂诗三首〉序》中接着俞平伯的观点，具体说到 3 个方面：其一是题材要精彩，即有闪光之处，同时要经济些，不要贪多；其二是意境方面要集中，不能过于散漫；其三是因其行数少，在语言或音节上要集中。[2] 小诗因过于简短而无法承载太多内容，既不能像新闻那样报道生活事件的变化，也不能像散文那样抒发情感的历程，又不能仅仅记录现实的刹那感受。有的诗阅读完毕便可丢弃，难有持续的动人效果。诗歌至少要让读者读后有所回味，这就要求小诗有韵味。因此，胡怀琛特别强调，"将一刹那间的感觉，用极自然的文字写出来，而又不要一起说完，使得有言外余意，弦外余音"[3]，这就回到了传统诗学的本质上。

在 20 世纪初的诗学研究者看来，小诗是现代社会快速生活节奏的真实写照，注重刹那的生活感受。在写法上，小诗要做到题材、意境和语言 3 个方面的集中，但又要表现得非常自然、留有余味。21 世纪以来，诗评家同样继承了当初小诗的诗学理念，著名的诗评家吕进老师就讲到其精髓所在——"口闭则诗在，口开则诗亡；肉眼闭而心眼开；诗是无言的沉默；等等"[4]，强调的是用心眼去做小诗，不应过分重视语言的繁复和变化在小诗中的分量和意义，而要注意其精

1 　许霆：《中国现代诗歌理论经典》，苏州大学出版社 2008 年版，第 137 页。
2 　张新：《东西方文化论争背景下的中国现代小诗》，《学术月刊》2002 年第 6 期，第 58—65 页。
3 　胡怀琛：《小诗研究》，商务印书馆 1924 年版，第 74 页。
4 　朱文斌、曾心：《新世纪东南亚华文小诗精选》，浙江工商大学出版社 2018 年版，序第 2 页。

简和韵味，要有计白当黑的美学效果。21世纪马来西亚诗人同样在刹那的感觉下，就如何做到集中有余，有自己独到的体悟，概括了4个方面，即通过"一物""一人""一景"和"一事"来表达诗人情思。

首先，"一物"是指某个社会生活中的具体事物，诗人借此来表明或暗示自己的思想和感受。这类诗属于以物象征的哲理小诗和以物感人的抒情小诗。例如：诗人金苗用"线"（《线》）来分开善良和邪恶，憎恶黑白不分的现象；陈川兴则写"镜子"对揭开真相的意义，用镜子、月光和水的意象让李白"重组还魂"；陈秋山赞颂"风扇"为别人苦自己的精神；王涛的《红甲虫》和《八哥》借2种动物表达自己的体悟，前者是人类社会拥挤的生存图景与红甲虫恣意的生活方式之间的对比，后者则表达出现在的语言困境。总体上说，"一物"小诗的写法多用暗示和对比，具有象征主义诗歌的味道。

其次，"一人"指某个身体意象或人物形象。如方路喜欢借用身体的某个意象进行小诗创作，所入选的2首小诗，一是《马尾发》，表达出爱的坚持与寂寞，二是《腰》，书写对欲望的警示。许通元的《手纹》有对时间的流逝与爱（性）的关系的探讨。钟夏田的《哲学家》嘲讽哲学家们看透本质却无法回归正常生活。而金苗《爱国者》则歌颂了爱国者的奉献精神。"一人"小诗多与人物有关，一是与身体，二是与形象，所以，诗作多有身体美学的意义，以及形象学的用意。

再次，"一景"主要是指诗人借用一处自然景物或由物构成的景象来表达自己的思考和体验。如李楠兴《李楠兴日莱峰游记》将游日莱峰的体验写得具体可感，表达出诗人对天真童年的怀念。苏清强的《孤岛》写的是滔天洪水下只留孤岛，岛上的灾民急切地等待救援。林佩强的《三月窗》让读者一睹马来西亚的3月风光。朝浪的2首小诗的题目就显示其写法是借景抒情，《狂风暴雨》中"乐土成灾"，《听夜雨声》里"诗情画意"。李宗舜的小诗写的是一株墙角独秀的植物，没有招蜂引蝶的花，却是岁月静好，表明了作者的生活态度以及对个性的尊重与肯定。虽然诗人冰谷的创作对象是"萤火虫"和"向日葵",接近"一物"的写法,但其自构一番景象,并由此展开了自己的理性思考。评论者在《萤火虫》诗后的"诗歌赏析"中说道:"萤火虫照亮了丛草,却被认为是焚火烧草。"人们会遇到和萤火虫一样的境况,"但是身正不怕影子斜,真相终究会大白于天下"[1]。我们的理解则与此不同,先来看这首简短的小诗——"提着灯火到处 / 焚烧 / 丛草,还是 / 笑语盈盈"。在本诗底下,诗人还写上了一句话,"〈诗外〉谣言止于智者:清者自清,浊者自浊"。小诗上半部分写萤火虫,下半部分写丛草,两相对比,便可看出作者对萤火虫的斥责态度。也就是说,诗人用萤火虫"提着灯火到处焚烧"来比喻谣言向四方蔓延,对此智者却如丛草那样"还是笑语盈盈",根本不去搭理。那些谣言即便甚嚣尘上,碰上洞若观火、明了真相的智者,自然就会不攻自破,所以,诗人告诉人们:谣言不值得耗费心思。

最后,"一事"是诗人叙述某件生活之事来寄托自己的想法和情感。如钟夏田《人生》写的就是"银发生辉"的嬷嬷看管孙辈之事,展现了人生的常态。苏清强写的《灾区救护》,其题目就已透露出救灾之事。刘育龙《从前》回忆了自然环境被逐利工厂所破坏,表达了诗人的生态情结。欧筱佩的 2 首小诗《守护》和《阳谋》都带有叙事性,展示出诗人对社会现实的深切关怀。陈伟哲的《呼吸》本可凭借人体某种现象来反映自己的一种关切,但诗人却偏偏通过叙事性手法来讲述活着的生命,其构思出其不意,但又符合科学事实,也就是说,科学道理被诗人以故事的方式讲了出来。而在写"遗言"(《遗言》)时,诗人则嘱咐不要太长,"短得像人生才好看",精彩的人生即便像流星那样闪过,也足以照耀世界。如果说前 3 种做法更多是小诗的传统继承的话,那么"一事"小诗可能更具有开拓性,是小诗发展的未来面向。故事、事件讲述和情节发展等做法将时空包容进去,进而拓展小诗的境界,使之富有历史底蕴。

---

1   朱文斌、曾心:《新世纪东南亚华文小诗精选》,浙江工商大学出版社 2018 年版,第 62 页。

三、书写蕉风特性

新诗研究者吕进先生在《新世纪东南亚华文诗歌精选》和《小诗精选》2 部诗选中以"华韵与蕉风"为题作序,说到东南亚诗歌既有中华民族文化传统,又有本土文化特色,形成华韵和蕉风的双重诗学。所谓华韵,指的是来自汉语传统的华文魅力,以及从古代小令到 20 世纪现代小诗的母土诗学的浸润光彩。在本土方面,他认为,在东南亚诗人作品里,"有蕉风扑面的南洋风情,有对所在国弱势群体和底层人民的关注"[1],这一概括全面且准确,在《小诗精选》"马来西亚卷"的诗人诗作中又有着各种具体的表现。

不少马来西亚诗人都是在工作之余进行诗歌创作的,日常生活里从不忘诗与远方。诗人苏清强是一位教师,并担任了 10 多年的中学校长,在业余时间多写散文和诗歌,积极参与文学活动,这种关心和培养下一代的育人经历让其小诗有种悲天悯人的情怀。选集中所选入的 2 首小诗均以 2017 年 11 月 4 日马来西亚北部的槟州、吉打州暴雨成灾为写作对象,诗人记录当时警民共同救援的情况,并在小诗后面的附注中着重表达了希望灾区早日重建家园的美好祝愿。诗歌,尤其是小诗,毕竟不是基于事实的新闻报道,也不是记录感受变化的散文,它只能用异常简练的语言、选取意义最大化的场景和事件来展现诗人对灾区的认知及情感。如第一首《孤岛》就抓住了"孤岛"这一意象来勾连整个灾难事件,抒写了受灾民众的恐惧、焦灼以及急切期待救援的心情。这一意象既是灾难现实的写照,也具有深化情感的喻义。诗作开篇 4 句是宏阔有力的短语,"风雨滂沱 大水滚滚 / 苍天呜咽 万物哀号",天地之间都被暴雨浇透,整个世界都在哀号哭泣,洪水席卷一切之势和世界处于绝望之中的情状被展现出来。受灾民众生死一线,诗人使用简练、有力和急迫的语言以贴合事态的紧急和严峻。

---

1 朱文斌、曾心:《新世纪东南亚华文小诗精选》,浙江工商大学出版社 2018 年版,序第 2—3 页。

随后诗人用舒缓的句子说到了"一条街巷一个村落陷落",将前述灾难的严重性落到实处,同时为下面的诗句铺垫,"骤然间浮现了一座孤岛 / 生活断了轨迹,人心焦灼如焚 / 亟待着舟楫出现,救济送到",其情绪转折由天地灾难、形势峻急、恐惧绝望转为对生死的焦虑、着急的等待和翘首的期盼,4 字并列的短句转为曲折多样、点断不同的长短句,与诗作情感的诉求配合恰到好处,发挥小诗那种长诗般的魅力,体现语言和情感相互切合的流光溢彩。

林佩强的一首诗作则体现出马来西亚自然景物的季节性特点。从地理上说,马来西亚地处赤道附近,属于热带雨林和季风性气候,虽然是赤道地带的热带国家,但由于纬度较低,受海洋的影响,气候变化不大,温差较小,全年气温在二三十摄氏度,四季差异不明显,相对湿度大。被选入诗集中的小诗《三月窗》最后 2 句写道,"残云如一袭褪色的旧棉袄 / 倾听蝉嘶虫鸣此起彼落"。该诗的评论者李笑寒便指出,"在中国,三月应该是春暖花开的季节,不会有蝉鸣的"[1]。但在马来西亚,三月蝉鸣是正常的,其地域性的气候特征也让本首小诗显出特别之处。很明显,以"三月"为"窗"是其题中之义,诗人透过这扇季节性的窗户,看到的是"山岳恒如远影 / 向晚的孤独封闭中涌出一道光",然后"搜寻迷雾中模糊的方向",山岳远影、迷雾模糊,向晚的一道光让人有了方向,让孤独封闭者想要去搜寻,诗人借此表达一种心境,在人生孤独的迷茫中似乎又有指引,于是把窗户擦亮,实则是揉亮自己的眼睛,定睛一瞧,即诗中所写,"拭明三月窗的山水",看到的和听到的却是旧棉袄式的残云和起伏的蝉鸣声,"蝉噪林逾静,鸟鸣山更幽"(王籍《入若耶溪》),在人生时光的逝去中更增添了难遣的寂寞。整首诗构思精巧,借景抒情,人事与自然相杂,人生体悟油然而发,已臻人诗俱老的境界。

欧筱佩入选的 2 首小诗也是值得一说的。《阳谋》被评论者王思佳重点评述,

---

1 朱文斌、曾心:《新世纪东南亚华文小诗精选》,浙江工商大学出版社 2018 年版,第 70 页。

王思佳认为"兴许是与作者本人的经历有关"[1]。这里的"经历"指的是过户事件，即成为别人家的孩子，评论者有其猜测的理由，并阐述了诗中所描述的过户后孩子的艰辛和讨好的生活，过户孩子大多童年不幸福，不得不靠自己。姑且不论是否与作者本人经历有关，至少我们可以看出某种社会现实的存在。诗人将过户孩子进行了各种意象的类比和交错，开篇是一条鱼的比拟，他却"……用鳃／在沼泽里呼吸"，并非"相忘于江湖"，鱼在水里自由自在，在沼泽里则要"相濡以沫"（《庄子·大宗师》），然而生命曳尾涂中，他艰难地生活在困难的环境中。接着写"搜寻奶水，补充失落"，诗人及时提示读者不要忘记其婴儿身份，过户的孩子成为一种极为脆弱的存在，生活雪上加霜。过户孩子身份转换非常快，诗中意象的快速转换也正体现了这一点。无论出于何种原因，孩子离开了原生环境，来到陌生的社会，失落在别人的家庭里，其生命存在亦有"补充失落"的意义。然而，作为个体来说，每个孩子都该有自己的梦想，想拥有自己的家庭。因此，过户的孩子又是梦想者和养家的责任人，小小年纪承担如此多、如此重。诗人通过身份认同的危机及其急剧的变化，对过户的孩子充满了人性的关怀。

相较于《阳谋》里社会现实性的写照，《守护》则更有文化传承的理念。这首诗短小精悍，只有4行——"革命后／你负责传话／他负责揣摩／日子熟了，我们才能继后香灯"。诗中所写晦暗不明，具有足够的阐释余地。"革命"属于现代话语，"香灯"属于传统语言；后者有2个意思，一是外来文化本土化后的佛教用语，二是民间文化的传宗接代之意。此外，"香灯"在今天的中国已不是常用词，而诗人却将其写入诗中，兴许它在马来西亚依旧是通用之语。革命有文化的承变关系，而家庭也要生养孩子，两者的关系变得复杂起来，却都要等到"日子熟了"才有可能，是期盼、告诫还是警示？只能留待读者去揣摩和思量了。

1　朱文斌、曾心：《新世纪东南亚华文小诗精选》，浙江工商大学出版社2018年版，第94页。

四、小诗现代性的呈示

平心而论，《小诗精选》在编排上颇费心思，既有每位诗人的简要介绍，尤重其诗歌作品和诗人成就，在2首小诗后又有专业点评，而点评多采取总分模式，首先对每首小诗进行深入评论，将其精义撮要呈现，然后总结拓展，点出诗人诗作的总体特色，为读者阅读和赏析提供方便法门，显示出编选者相当专业的文学眼光。当然，作为诗歌选集来说，更重要的无疑是诗人及诗作的选择，既要全面，且有代表性地体现21世纪马来西亚在小诗创作上的成就，又要能窥见其发展脉络，这也是对编选者鉴赏能力和批评水平的最大考验。整体而言，《小诗精选》考虑到诗人众多而采取生年编选法，即根据诗人出生年份的顺序来编排，颇能看出马来西亚21世纪以来的创作风格流变，同时也呈现出不同时代出生的诗人的写作特色，让读者了解当代马来西亚小诗的创作风格和那些仍然活跃在诗坛的优秀诗人。

小诗入选者出生年份、诗作数量及主题一览表

出生年代	选入数量	选入诗人及其出生年份	诗作主题
20世纪30年代	1	金苗（1939）	爱国主义、道德判断
20世纪40年代	4	冰谷（1940）、钟夏田（1942）、李楠兴（1947）、苏清强（1948）	道德判断、生活感悟、游记体验、救灾情感
20世纪50年代	4	林佩强（1950）、朝浪（1953）、陈川兴（1954）、李宗舜（1954）	自然启示、生活感悟、生命哲理、社会批判
20世纪60年代	5	陈秋山（1961）、方路（1964）、王涛（1965）、冯学良（1965）、刘育龙（1967）	生活感悟、欲望表达、抒发情感、社会批判
20世纪70年代	2	许通元（1974）、罗罗（1976）	时光体悟、抒发情感、欲望表达
20世纪80年代	3	周天派（1982）、欧筱佩（1983）、陈伟哲（1988）	抒发情感、历史思考、生命哲理

从上表来看，入选的诗人多为20世纪40—60年代出生的人，尤其是60

年代的最多，共入选 5 位诗人，90 年代出生的诗人没有选入，可见编选者有其时代共鸣的一面。从主题上则可看出，越晚出生的诗人越喜欢将诗歌创作引入更深、更广层次的思考，不仅仅集中于一物一情思或刹那生活感受的传统小诗作法。

如选入的许通元的 2 首小诗，意象密集，颇具现代诗的晦涩。其中一首标题是《手纹》，内容是这样写的，"神经清楚触摸 / 你故意残遗在圆泪表面上 / 剔透的手纹 如蜃幻图案 / 似绽放紧缩的海葵 / 闪着玫瑰期间的 / 一抹初红"。诗中"手纹"是"剔透"的，却是"表面"的，又是"你故意残遗"的，带有"圆泪"的，最重要的是"神经清楚触摸"到你的手纹，仿佛两人曾经有过交集，但那时却没有意识到对方的深意，他（她）含泪离开，等到后来自己发现了，又触摸到了，才明白了对方。接着诗人运用了 2 个比喻来写"手纹"，"蜃幻图案"美轮美奂，却有些说不清道不明，颇有李商隐诗"此情可待成追忆，只是当时已惘然"（《锦瑟》）那样迷茫的情感充塞其间，等到自己再次触碰到对方的手后，才发现对方手纹"似绽放紧缩的海葵"，已不再年轻，但是最后 2 行"仍然表达了自己对美好爱情的向往"[1]，也许历经人生的坎坷之后，才发现原来对方曾经如此深爱着自己。人生已老，才恍然明白爱的初心。本首诗可算得上是《小诗精选》"马来西亚卷"中最难解的诗作之一，诗中大量使用了很难在生活和逻辑上关联起来的意象，如"神经""圆泪""手纹""蜃幻图案""海葵""玫瑰"和"初红"等，需要读者充分发挥想象，即便如此，也可能仍然是一知半解。诗中勾连起过往和现在的时间性，甚至还含有性的隐喻。也就是说，时间、性和爱情等相互交织，让诗作内蕴丰厚，让人体会到爱（性）在历经沧桑后的深刻烙印和暮然回首。

周天派的小诗《十年》只有区区一句话，"你回来找我，使我年轻了十岁"。让人变得年轻的、令人振奋的重逢，使"我"重获新生，可是"你"还要走吗？

---

[1] 朱文斌、曾心：《新世纪东南亚华文小诗精选》，浙江工商大学出版社 2018 年版，第 88 页。

我们的重逢不是偶然的，"你"为什么要"回来找我"，这么多年"你"经历了什么，等等，读者无从知晓。这句平白如话，甚至小学生都能"写"出的小诗，其跨越时光的内容却值得细细品哂。欧筱佩的《守护》同样具有历史感，"革命后／你负责传话／他负责揣摩／日子熟了，我们才能继后香灯"。时间是新世纪小诗新生的命脉，把时间融入小诗，才能让它出离自身、芙蓉出水，从而表现出长诗所具有的深广内容，但其又有自己字数、行数和语言等方面的规范底色。

小诗的现代性除了表现在意象所造成的难解外，还有对个体欲望的直接呈现。现代性书写在个体权利和个性观念的支持下，越来越向人类心灵深处挖掘，心灵秘密、无意识和肉欲之力被敞开来。新世纪马来西亚小诗到了20世纪六七十年代出生的诗人手里，在欲望方面的影响昭然若揭，如上述许通元的小诗中便已有隐晦的痕迹，在诗人方路的小诗《腰》中表现得更为大胆奔放。不过，心中却有所警惕，诗最后写道，"如果腰是你一座断崖我是／悬崖上／蓝色的欲望"，显然，对腰的描写其实体现了对女性身材曼妙、风情万种的欲望迷恋，这位女性"让人'望腰生欲'"，但诗人害怕一不小心便坠入悬崖，"或许多少还有一些'色字头上一把刀'的意味吧"[1]。比起方路《腰》中"悬崖上"的"蓝色的欲望"和许通元《手纹》中"一抹初红"般的暗示，70年代出生的罗罗则是赤裸裸地宣告，"跳过来／跃过去／午后的空气潺热你的荷尔蒙／轻轻留下像风一样轻的吻／我是憩息／在你乳房上的一只跳蚤"（《蚤想》）。欲望难耐，潺热难当，在荷尔蒙的强烈冲击下，换来的却是轻轻留下的轻的吻，是休憩，是化为爱的温柔和抚摸。小诗结尾点题，再次回到了"跳蚤"，构成回环之美，切应着欲望本身的此起彼伏。最终欲望被其点燃，痒到难受，却又只是一种念想，平静下欲望的沸腾，难以捉摸。心中的欲望被诗人形象地表现出来，真是恰切而又自然。

---

[1]　朱文斌、曾心：《新世纪东南亚华文小诗精选》，浙江工商大学出版社2018年版，第80页。

林澜
LIN LAN

　　林澜，北部湾大学国际教育与外国语学院英语专业副教授，广西师范大学英语专业硕士，马来西亚马来亚大学文学与社会科学学院中文系博士研究生，主要从事东南亚华人文化与历史研究。

　　本文为作者在马来西亚学习时的研究成果，获得了国家语委科研基地、中国外语战略研究中心2022年"世界语言与文化研究"重点课题的项目支持。

林文庆英译《离骚》的南洋情结

林 澜

一、引言

1929 年，厦门大学校长林文庆的译作 *The Li Sao: An Elegy on Encountering Sorrows*（《〈离骚〉：遭遇忧愁之哀歌》或《〈离骚〉：一首罹忧的挽歌》）出版，他成为第一个将《离骚》译为英语的华人。

林文庆生于 1869 年的新加坡，其祖父自中国海澄（在今福建省漳州市、厦门市区域内）移民至槟城，后迁至新加坡。祖父、父亲都是烟酒承包商手下的管理人员。林文庆是第三代土生华人，就读于英国学校。1887 年获得女王奖学金，入爱丁堡大学读医科，1893 年自爱丁堡大学毕业后返回新加坡行医，并投资从商，同时还兼任新加坡华人参议局委员等职，成为新加坡华人社会精英。19 世纪末 20 世纪初，他与新加坡华人知识分子在南洋推行儒教，与康有为等来往密切。后加入同盟会，并在辛亥革命后辅佐过孙中山。1908 年，林文庆在前妻去世 3 年后与鼓浪屿才女殷碧霞结婚，在厦门置有产业。1921 年，林文庆应陈嘉庚之请，前往厦门创建厦门大学。1929 年 *The Li Sao: An Elegy on Encountering Sorrows* 翻译出版，1935 年再版，皆由在上海的商务印书馆出版。1937 年，因陈嘉庚破产，厦门大学被移交给国民政府，林文庆卸任校长一职。同时，也因为日本加剧侵略中国，林文庆离开厦门大学返回新加坡，直至 1957 年去世。

二、林译《离骚》的南洋情结

林译《离骚》的副文本有20多种，分别为：题签、木刻、献辞、目录、插图表、休·克里福德爵士阁下（Sir Hugh Clifford）小引、赫伯特·艾伦·翟理斯（Herbert Allen Giles）教授之函、赫伯特·艾伦·翟理斯教授序、罗宾德拉纳特·泰戈尔（Rabindranath Tagore）博士序、陈焕章博士序、译者序、译文总注、屈原颂、《离骚》概要、刘勰《辩骚》英汉对照、历史背景、屈原生平、《离骚》和《楚辞》在中国文学中的地位、"离骚"体及"赋"的性质、植物及花卉的专门注释、人名与地名等专门词汇、注释、评论等，还有词汇表和参考文献。本文欲通过分析其中部分副文本内容，一窥林文庆的南洋情结。

（一）木刻插画作者

林文庆专门找了李夫人（李高洁的夫人 Averil Salmond Le Gros Clark，1903—1975）为他的译著创作屈原木刻插图。

李高洁（Cyril Drummond Le Gros Clark，1894—1945）曾入读伦敦国王学院，后从军，1925年成为沙捞越政府公务员，负责处理中国相关事务，然后一直做到沙捞越的辅政司（Chief Secretary）。[1]1925年，刚开始在沙捞越工作的李高洁曾到厦门大学进修汉语，1928年返回沙捞越。[2] 其间林文庆担任校长，李氏夫妻曾为林家的座上宾。[3] 李高洁回沙捞越后即从事《苏东坡集选译》（*Selections from the Works of Su Tung-P'o*）的翻译工作，此书于1931

---

1 Ecke, G., Erkes, E. "Cyril Drummond le Gros Clark 1894-1945 [with reply]". *Monumenta Serica*, 1947, 12, pp. 297-299.

2 Ecke, G., Erkes, E. "Cyril Drummond le Gros Clark 1894-1945 [with reply]". *Monumenta Serica*, 1947, 12, pp. 297-299.

3 潘维廉著，厦门日报双语周刊译：《魅力鼓浪屿》，厦门大学出版社2005年版，第66—67页。

年出版。为李高洁《苏东坡集选译》写序的爱德华·查尔莫斯·沃纳（Edward Chalmers Werner），是英国驻华外交官、汉学家，他说："李夫人的精美的木刻更是有少见的特点。"[1] 著名红学家吴世昌也认同："本书中李夫人的木刻……比任何有色彩的绘画更能表现中国的艺术情调，因为只有黑白二色的刻画，极能表现一种清淡而又深刻的中国诗味，并且浓而不艳，繁而不琐。李夫人不但在艺术上极高超，她对于中古时代中国诗人的生活情调，确能揣摩入神。"[2] 为该书写序的钱锺书道："此书因李高洁夫人的漂亮木刻和尾饰而魅力大增。这些木刻用一种不同的媒介巧妙地再现了东坡赋的神韵……"[3] 李高洁夫人为林文庆英译《离骚》创作的屈原木刻插画，亦以其特有的方式再现了屈原的神韵。不幸的是，在 20 世纪 40 年代日军入侵沙捞越时，拒绝离开沙捞越的李高洁被日军关押在古晋，最终蒙难。[4]

（二）献辞对象

书籍中的献辞（或献词），一般是在书籍的前页中或乐谱等其他形式作品的标题附近；书籍以独立的一个部分作为献辞页，专门用来表达对特定个人的感谢、致敬、致意等情感，内容主要包含以"献给某某"为主体的语句。林译《离骚》献辞的对象有 2 个，一为丝丝·金文泰·史密斯爵士（Sir Cecil Clementi Smith）。史密斯爵士于 1878 年到新加坡担任辅政司，1887 年升任海峡殖民地总督。他于 1885 年设立女王奖学金，该奖学金于 1911 年停止颁发，1931 年恢

---

1 吴世昌著，吴令华编：《吴世昌全集 第 2 册（第二卷 文史杂著）》，河北教育出版社 2003 年版，第 118 页。

2 吴世昌著，吴令华编：《吴世昌全集 第 2 册（第二卷 文史杂著）》，河北教育出版社 2003 年版，第 121 页。

3 Dzien, T. "A Book Note"，《清华周刊》1932 年第 11 期，第 77—78 页；柳叶，《英译〈苏东坡文选〉》，《读书》1994 年第 2 期，第 121 页。

4 Ecke, G., & Erkes, E. "Cyril Drummond le Gros Clark 1894-1945 [with reply]". *Monumenta Serica*, 1947, 12, pp. 297-299.

复，直到 1959 年新加坡获得自治终止。该奖学金为新加坡及马来亚培养出一批华人精英。史密斯爵士在设立女王奖学金时曾说："某位奖学金获得者，对那片古老的中国大地贡献出有用的知识的那一天终将到来。"[1] 林文庆是第一个获得女王奖学金的华人，女王奖学金的设立者对他的一生自是意义重大。

第二个献辞对象是莱佛士书院的校长威廉·胡列特（William Hullett）。胡列特自 1871 年至 1906 年为莱佛士书院的校长，任期最长，贡献极大。林文庆 1879 年就读于莱佛士书院，其间因父亲去世面临辍学，胡列特先生出面为林文庆解决困难，让他得以完成学业。胡列特还亲自指导他的学业。林文庆后来能获得女王奖学金，胡列特校长可以说是位居首功。除此之外，胡列特更以大英绅士的高尚人格，影响了林文庆。1906 年，莱佛士书院的毕业生专门为胡列特举行赠礼仪式，林文庆借主持仪式的机会表达了他对胡列特的感激之情，并与校友们一起给恩师赠送了礼物。1914 年，林文庆把新加坡翡翠山（Emerald Hill）的一条路命名为胡列特路（Hullet Road），以纪念他挚爱的老师、校长胡列特先生。林文庆的献辞是："他是良师，是真正的英国人，其长存的友谊和不断的鼓励使译者得以学会英语。"[2]

有人认为，"题献"并非产生于中国，但跟中国人对书籍的态度有很大关系。严肃的"名山事业"是用来传世的，不是眼下消费的。眼下消费的书籍不登大雅，所以无须"题献"；"题献"了反而不"礼貌"。[3] 然而，林文庆郑重其事、情真意切的献辞，不管是西方读者还是中国读者，读了都会深受感动。

（三）序言作者

林文庆邀请了 3 位有影响并与他有关系的外国人以及 1 位中国人作序，他

---

[1] 章良我：《半百集》，八方文化创作室 2015 年版，第 120 页。

[2] 林文庆：《The Li Sao: An Elegy on Encountering Sorrows　离骚》，厦门大学出版社 2021 年版，第 11 页。

[3] 潘小松：《题献与致谢》，《新京报》2013 年 04 月 20 日，第 C4 版。

们分别是时任海峡殖民地总督休·克里福德、英国著名汉学家赫伯特·艾伦·翟理斯和印度著名作家罗宾德拉纳特·泰戈尔，还有一位是中国人陈焕章。

序言的顺序是，第一，克里福德，时任海峡殖民地总督和马来联邦高级专员；第二，翟理斯，剑桥权威和知名的汉学家、译作等身的翻译家；第三，泰戈尔，1913 年诺贝尔文学奖得主；第四，陈焕章，著名儒学家，康有为的得意门生，1911 年以《孔门理财学》获哥伦比亚大学哲学博士学位，回中国后先后任北京孔教大学校长、香港孔教学院院长。

克里福德的序原文用的是"Introductory Note"，意为"引言"。林文庆的意图应该是要以克里福德所写的序作为开头。身为殖民地高官的克里福德对林文庆的作品进行全面的介绍和评价，指出此书是林文庆的"新出发点"，"他在 1894 年至 1910 年间发表的关于中国经典的讲座，引领了整个马来亚的儒家复兴运动，这在中国并非没有影响"[1]。事实上，克里福德在 1894 年至 1910 年间并没有在新加坡工作[2]，但他仍然清楚地看到林文庆对儒家复兴运动的贡献和广泛的影响力，以及《离骚》的翻译对林文庆本人意味着什么。

至于翟理斯，林文庆早在 1902 年就开始关注他了。1902 年 3 月，翟理斯在哥伦比亚大学开了 6 场讲座，林文庆在 1903 年 12 月的《海峡华人杂志》上对其讲座予以了很高的评价："至少有一位当代英国人这么了解中国人，而且能够以一种简明的风格来阐述与人们的成见相左的观点。"[3]1912 年,翟理斯的《中国和满人》（*China and the Manchus*）出版，在"第十二章 孙逸仙"的结尾，

---

[1] 林文庆：《The Li Sao: An Elegy on Encountering Sorrows 离骚》，厦门大学出版社 2021 年版，第 17—18 页。

[2] 克里福德爵士在殖民地的第一次和最后一次任职是在马来亚。第一次即 1883 年至 1903 年，他被派往霹雳州、彭亨州和雪兰莪州，继而调派到北婆罗洲；最后一次即 1927 年至 1929 年，他担任海峡殖民地总督和马来联邦高级专员。1904 年至 1926 年，他在英帝国的其他热带殖民地如锡兰（今斯里兰卡）等地任职。克里福德写了不少关于马来亚的小说和散文。

[3] 转引自王绍祥：《西方汉学界的"公敌"——英国汉学家翟理斯（1845—1935）研究》，福建师范大学博士学位论文，2004 年，第 244 页。

翟理斯道，1912 年元月初，临时大总统孙中山发表共和宣言，换国旗，颁法令，祭明孝陵。祭祀的情形由陪同祭祀明孝陵的林文庆目睹并叙述。[1] 可见当时翟理斯与林文庆至少彼此相互关注。事隔将近 10 年后，林文庆向翟理斯求序，翟理斯欣然应允，写了介绍西方楚辞研究的首发之作，即林文庆该书的序文。[2]

翟理斯在 1884 年已经翻译了屈原的部分作品，后在 1901 年介绍《离骚》，翻译了屈原和渔父的对话部分。[3] 他指出，当时的英文版和法文版《离骚》的错误"严重"而"糟糕"，而林文庆的《离骚》无韵诗并没什么不妥。他认为，《离骚》评注十分困难。所以，该译著中的注释值得一夸。[4] 最后，翟理斯写道："当今，人们都认为汉学研究的首要地位已经不属于大英帝国了，幸亏 20 世纪初期邓罗（C. H. Brewitt-Taylor）译《三国》和林文庆对这首艰涩古诗的详尽研究，才使得大英帝国的汉学研究恢复到先前的地位。"[5] 翟理斯说的是"林文庆对这首艰涩古诗的详尽研究"，可见他赞扬的并不只是《离骚》英译本身，还包括林文庆对它的研究。如果我们考虑到翟理斯曾把同在汉学领域辛勤耕耘的汉学家批得体无完肤，就连他的顶头上司和当时杰出的汉学家也概莫能外，如威妥玛（Thomas Francis Wade, 1818—1895）、卢公明（Justus Doolittle, 1824—1880）、卫三畏（Samuel Wells Williams, 1812—1884）等人都曾受到他猛烈的批评[6]，他因此被理雅各形容为"汉学界的以实玛利"[7]（Ishmaele

---

1　Giles, H. A. *China and the Manchus.* Cambridge University Press, 2012, p.134.

2　陈亮：《欧美楚辞学论纲》，中华书局 2020 年版，第 2 页。

3　Giles, H. A. *Gems of Chinese Literature.* London: Bernard Quaritch, 1884, pp. 34-35; Giles, H. A. *A History of Chinese Literature.* New York: D. Appleton and Company, 1901, p. 50-54.

4　林文庆：《The Li Sao: An Elegy on Encountering Sorrows　离骚》，厦门大学出版社 2021 年版，第 23—24 页。

5　林文庆：《The Li Sao: An Elegy on Encountering Sorrows　离骚》，厦门大学出版社 2021 年版，第 24 页。

6　转引自王绍祥：《西方汉学界的"公敌"——英国汉学家翟理斯（1845—1935）研究》，福建师范大学博士学位论文，2004 年，第 136 页。

7　以实玛利典出《圣经》，意指公敌，或被社会遗弃的人。

of Sinology），我们就会因他对林译《离骚》的高度评价而被林文庆折服。

印度著名诗人、作家泰戈尔（1861—1941）自 1913 年获得诺贝尔文学奖之后不久，便开始了他的全球访问之旅。1924 年 4 月至 5 月，泰戈尔的中国之行成为中国文化界的一大盛事，在当时中国知识界引起不小的轰动。陈独秀、鲁迅、郭沫若、徐志摩、梁启超、辜鸿铭等各色文化名流对泰戈尔的思想、言谈持论不一，甚至观点相左，令泰戈尔比较尴尬。泰戈尔在到达上海之前先于 3 月底抵达香港，停留时间不长，因此无法答应孙中山的邀请前往广州与其会面。在厦门大学任校长的林文庆自厦门赶到香港，与泰戈尔商量让泰戈尔担任印度历史与文化系主任的计划。[1] 不过，林文庆没有参与中国文化名流对泰戈尔的欢迎接待，也没有参与名流们后来对泰戈尔思想、言谈的论争。

3 年后，泰戈尔计划访问东南亚。作为主要接待方的新加坡和吉隆坡，早在 1927 年 5 月中旬就成立了不同级别的接待筹委会。泰戈尔于 1927 年 7 月 20 日抵达新加坡，21 日下午，当地各华人社团在中华俱乐部举办欢迎会，林文庆在当天飞回新加坡参加盛会，参与对泰戈尔的欢迎接待事宜。新加坡对泰戈尔的来访非常重视，政界、商界和文化界有头有脸的人士都出面欢迎，各大报纸媒体予以报道。林文庆一直是新加坡公众人物、华人领袖，他的大名也出现在相关报道中。[2] 7 月 26 日，泰戈尔离新后继续访问麻坡、吉隆坡和槟城等多个地方[3]。8 月 16 日，他自槟城前往新加坡，18 日，乘坐邮轮前往荷属东印度棉兰[4]，他

---

[1] Frost, M. R. "Beyond the Iimits of Nation and Geography: Rabindranath Tagore and the Cosmopolitan Moment, 1916-1920". *Cultural Dynamics,* 2012, 24(2-3), pp. 143-158.

[2] 如："Dr. Tagore at Chinese Reception". *The Singapore Free Press and Mercantile Advertiser,* 22 July 1927, p.16; "Matters Indian". *The Singapore Free Press and Mercantile Advertiser,* 5 November 1927, p. 13; "A Cultural Unity". *Straits Budget,* 28 July 1927, p. 8.

[3] 王兵：《欢呼与争议：泰戈尔的新马之旅》，《中华读书报》2022 年 3 月 23 日，第 17 版。

[4] Bhowmik, R., Zaide, J.I. *Tagore's Asian Voyages: Selected Speeches and Writings on Rabindranath Tagore.* Singapore: Nalanda-Sriwijaya Centre, ISEAS; 2012, p.13.

为林文庆译著写的序，就是这一天在船上完成的。[1] 泰戈尔是在英属马来亚之行期间阅读了林文庆的译本，并因此加深了对中国古代文化的理解。[2]

泰戈尔在访问英属马来亚期间，发表了若干场重要的演讲，他都是站在东西方文化交流和人类大团结的高度上发表对于不同区域或群体在文化、哲学、宗教和教育等方面的见解的。[3] 他强调印度人民要了解中国历史文化，以便更好地了解自身的文化，中印2种文化应互相融合，为世界做出贡献。[4] 在林译《离骚》序言中，泰戈尔认为林文庆展现了中国文学里最光辉灿烂的成果，提供了"普世"的精神财富。[5] 已经跻身世界级名家之榜的泰戈尔对南洋华人林文庆英译《离骚》的肯定无疑意义深远，其序言其实是泰戈尔世界主义思想的流露。

（四）南洋报刊对林译《离骚》的介绍评价

其实，1929年林译《离骚》在上海的商务印书馆出版后，同年12月新加坡《海峡时报》即写了题为《汉语著名颂歌英译》的介绍和短评。[6] 次年5月，新加坡《马来亚论坛报》的《漫笔》栏目发表了题为《林文庆博士的大作〈离骚〉》的书评文章。书评写得很专业，首先肯定屈原之伟大，然后介绍译著的结构。文章的功力见于接下来的观点：《离骚》是讽喻，因此其魅力在于精神而不在文字。虽然诗歌暗示，不可能的理想，怎样狂热的奋斗也实现不了，但是《离骚》确

---

1 林文庆：《The Li Sao: An Elegy on Encountering Sorrows　离骚》，厦门大学出版社 2021 年版，第 26 页。

2 Bhowmik, R., Zaide, J.I. *Tagore's Asian Voyages: Selected Speeches and Writings on Rabindranath Tagore.* Singapore: Nalanda-Sriwijaya Centre, ISEAS, 2012, p.14.

3 王兵：《欢呼与争议：泰戈尔的新马之旅》，《中华读书报》2022 年 3 月 23 日，第 17 版。

4 Bhowmik, R., Zaide, J.I. *Tagore's Asian Voyages: Selected Speeches and Writings on Rabindranath Tagore.* Singapore: Nalanda-Sriwijaya Centre, ISEAS, 2012, pp.4-6.

5 原文为：...gather the best fruits of their literature...for the universal feast of mind. 参见林文庆：《The Li Sao: An Elegy on Encountering Sorrows　离骚》，厦门大学出版社 2021 年版，第 25 页。

6 "Famous Chinese Ode Translated". *The Straits Times,* 13 December 1929, p. 4.

实指出了一条通过人类努力可以达到更高、更好境地的途径。文章还指出，屈原是理想主义者，有远见卓识，他的理想接地气，不是建立在玄学的晦涩之上，而是建立在抽象、道德的核心之上的，这是一种更为实际的理想主义的基本特征。文章还注意到了翟理斯对林译《离骚》的高度评价。[1] 如此洋洋洒洒的一篇书评文章，见报前很可能会让林文庆先过目，林文庆读到本地报刊上如此贴切的书评，应该也会感到欣慰。

三、结语

与南洋有关的文学、文化名人参与林译《离骚》的出版，以及南洋媒体对《离骚》的评论报道，对于该译著的传播起着积极的推动作用。此外，我们也从中看到林文庆挥之不去的南洋情结——他对木刻插画作者、献辞对象、序言作者的选择，都显示出他与南洋割舍不断的情感联系。译著出版后，南洋当地报刊对其译著的介绍与评论更加强了这种情感联系。19 到 20 世纪，南洋华人参与传播中华文化，无疑是热爱中国和中华文化的表现，他们同时还对"生于斯长于斯"的南洋心怀感情。正如有学者指出，当今东南亚华人社会发展有 3 个层次，即本土、区域和全球[2]，华人的本土情怀，是应该受到关注的。

---

[1] G.S.H. " '*The Li Sao.*' Dr. Lim Boon Keng's Great Work". *Malaya Tribune,* 19 May 1930, p. 4.
[2] 刘宏：《战后新加坡华人社会的嬗变：本土情怀·区域网络·全球视野》，厦门大学出版社 2003 年版。

黄丽群
HUANG LIQUN

黄丽群，广西科技师范学院文化与传播学院专任教师，广西大学文学院硕士，马来西亚博特拉大学现代语言与传播学院博士研究生，主要从事中国现当代文学与世界华人文学、文化等领域的研究。

郁达夫在南洋：文学思想转折与地理迁移

黄丽群

从客居日本近十载，到侨居星洲三年多，再到流亡印度尼西亚苏门答腊岛，郁达夫的一生都在流转迁徙中度过。而在其迁徙生涯中，最富于传奇性的，当数南洋[1]时期。1938 年底，郁达夫远赴星洲，入驻《星洲日报》。在此期间，曾被中国文坛视为"颓废文人"的郁达夫，一反此前的忧郁感伤、消极颓唐，以文化战士之形象现身新加坡与马来西亚华文文坛（以下简称"新马文坛"）。直至 1942 年，新马沦陷前夕，他才被迫与友人乘船迁移至苏门答腊岛避难。抗战胜利后，他却离奇失踪了[2]，"成为一则开放而多义的社会文本"，"植入了星、马、印、中国、日本特定的历史、地理和文化的空隙中"[3]。

郁达夫在南洋时期的传奇经历，使其成为中国学界及海外汉学界研究的热门对象。目前，学界对南洋时期的郁达夫的研究主要集中于几个方面：追索死

---

[1]　南洋是明、清时期对东南亚一带的称呼，是一个以中国为中心的概念。在地理学上，南洋是一个暧昧的名词，具体涵盖范围各家说法不一。本文所指称之南洋，是今日华侨集中的东南亚各国。自 20 世纪中期后，"南洋"这个具有鲜明时代印记的称谓渐渐被"东南亚"所替代。由于本文研究时间范围在 20 世纪中期前，故沿用时人之称谓，以南洋指称东南亚。

[2]　据日本学者铃木正夫考证，郁达夫死于日本宪兵之手。具体参见铃木正夫著，李振声译：《苏门答腊的郁达夫》，上海远东出版社 2004 年版，第 211—250 页。

[3]　颜敏：《郁达夫的南洋形象——有关"南洋郁达夫"研究的清理与反思》，《广播电视大学学报》（哲学社会科学版）2011 年第 2 期，第 48—54 页。

亡之谜、海外文集整理，以及其在南洋时期创作的文字作品。这些研究对理解郁达夫南洋时期的人际交往、文化实践与文艺思想等具有重要意义，但并未充分厘清其文学思想转折与地理迁移的关系，亦未明晰其南洋时期创作所呈现的精神矛盾。基于此，本文尝试探讨郁达夫文学思想转折与地理迁移之间的内在关联，并在此基础上，发掘其南洋时期创作中呈现的不同精神特质。

一、文学思想转变与地理迁移发生

研究者习惯认为，南洋时期是郁达夫从"浪漫派、颓废派作家"[1] 转向"地地道道的战士"[2] 的时期。郁达夫在南洋摇身一变，成为文化战士的传奇自不待言，但其令人瞠目结舌的转变，并非一蹴而就，亦不始于南洋时期，而是萌蘖于 20 世纪 20 年代中后期。应该说，文学思想转变，是郁达夫地理迁移发生的重要原因之一[3]，亦是其南洋时期的创作呈现双重面向的重要原因。

---

[1] 郁达夫：《青年的出路和做人》，李杭春主编：《郁达夫全集第八卷 杂文（上）》，浙江大学出版社 2007 年版，第 227 页。

[2] 郁风：《三叔达夫——一个真正的"文人"》，陈子善、王自立编：《回忆郁达夫》，湖南文艺出版社 1986 年版，第 205 页。

[3] 王润华、金进、徐重庆、朱崇科、铃木正夫等研究者均对郁达夫赴南洋的原因做过专门探讨，本文仅从上述研究者未曾提及的文学思想转变视角切入。关于郁达夫赴南洋的其他原因，具体可查阅王润华：《郁达夫在新加坡与马来亚》，秦贤次主编：《郁达夫南洋随笔》，洪范书店有限公司 1978 年版，第 215—235 页；金进：《郁达夫南洋时期的人格转变及南洋经历关系之考辨》，《中国现代文学研究丛刊》2010 年第 6 期，第 162—169 页；徐重庆：《郁达夫远走南洋的原因》，《香港文学》1987 年第 31 期，第 14—16 页；朱崇科：《丈量旁观与融入的距离——郁达夫放逐南洋心态转变探因》，《香港文学》2000 年第 11 期，第 34—38 页；铃木正夫著，李振声译：《苏门答腊的郁达夫》，上海远东出版社 2004 年版，第 6—20 页。

郁达夫的"颓废文人"形象实在太深入人心，但凡言及其作品，人们无不脱口而出《沉沦》《银灰色的死》《南迁》之类小说。毋庸置疑，郁达夫早期作品汲汲于表达"零余者的悲哀"和"感伤的行旅"，以至于"颓废"成为其纵横文坛的标签。但这种现象在其归国后，已悄然发生变化。1923 年 5 月 27 日，他在《创造周报》上发表《文学上的阶级斗争》一文，呼吁"在文学上社会上被压迫的同志"[1]，勇往直前，竭力抗争，从而早日实现"世界共和的阶级"[2]的政治理想。同一时期，他接连发表小说《春风沉醉的晚上》《薄奠》等，这些作品均体现出其文学思想渐趋偏离浪漫唯美，而走向写实主义的道路。出人意料的是，同年 7 月 21 日，他发表于《中华新报·创造日》上的《〈创造日〉宣言》又坚称要以唯美精神创作和介绍文学："我们想以纯粹的学理和严正的言论来批评文艺政治经济，我们更想以唯真唯美的精神来创作文学和介绍文学。"[3]显见的是，在"文艺是否该为政治服务"的问题上，郁达夫最初是暧昧不清、左右游移的。

1927 年，可以说是郁达夫文学思想的重要转折点。是年，他在郭沫若的动员下，与创造社同人同赴中国革命的策源地——广州，去中山大学任教，希望借机投身到实际的革命运动中。但是，他在广州看到了革命队伍内部的各种权力博弈和畸变现象，这对当时满怀革命激情、欲大显身手的郁达夫而言，无疑是巨大的打击。1927 年 1 月 16 日，他化名"曰归"发表《广州事情》一文，大胆揭露广州革命队伍中的种种黑暗现象，并直言广州革命"仍复是去我们的

1　郁达夫：《文学上的阶级斗争》，吴秀明主编：《郁达夫全集第十卷 文论（上）》，浙江大学出版社 2007 年版，第 47 页。

2　郁达夫：《文学上的阶级斗争》，吴秀明主编：《郁达夫全集第十卷 文论（上）》，浙江大学出版社 2007 年版，第 47 页。

3　郁达夫：《〈创造日〉宣言》，李杭春主编：《郁达夫全集第八卷 杂文（上）》，浙江大学出版社 2007 年版，第 67 页。

理想很远"[1]，招致郭沫若、成仿吾等创造社同人批判。四一二反革命政变[2]后，他又发表《在方向转换的途中》一文，探讨中国革命运动及趋势，并指出："我们民众所应该做的工作，自然只有两条路：第一，把革命的武力重心，夺归我们的民众。第二，想法子打倒封建时代遗下来的英雄主义。"[3]这说明，郁达夫逐步靠拢"文艺为政治服务"的立场，并且在感情上越来越靠近代表无产阶级利益的中国共产党。

在他那篇蜚声文坛的小说《沉沦》中，郁达夫借主人公之口发出祖国"你快富起来，强起来罢！"[4]的呐喊，这是他走上新文化运动道路的原因，也是他文学思想转向的重要原因。如果说在 1927 年大革命前，他还在浪漫与现实、无产阶级文艺思想与资产阶级文艺思想之间摇摆，那么经历大革命风暴的洗礼后，文艺为政治服务的思想已然在其作品中"横行霸道"，渐趋大观。故此，在退出创造社[5]不久，他接受了《民众》旬刊的邀约，成为该刊编辑，号召文艺工作者以文艺"唤醒民众的醉梦，增进民众的地位，完成民众的革命"[6]。随后，他又写了《农民文艺的提倡》《农民文艺的实质》之类明显偏"左"的文章，倡导泥土文艺。可见，郁达夫的文学思想"愈加向着写实主义（现实主义）突进"[7]，并在其后愈演愈烈。1928 年 3 月，他与鲁迅合办《奔流》，偏重翻译苏俄无产

1　郁达夫：《广州事情》，李杭春主编：《郁达夫全集第八卷 杂文（上）》，浙江大学出版社 2007 年版，第 20 页。

2　四一二反革命政变，指 1927 年 4 月 12 日蒋介石在上海发动的"清党"反共事件。

3　郁达夫：《在方向转换的途中》，李杭春主编：《郁达夫全集第八卷 杂文（上）》，浙江大学出版社 2007 年版，第 26 页。

4　郁达夫：《沉沦》，作家出版社 2000 年版，第 37 页。

5　1928 年 8 月 15 日，郁达夫在《申报》和《民国日报》上同时刊登声明，宣布与创造社完全脱离关系。1928 年 8 月 16 日，郁达夫在《北新》半月刊上刊登《对社会的态度》一文，解释说退社的原因在于和创造社同人对国民政府的态度不同，以及在对无产阶级实质的把握上产生了分歧，退社不是个人情感驱使的任性妄为之举。

6　郁达夫：《〈民众〉发刊词》，吴秀明主编：《郁达夫全集第十卷 文论（上）》，浙江大学出版社 2007 年版，第 354 页。

7　董易：《郁达夫的小说创作初探（上）》，《文学评论》1980 年第 5 期，第 2—15 页。

阶级文艺作品。同年，他加入太阳社，并在鲁迅的支持下主编《大众文艺》，强调"文艺是为大众的，文艺也须是关于大众的"[1]。1930年，他又参与发起成立中国左翼作家联盟（简称"左联"）。从《民众》旬刊到《奔流》，又从《大众文艺》到左联，郁达夫的"文艺为大众"观念从萌蘖到发展，并走上实践的道路，表明其文艺思想观念的质变。

郁达夫从"文学革命"向"革命文学"转变的艰难跋涉并非本文关注的重点，本文只是想通过简单回顾郁达夫的文学思想流变，阐明这样一个问题：郁达夫的文学转折，并非发生在南洋时期，而是经历了长时间的发酵。事实上，郁达夫的文学思想，在赴星洲的前几年甚至十几年间，一直是复杂矛盾的混合体。直至抗战爆发，和许多五四新文化运动走出来的中国现代知识分子一样，他在思想上也经历了痛苦的嬗变，继而从书斋走向社会、走向大众。蔡圣焜回忆道："抗战开始以后，达夫先生一反过去一段时间消沉的态度，工作非常积极，夜以继日地写稿，以笔诛日寇，唤醒国人同心协力，抗日救国……那天他精神特别兴奋，声音洪亮，号召文艺界积极开展抗日救亡活动，配合前线抗敌。会上决定成立'福州文化界救亡协会'，公推达夫先生任理事长……"[2]

1938年底，郁达夫接受《星洲日报》的邀约，这看似是一次简单的工作变动，实则更是其文艺思想的抉择。在资产阶级文艺思想和无产阶级文艺思想的对立冲突中，后者终于占了上风。故此，他远赴南洋，以文化战士的形象现身新马文坛，积极用文艺宣传抗战。但需要注意的是，后者只是占了上风，并不是后者消灭了前者。事实上，在郁达夫的思想体系中，浪漫与现实两个面向始终交织并存，互相纠缠，问题只在于孰轻孰重、孰明孰暗。这正是他南洋时期的创作呈现双重精神特质的原因。

---

1 郁达夫：《〈大众文艺〉释名》，吴秀明主编：《郁达夫全集第十卷 文论（上）》，浙江大学出版社2007年版，第449页。
2 蔡圣焜：《忆郁达夫先生在福州》，陈子善、王自立编：《回忆郁达夫》，湖南文艺出版社1986年版，第372页。

二、郁达夫南洋时期的创作及双重精神风格

自 20 世纪 50 年代始，中国及新马已有研究者收集郁达夫散落在新马华文报纸副刊上的文字作品，并有《郁达夫南游记》《郁达夫南洋随笔》《郁达夫抗战诗文抄》《郁达夫抗战论文集》《郁达夫海外文集》等陆续出版。2007 年，浙江大学出版社出版了十二卷本的《郁达夫全集》，较系统地收集了郁达夫一生的文字著述，涵盖了其在南洋时期所作四百余篇文字作品。[1] 揆诸郁达夫在南洋留下的文字作品，不难看出，他后期思想发生了很大变化，用他自己的话说，"就是个人主义的血族情感，在我的心里，渐渐地减了，似乎在向民族国家的大范围的情感一方面转向"[2]。当然，他的思想转变，并非突变，而是经历了漫长的发酵，最终在抗战的刺激下发生逆转。他从小我走向大我，从颓废文人到文化战士的转变，也并不是非此即彼，而是一体两面。以上种种，从其南洋时期所作文字作品中不难看出端倪。

（一）政论及杂文：文化战士的定位

原甸认为，"在某种意义上，郁达夫的文学实践与社会实践所产生的意义范围是超越其所属的国籍与国度的"[3]。这句话恰如其分地彰显出郁达夫对新马华侨华人社会的影响。南洋时期的郁达夫，被视为文化战士。所谓文化战士，

---

1 根据 2007 年浙江大学出版社出版的十二卷本《郁达夫全集》，郁达夫南洋时期所作文字作品分类及篇数如下：文论 60 篇，杂文 177 篇（另加遗嘱 1 篇），诗词 137 首（含 128 首旧体诗词、3 首新诗、5 首歌词及 1 首德文诗），散文 22 篇，书信 26 篇，译文 3 篇，共计 426 篇（含郁达夫在苏门答腊岛所写的遗嘱）。考虑到新马华文报纸副刊中可能仍有郁达夫的佚文，为严谨起见，本文对具体数目做了模糊处理。

2 郁达夫：《悼胞兄曼陀》，李杭春、陈建新主编：《郁达夫全集第三卷 散文》，浙江大学出版社 2007 年版，第 463 页。

3 原甸：《郁达夫与马华文化界的一场大论战》，王自立、陈子善编：《郁达夫研究资料》，知识产权出版社 2010 年版，第 491 页。

一方面，指的是他以文艺宣传抗战，积极推动新马文坛抗日救亡文学走向高潮；另一方面，指的是其文字作品彰显出战士般的抗战激情和乐观主义情怀。从这个角度而言，他接任《星洲日报·晨星》后所发表的《估敌》一文，与其说是一篇分析国内外战争局势的政论，不如说是一份标示其身份转变的、具有里程碑意义的宣言。他在文中揭露日本侵略的残酷事实，阐述中国的抗战局势，并坚定表达了抗战必胜的信念："最后胜利，当然是我们的，必成必胜的信念，我们绝不会动摇。"[1] 其后，他正式以文化战士的形象活跃于新马文坛，写下两百余篇政论及杂文，虽然它们的主题各异，但目的是一致的，均是为抗战疾声呐喊。纵观这些作品，其主要从如下几个方面声援中国抗战：

其一，及时报道抗战相关的消息，分析国内外战争局势。《抗战周年》《第二期抗战的成果》《抗战两年来的军事》《抗战两年来敌我之经济与政治》《抗战两周年敌我文化的演变》《粤桂的胜利》等聚焦于中国抗战局势，讨论中国抗战的成果及抗战以来敌我双方的变化，预言胜利必将属于中国；《日本的议会政治》《敌军阀的讳言真象》《简说一年来的敌国国情》《田中奏折与近卫国策》《倭武人的神化》《敌寇又来求和》《敌内阁又将改组么？》等则通过分析日本国内的政治、经济、军事等各方面情况，预言其必将被击败的命运；《苏联与日本》《看英将妥协至若何程度》《欧局僵持下的越南》《意大利参战与敌国》《敌人对安南所采取的策略》《今后的世界战局》《欧战的持久和扩大》《美国对远东及轴心国的态度》等则关注中国之外的反法西斯战场，分析各国战争局势，陈述它们对中国抗战局势的影响。

其二，宣扬团结抗战的重要性，积极维护抗日统一战线。一方面，郁达夫大力谴责汉奸及无耻帮凶文人投敌卖国、破坏抗日的行径，号召文人团结抗战。《傀儡登台后的敌我情势》《"文人"》《文人的团结》《日本的娼妇与文士》《日

---

[1] 郁达夫：《估敌》，陈力君主编：《郁达夫全集第九卷 杂文（下）》，浙江大学出版社2007年版，第1页。

本的侵略战争与作家》等均属此类。他怒斥周作人、张资平等人投敌卖国的行径，认为："文化界而出这一种人，实在是中国人千古洗不掉的羞耻事，以春秋的笔法来下评语，他们该比被收买的土匪和政客，都应罪加一等。"[1] 在他看来，"文人的本分，当然是在宣传，宣传的主旨，自然也很简单，就是要教人能够分清谁是敌，谁是友，以及用什么方法去打倒敌人"[2]。另一方面，郁达夫呼吁国内民众及新马华侨华人积极行动，团结抗战，保卫祖国。《送峇华机工回国服务》《星华茶叶工友互助社开幕词》《再送回祖国服务的机工同志》《"九一"记者节》《"九一"记者节演剧筹赈宣言》《星华文艺工作者致侨胞书》等均属此类。以《"一二八"的当时》为例，郁达夫回忆了淞沪会战期间他与鲁迅、丁玲、田汉等在沪文人为争取战争胜利，积极从事文化宣传工作，邀请世界各国文化团体及作家联名，制作打倒暴敌的宣言和书简的经历。通过描述这场战事的结果，他指明团结抗战的重要性，指出："无论在朝在野的各派各系，无论那（哪）一个人，非要披肝沥胆地精诚团结起来，大家一条心，一个目标地抵抗着，牺牲着，中华民族就永无生存的余地。"[3]

其三，支持宣传抗战或为抗战筹款的相关演出活动。《〈雷雨〉的演出》《看了〈雷雨〉的上演后》《〈前夜〉的演出》《在〈原野〉公演揭幕仪式上的致词》《〈原野〉的演出》《介绍昆明文协分会漫画展览团》《介绍雕刻家杜迪希》《看王女士等的演剧》《〈塞上风光〉之演出》《看〈永定河畔〉的演出》《推荐八百壮士影片》等均属此类。抗战时期，许多中国剧团、作家、美术家等为宣传抗战和筹款纷纷赴新马开展戏剧演出、举办美术展览，郁达夫几乎参与了所

1　郁达夫：《"文人"》，郁风编：《郁达夫海外文集》，生活·读书·新知三联书店 1996 年版，第 410 页。

2　郁达夫：《文人的团结》，郁风编：《郁达夫海外文集》，生活·读书·新知三联书店 1996 年版，第 436 页。

3　郁达夫：《"一二八"的当时》，郁风编：《郁达夫海外文集》，生活·读书·新知三联书店 1996 年版，第 298 页。

有艺术展览及宣传活动，演出前撰文宣传，演出后撰文评介，足见其抗战热情。

其四，认同"文艺必须与政治有紧密联系"[1]，呼吁文化工作者以文艺宣传抗战。《战时文艺作品的题材与形式等》《事物实写与人物性格》《艺术上的宽容》《伦敦〈默叩利〉志的停刊》《大众的注意在活的社会现实》《略谈抗战八股》《关于抗战八股的问题》《文艺与政治》《抗战建国中的文艺》《关于战争的文艺作品》《理智与情感》等均属此类。以《伦敦〈默叩利〉志的停刊》为例，郁达夫通过伦敦纯文艺杂志《默叩利》志停刊这一事件，阐明文学与政治相结合的必要性，"在政治飞跃的时代（大战或大变动的时代），太高的纯文艺是会赶不上时代的"[2]，"以后的文艺，与政治以及大众，更须发生密切的关系才行"[3]。这说明，郁达夫不再固守早年"为艺术而艺术"的纯文学观点，开始倒向文艺为政治服务的阵营。但是，他并不赞成文艺完全沦为政治的附庸，而是希望两者达到某种微妙的平衡。所以，他写下《文艺与政治》《关于抗战八股的问题》《思想的种种》等文章，告诫文艺工作者注意作品的思想性、艺术性，避免千篇一律。

郁达夫南洋时期所作政论及杂文，凸显出其文学创作生涯中乖异且未被人注意的一面，并共同建构了其文化战士的形象。一方面，有别于早期小说的感伤颓废，其南洋时期的创作洋溢着抗战必胜的乐观主义情怀，具有鼓舞人心的力量。他以文学家的激情写政论及杂文，文风尖锐，感情丰富，极具感染力。以《纪念"九一八"》为例，该文在阐明"九一八"由来的基础上，具体说明了纪念"九一八"的意义，同时通过分析敌国的政治、军事等情况，断言中国抗战将很快迎来胜利，继而鼓励国人保持乐观精神，坚持抗战："我们要更以

---

[1] 郁达夫：《文艺与政治》，吴秀明主编：《郁达夫全集第十一卷 文论（下）》，浙江大学出版社 2007 年版，第 382 页。

[2] 郁达夫：《伦敦〈默叩利〉志的停刊》，吴秀明主编：《郁达夫全集第十一卷 文论（下）》，浙江大学出版社 2007 年版，第 369 页。

[3] 郁达夫：《伦敦〈默叩利〉志的停刊》，吴秀明主编：《郁达夫全集第十一卷 文论（下）》，浙江大学出版社 2007 年版，第 369 页。

万分乐观的情怀，来争尽我们出最后一个钱，沥最后一滴血的天职，因为这就是最后胜利的另一个名称。"[1] 在他看来，抗战至今日本已经民穷财尽，中国只要继续坚持，一定会取得抗战胜利："要紧的，不在开始，赛跑的决定是在终点，我们唯有争取最后胜利的一个决心而已。"[2] 另一方面，他不再把表现自我和暴露自我视为文学创作之第一要义，而是把艺术表现的范围扩大至更广阔的人生，追求"活的社会现实"[3]，倡导文学作品的"题材当然要取诸目下正在进行中的战事，或与战事直接间接紧相联系着的种种现象"[4]，并积极付诸实践。他认为，"文艺假使过于独善，不与大众及现实发生关系的时候，则象牙之塔，终于会变成古墓"[5]。在新马时，他选择最简短、最尖锐、反映现实最迅速的文学样式——政论及杂文——作为文学武器，即为最好的例证。

值得注意的是，郁达夫在新马写作的政论及杂文，亦凸显了其作为浪漫诗人的气质。一方面，他的政论及杂文中弥漫着"廉价的乐观主义"情绪，这与其浪漫敏感之天性有关，他把一切都看得过于美好，因而未意识到抗战的艰巨性及持久性。王任叔曾说他有"孩子的天真"[6]，大概就可以从这个意义上理解。另一方面，他对国内外战争局势的分析，有许多偏颇失实之处。例如，他在 1939 年的"九一八"纪念日，通过分析日本国内的政治、军事局势，断言"我

---

1 郁达夫：《纪念"九一八"》，陈力君主编：《郁达夫全集第九卷 杂文（下）》，浙江大学出版社 2007 版，第 121 页。

2 郁达夫：《"一二八"的当时》，郁风编：《郁达夫海外文集》，生活·读书·新知三联书店 1996 年版，第 299 页。

3 郁达夫：《大众的注意在活的社会现实》，吴秀明主编：《郁达夫全集第十一卷 文论（下）》，浙江大学出版社 2007 年版，第 371 页。

4 郁达夫：《战时文艺作品的题材与形式等》，吴秀明主编《郁达夫全集第十一卷 文论（下）》，浙江大学出版社 2007 年版，第 313 页。

5 郁达夫：《伦敦〈默叩利〉志的停刊》，吴秀明编：《郁达夫全集第十一卷 文论（下）》，浙江大学出版社 2007 年版，第 369 页。

6 王任叔：《记郁达夫》，王自立、陈子善编：《郁达夫研究资料》，知识产权出版社 2010 年版，第 111 页。

漫游海上丝路

们建国复兴的最后胜利期，决然地于今年'九一八'以后，将很迅速的（地）到来"[1]。但历史证明，彼时距离中国抗战胜利仍有 6 年之久。在其写于 1939 年的《在〈原野〉公演揭幕式上的致词》一文中，他同样对国内的抗战形势做出了失实的判断："我敢断言，敌人的葬身之地，就在湖南的湖沼与山边接壤之间。我们最后胜利的第一块路程碑，也就可以从那里建起。"[2] 之所以如此，是因为他对国内外战争局势的分析，并非出于对客观现实的认识，而是主观情感使然。从这个角度看，胡愈之对他的评价恰如其分："诗人的气质使他倾向于用感情支配行动，对朋友，对同胞，甚至对敌人，他都是用情感来支配一切的。"[3] 无独有偶，王任叔也有过类似的评价："他不是以理智来管理自己的感情，他是以感情的反应，所谓警觉性，来管理自己的感情。他不是以理性的认识来处理他的生活，他是仅凭生活经验中得来的感性认识来指导自己的生活。"[4]

综上，郁达夫在新马写作的政论及杂文，主要彰显了其作为文化战士的身份，这是时势使然，但从中亦可窥见其作为浪漫诗人的气质。两种身份，两种气质，在不同文本，甚至同一文本中相互拉扯、交替和碰撞，使其作品形成了双重精神风格。

（二）散文及旧体诗：浪漫诗人的意绪

郁达夫在《骸骨迷恋者的独语》中曾言及其对旧体诗之偏爱："目下在流行着的新诗，果然很好，但是像我这样懒惰无聊，又常想发牢骚的无能力者，

1　郁达夫：《纪念"九一八"》，陈力君主编：《郁达夫全集第九卷 杂文（下）》，浙江大学出版社 2007 版，第 121 页。

2　郁达夫：《在〈原野〉公演揭幕仪式上的致词》，《郁达夫全集（第六卷）文论》，浙江文艺出版社 1992 年版，第 441 页。

3　胡愈之：《郁达夫的流亡和失踪》，王自立、陈子善编：《郁达夫研究资料》，知识产权出版社 2010 年版，第 72 页。

4　王任叔：《记郁达夫》，王自立、陈子善编：《郁达夫研究资料》，知识产权出版社 2010 年版，第 111 页。

性情最适宜的，还是旧诗；你弄到了五个字，或者七个字，就可以把牢骚发尽，多么简便啊。"[1] 从"九岁题诗四座惊"到客死南洋，这 40 余年间，郁达夫共创作旧体诗 600 余首，其中在南洋时期写作的旧体诗就有百余首。学者高嘉谦认为，"郁达夫留下的汉诗遗产，是诗人域外行踪的纪录，文献式的流动地理"，集合了"异地经验与主体流离感受"，是"叙述流寓、流亡经验史的第一手材料"，是"郁达夫活生生的精神载体"。[2] 韩国学者洪埈荧则认为，郁达夫的旧体诗体现了"世界的自我化"[3]。换句话说，旧体诗勾连了郁达夫的主观经验及当下体验，是窥探其南洋时期真实心境的秘径。

郁达夫在南洋时期所作之旧体诗，题材多样、主题庞杂。其中，酬唱题赠类旧体诗所占比重最大。《题悲鸿画梅》《为秋杰兄题海粟画松》《题梅魂手册》《赠郭氏两姐弟》《题徐悲鸿赠韩槐准〈鸡竹图〉》《读陈孝威〈上罗斯福总统书〉后感》《闻杨云史先生之讣》《止园饯送徐教授悲鸿席上偶成》等均属此类。这类旧体诗中虽不乏应和酬唱之作，但更多的是抒怀咏志之作。以《题悲鸿画梅》为例："花中巢许耐寒枝，香满罗浮小雪时。各记兴亡家国恨，悲鸿作画我题诗。"[4] 这首诗前两句是诗人对画家所画梅花的素描。其中，"巢许"是指尧舜时期的两位名士"巢父"和"许由"[5]，诗人借此表现梅花之高洁，亦暗颂画家徐悲鸿如梅花般的铮铮傲骨。徐悲鸿曾在新加坡开展过多次以为抗战筹款为目的的画展，并把卖画所得巨款全部用于赈灾救国。后两句是全诗感情之升华，指画家

---

1 郁达夫：《骸骨迷恋者的独语》，李杭春、陈建新主编：《郁达夫全集第三卷 散文》，浙江大学出版社 2007 年版，第 111 页。

2 高嘉谦：《骸骨与铭刻——论黄锦树、郁达夫与流亡诗学》，《台大文史哲学报》2011 年第 3 期，第 103—125 页。

3 洪埈荧：《郁达夫文类选择及其文学理想》，《中国现代文学研究丛刊》2000 年第 1 期，第 163—191 页。

4 郁达夫：《题悲鸿画梅》，黄杰、远村主编：《郁达夫全集第七卷 诗词》，浙江大学出版社 2007 年版，第 208 页。

5 相传，尧帝曾想传位于巢父，巢父不受；又拟传位于许由，亦被拒。

画梅、诗人咏梅，均因牵挂国家的兴亡。在中国传统文化里，梅花素来是品行高洁、坚韧不拔的象征，画家和诗人之爱梅花，正表达了他们抗战到底的决心。在这类旧体诗中，郁达夫善于将外在景物主观化，在应和酬唱中道尽家国之悲，蕴含浪漫诗人和文化战士的双重意绪。

郁达夫在南洋时期所作旧体诗中，思念故国家园之作亦不在少数。《抵槟城后，见有饭店名杭州者，乡思萦怀，夜不成寐，窗外舞乐不绝。用谢枋得〈武夷山中〉诗韵，吟成一绝》《三月一日对酒兴歌》《前在槟城，偶成俚句，南洋诗友和者如云。近有所感，再叠前韵，重作三章，邮寄丹林，当知余迩来心境》《月夜怀刘大杰》《星洲旅次有梦而作》《云雾登升旗山，菊花方开》《自叹》等均属此类。自踏上星洲土地后，郁达夫怀念故国家园的哀情，就未间断过。1938年底，初抵星洲所作的《星洲旅次有梦而作》正表现了这种去国怀乡的悲伤："钱塘江上听鸣榔，夜梦依稀返故乡。醒后忽忘身是客，蛮歌似哭断人肠。"[1]

诗中第一句，诗人仿佛回到魂牵梦萦的故乡，听到的是钱塘江畔渔民的"鸣榔"声。梦醒之后，发现自己已是他乡之客，倍感哀戚，颇有李煜"梦里不知身是客"的意境。最后，听到悠悠的"蛮歌"之声，诗人更加肝肠寸断。在《抵槟城后，见有饭店名杭州者，乡思萦怀，夜不成寐，窗外舞乐不绝。用谢枋得〈武夷山中〉诗韵，吟成一绝》一诗中，有诗句"一夜乡愁消未得，隔窗听唱后庭花"[2]。该句借鉴了杜牧《泊秦淮》中的名句"商女不知亡国恨，隔江犹唱后庭花"，以乐景衬哀情，表现了诗人因身处异国、思乡忧国而彻夜难眠的情怀。在这类旧体诗中，郁达夫频繁使用"客""怀""梦""叹""天涯""旅雁""愁"等语词，这些语词不仅是他当时真实心境的流露，更是他对漂泊异地、人生如

---

1 郁达夫：《星洲旅次有梦而作》，黄杰、远村主编：《郁达夫全集第七卷 诗词》，浙江大学出版社2007年版，第181页。

2 郁达夫：《抵槟城后，见有饭店名杭州者，乡思萦怀，夜不成寐，窗外舞乐不绝。用谢枋得〈武夷山中〉诗韵，吟成一绝》，黄杰、远村主编：《郁达夫全集第七卷 诗词》，浙江大学出版社2007年版，第183页。

梦的喟叹，或可称为早期主观抒情之延续。

另有一类旧体诗，属即事感怀诗。《祝中兴俱乐部两周年纪念》《黄花节日与星洲同仁集郭嘉东椰园遥祭，继以觞咏摄影，同仁嘱题照后藉赠园主》《中秋口号》《感怀》《廿八年元旦因公赴槟榔屿，闻有汪电主和之谣，车中赋示友人》等均属此类。以郁达夫1940年所作的《祝中兴俱乐部两周年纪念》为例，该诗中所谓的"中兴大业"，有一语双关的意味，明指中兴俱乐部发展的大事业，暗指抗战必胜、国家中兴。郁达夫流落苏门答腊岛时所作的《乱离杂诗（十一）》，其中有"天意似将颁大任，微躯何厌忍饥寒"[1]一句，亦隐含了他抗战到底的决心。这类旧体诗，由一点事由延伸至国家命运、抗战局势，表现出郁达夫对家国伦理的追寻，其中又暗藏其上下求索的个人经验。历经战争离乱的文人，极力摆脱自怨自艾、自叹自怜的感伤情态，转而追慕先贤的道义担当，并以家国大义超越零余者的悲哀。

张宁在《现代旧体诗人的迷与觉》一文中指出："旧体诗是传统文学中最具代表性的一种文体，在旧式文人的生活中扮演着重要角色，甚至已演变成风流、智识与雅趣的象征。"[2]郁达夫偏爱旧体诗与其说是单纯的文体喜好，不如说是其骨子里的名士风流作祟，亦是中国传统文化的惯性使然。进言之，郁达夫偏爱旧体诗，从深层次上反映了他对传统文化的依恋，这种文化心理使得他在任何时候都把旧体诗视为宣泄情感的最佳方式。在左翼势力风头正劲的20世纪三四十年代，尤其是在抗战时期，他侨居南洋，以文化战士形象示人，字里行间无不透露着文艺为政治服务的使命感，但其政论杂文及旧体诗创作风格又流露出浪漫诗人的抒情意绪。

除旧体诗之外，郁达夫在南洋时期还写有25篇游记散文。其中，既有《回

---

[1] 郁达夫：《乱离杂诗（十一）》，郁风编：《郁达夫海外文集》，生活·读书·新知三联书店1996年版，第692页。

[2] 张宁：《现代旧体诗人的迷与觉》，《中国社会科学报》2017年4月24日，第5版。

忆鲁迅》《与悲鸿的再遇》《为郭沫若氏祝五十诞辰》《敬悼许地山先生》等记人散文，又有《槟城三宿记》《马六甲记游》等记游散文及《覆车小记》《在警报声里》等记事散文。

首先，从其记人散文来看，既有感伤抒情的意绪，又不乏对抗战局势的关注。如《郭外长经星小叙记》一文，郁达夫从与郭外长的日常寒暄谈起，最后落脚到国内外战争局势，足见其对时局之关心。又如《悼胞兄曼陀》一文，郁达夫谈及其兄曼陀被害前后的经历，并借此表现抗战后自己及一般国民的情感转变："自私的，执着于小我的情感，至少至少，在中国各沦陷地同胞的心里，我想，是可以一扫而光了。"[1] 在这篇悼文中，郁达夫描述长兄遇难的经历，强压心中悲情，由一家及国家、民族，从书写个人苦闷升华到表达对山河破碎的担忧，情真意切，颇有其早期"唯美唯真"文艺思想之遗绪。

其次，从其记游记事散文来看，郁达夫强调情感的自然流露，将自然风光、历史追想和主观情感自如地融合在一起，兼具抒情、叙事之长。以《槟城三宿记》为例，文中记叙了作者在槟城第二天与当地一群士女同登升旗山的情景，满目都是白墙碧水、海光山水、烟雾缭绕，美不胜收，但作者笔锋一转，情绪由喜转悲，因为作者想起两首打油诗，其中一句"好山多半被云遮，北望中原路正赊"，表现了作者对国家命运的担忧。又如《马六甲游记》，叙述马六甲的名字由来、历史演变。这篇散文被视为其游记散文之翘楚，文中不再满足书写简单的记游见闻，而是渗入历史文化的怀古，颇具沉重的况味。整体而言，这类散文虽保留了其作品前期的随意点染，笔触细腻，情感真挚，但不再囿于个人的狭小天地，而是把个人际遇和家国之思杂糅起来，反映出郁达夫内在情感世界的扩大和对社会现实的靠近，作品风格更趋凝重，可谓具有写实特点的浪漫抒情。

纵观郁达夫在南洋所作的旧体诗和散文，他自觉地把个人情感融入国家命

---

[1] 郁达夫：《悼胞兄曼陀》，李杭春、陈建新主编：《郁达夫全集第三卷 散文》，浙江大学出版社 2007 年版，第 463 页。

运，把小我融入大我，实践着"在海外先筑起一个文化中继站"[1]的构想。但是，山河破碎的宏大历史事件并不能消泯或弥合其私人情感领域的哀伤。这种伤痛，有去国离乡的悲伤，有失去至亲友人的痛惜，也有感伤国事的悲情。如此种种，通过他细腻的笔触得以凸显。他在南洋时期所作的旧体诗和散文，贵在其真。他描摹南洋风光，抒写个人情感，都极为真挚，甚至天真。这说明，郁达夫骨子里仍住着一个浪漫诗人。

三、结语

许子东曾这样评价郁达夫的创作风格，"他的风格被迫呈现两面分化：一方面他企图冷静地批判现实，但由于气质、思想、生活多方面的制约，他的'写实'之作不很成功；另一方面，他仍然坚持'主观抒情'，但由于时代、环境、美学潮流的限制，他的创作也缺乏更大发展"[2]。这段话评述的是 20 世纪 30 年代郁达夫文学风格的转变过程，但用于他南洋时期的创作上，亦有诸多契合之处。这说明了，郁达夫文学风格的转变并非一蹴而就，而是循序渐进的过程；这个转变并不是一种风格消灭另一种风格，而是两者相互交织，彼此共存。

纵观其在南洋时期留下的 400 余篇文字作品，可以看到他的精神常常在乐观激昂与浪漫敏感之间往来穿梭，因家国伦理和个人境遇交织缠绕，陷入分裂与融合的纠结之中，形成复杂微妙且难以言说的双重意绪。这些复杂微妙的情感，在不同的文本，甚至同一文本中拉扯、交替和碰撞，最终营构了具有双重精神

---

[1] 郁达夫：《关于沟通文化的信件》，吴秀明主编：《郁达夫全集第六卷 书信》，浙江大学出版社 2007 年版，第 313 页。

[2] 许子东：《郁达夫风格与现代文学中的浪漫主义》，李杭春、陈建新、陈力君主编：《中外郁达夫研究文选（上）》，浙江大学出版社 2006 年版，第 202 页。

特质、双重人格理想的郁达夫。需要指出的是，这样矛盾的郁达夫才是真正的郁达夫，而绝不仅止于中国文坛所定位的"颓废文人"，或新马文坛所推崇的"文化战士"。他在南洋时期的文艺实践，积极推动了新加坡与马来西亚华人抗日救亡文学走向高潮，也揭示出现代中国知识分子与时代、社会和自我对抗的悲剧性命运。

（本文已被《宁波大学学报（人文科学版）》录用，发表于 2024 年第 2 期，此处有删改。）

杨会军
YANG HUIJUN

杨会军，高校讲师，北京师范大学影视专业硕士，马来西亚理科大学传媒学院在读博士生。在核心期刊上发表过多篇论文，关注影视叙事、类型电影批评、电影和男性主义文化、电影产业等学术领域。文章曾入围"2023 交流映照，互鉴促发——第十届亚洲电影年会"。

吴晓曦
NGO SHEAU SHI

吴晓曦，马来西亚理科大学传媒学院高级讲师，澳大利亚拉筹伯大学电影研究专业博士。从事批判性媒体、媒体的政治经济学、文化研究，以及女性主义电影心理分析。

马来西亚电影作者在中国当代电影市场的跨国历程

杨会军　　吴晓曦

在 2007 年的一篇刊登在《南风窗》上颇具深意的文章《被禁止的和被允许的——马来西亚电影新浪潮》[1] 中，通过展示马来西亚年轻电影创作群体在香港电影节上的卓越表现，作者流露出了对何宇恒、李添兴、陈翠梅等独立导演成为国际新浪潮代表的热切期望。这篇文章显示出马来西亚电影在国际层面崭露头角。2021 年，日本经济新闻网站发布了一篇关于马来西亚电影作者在中国市场取得显著票房成绩的报道，标题为"马来西亚华裔导演横扫中国票房"[2]。这一新闻再次激起了国际艺术圈对马来西亚跨国电影制作群体的广泛关注。这篇报道充分展现了马来西亚电影在中华大地上的迅速崛起和广泛影响。虽然目前在中国发展的马来西亚籍导演并不多，但文章清晰地表明陈翠梅、周青元、柯汶利等马来西亚华裔跨国电影作者已经在中国电影市场赢得了极大的关注和丰厚的票房回报。

这 2 篇文章一同印证了马来西亚电影在中华市场的早期崛起，显示了这个

---

1 宁未央：《被禁止的和被允许的——马来西亚电影新浪潮》，《南风窗》2007 年第 14 期，第 85—87 页。

2 Marco Ferrarese.Chinese Malaysian Directors Sweep China's Box Office: Foreign Filmmakers Win Audiences and Snare Prestigious Festival Awards. Nikkei Asia.https://asia.nikkei.com/Life-Arts/Arts/Chinese-Malaysian-directors-sweep-China-s-box-office, 2021-08-20.

国家的电影制作人开始在国际舞台上展露光芒，特别是在中国这个全球最大的电影市场中。马来西亚电影人在近 15 年的电影历史中经历 2 次命名。如果说第一次指的是一个在民族内部涌现的国际先锋艺术群体，那么第二次则指的是他们的作品代表了跨国电影制作趋势。在将近 15 年历史中，马来西亚电影作者如何从一个本土艺术群体跨国进入中国电影市场？中国电影市场为什么要接受这些马来西亚电影作者？马来西亚电影人的群体身份是如何被中国观众和电影市场接受的？这些问题并没有研究者给出明确答案。因此这部分研究根据马来西亚电影制作人的知名度和重要性，选择了陈翠梅、周青元、柯汶利当作研究案例。我们将根据现有的新闻报道和采访、研究文章、观众在互联网上的留言等信息来追踪他们在中国电影场域制作电影的历史。

这一部分的研究为探索后疫情时代的电影市场特征、全球电影市场中跨国电影制作以及马来西亚华裔电影人的跨国表述提供了研究背景。通过对这 3 位电影制作人的成功案例的深入探讨和分析，本文进一步阐述和理论化了他们对于中马两国和平双边关系的重要性。他们的作品和合作项目展示了文化和艺术如何成为连接不同国家和民族的桥梁，为促进和平与理解提供了有力平台。这 3 位电影制作人的合作与交流，不仅加深了中马两国人民之间的友谊和理解，还为两国间的政治和经济关系奠定了坚实基础。他们的成功故事证明，通过文化外交和人文交流，即便存在差异和分歧，国与国之间也能够建立起相互尊重、理解和信任的关系，从而实现长久和平与发展。

一、独立电影、"名人"导演：陈翠梅的电影节赛道

2006 年，马来西亚华人导演何宇恒凭借《太阳雨》与其他 5 位亚洲导演一起入选刘德华创办的香港映艺娱乐有限公司创设推出的"亚洲新星导"计划，

中国电影新人宁浩和他的电影《疯狂的石头》也出现在这个名单中[1]。香港电影节也为年轻的马来西亚电影作者提供了走入全球的驱动力。"2007年香港电影节共有7位马来西亚导演的8部电影作品参展或参赛。"[2]马来西亚电影新浪潮正是通过这个电影节获得中国内地的关注；也正是在这个背景下，陈翠梅和大荒电影公司一起走入中国内地的视野。这篇文章也频繁使用"独立导演"和"女性"的称呼介绍陈翠梅，这些称呼标记了马来西亚电影人展开跨国运动的独特方式。

马来西亚新浪潮电影在2008年来到中国电影观众面前。2008年9月20日22点，工体西路8号6层的一个餐吧里安排放映陈翠梅的《爱情征服一切》。这个活动的组织者声称在2008年香港国际电影节期间了解到马来西亚的电影作者。一个影迷在2008年8月24日通过"豆瓣"电影平台留下了如下见闻："自2006年10月开始，我多次错过观摩该片的机会。今年6月底，陈翠梅更是携自己的影片到北京参加大展。"她的留言还展示了中国观众对马来西亚电影新浪潮的最初看法："近年来，马来西亚电影发展势头很猛，也许就跟他们彼此间的合作与帮助离不开吧。好像'第六代'初成气候时那样。"在对中国"第六代电影人"的同类想象中，陈翠梅从马来西亚通过中国香港影展进入了中国内地影迷视线。

《文汇报》对陈翠梅的采访显示[3]，2010年陈翠梅的《无夏之年》在中国内地点映多场后，她成为被看好的华语世界女性导演。随后陈翠梅迁居北京并加入中国艺术电影导演的领军人物贾樟柯的工作室。2010—2014年，她在中国持续参与了多个短片和电影节赛事。

在专访中，陈翠梅透露了电影《野蛮人入侵》的合拍背景。2019年3月，

---

[1]《〈疯狂的石头〉专论》，《电影文学》2006年第9期，第10页。

[2] 宁未央：《被禁止的和被允许的——马来西亚电影新浪潮》，《南风窗》2007年第14期，第85—87页。

[3] 柳青：《〈野蛮人入侵〉："身为人母"是最酷的动作片》，《文汇报》2023年8月12日，第5版。

陈翠梅在香港遇见了独立电影工作者杨瑾，在他的激发下陈翠梅产生了拍摄低成本电影的构思。同年6月20日，中国香港天画画天影业在上海国际电影节期间发布青年导演电影计划，陈翠梅因为之前的作品《爱情征服一切》的优异表现成为马来西亚唯一代表入选名单。《野蛮人入侵》的故事构思则来源于之后陈翠梅和王宏伟的一个饭局，王宏伟是著名独立电影《小武》的主演，后来成为艺术电影制片人。"他说要找我演女间谍。我说，那要不你送我去做3个月的武术训练吧。"这个对话显示了陈翠梅和中国艺术家的互动以及这部电影的创意来源。陈翠梅又在故事中加入了自己的经历——生孩子后，她有3年时间身体好似废墟，所以想拍一部关于重建自己的电影。陈翠梅承认这是一个"关于寻找自己的电影"。

《野蛮人入侵》在2021年第二十四届上海国际电影节获得金爵奖评委会大奖。2023年，也终于在中国登上大银幕。作为陈翠梅在中国公映的第一部作品，电影《野蛮人入侵》在央视媒体和学术场域以华丽方式出场，但是这部作品在市场上却备受冷落。影片上映之后首日票房仅8万元，排片比例仅0.2%，想看人数不足3000人。而一个影评人却声称这个电影让他想起了《八部半》：但是"陈翠梅为我们提供的是更为广义的女性主义电影样本"[1]。为什么会出现这种巨大反差呢？除了先锋艺术和大众审美之间天然的不兼容之外，笔者认为这种反差恰恰与陈翠梅进入中国电影的独特赛道有关。

陈翠梅以马来西亚新浪潮独立电影"先锋人物"的标签进入中国文化评论场域。这个场域包括香港电影节以及之后的《南风窗》、文化沙龙、影迷粉丝社群、专业期刊、大众报道、央视影评栏目。上述文化场域序列的递增以及中国独立电影场域与陈翠梅的互动加速了她的标签和作品的生产与传播，但中国艺术家对她的好评却不等于大众市场对她作品的认可。中国主流观众习惯了类

---

1 谢钦：《〈野蛮人入侵〉| 重要的不是电影》，https://www.163.com/dy/article/IDTNB5E20517VC4C.html，2023-09-06。

型片口味，当陈翠梅从艺术电影节赛道转移至电影市场赛道的时候，大众电影市场就展现了它正常的一面。对于没有受过类型片历练的陈翠梅来说，这个结果也是情理之中的。从某种角度上讲，中国电影专业场域对陈翠梅和马来西亚新浪潮抱有极大兴趣的实质是一种艺术电影在夹缝中生存的自怜心态。《南风窗》的文章在此前就给出了暗示，这呼应了中国20世纪80年代的新浪潮电影，以及陈凯歌、张艺谋，包括之后的"第六代电影人"在80年代之后选择跨国路径的那段历史。

陈翠梅成名于女性主义符号赛道而非主流文本赛道，两个赛道的相遇造成了她的符号的不兼容。对于中国某些群体来说，女性主义电影作者的符号似乎比电影本身更具有吸引力。影评人声称"这部电影更可贵的地方在于，作者将个体生命经验与艺术创作互相绑定，相互嵌入，诚实而勇敢地探索生命、自我与未知"[1]。中国观众对陈翠梅的最初印象也能证实这一点："对陈翠梅的感觉首先在她外表的漂亮，五官清晰，说话温柔。但她无数次在各种场合告诉大家，其实她的内里不是这样温柔。"这个豆瓣留言说明仍旧是陈翠梅的"女性身体"对女性观众构成了首要吸引力。另外，陈翠梅在2021年上海国际电影节上获得评委会大奖。这个大奖的最终评判来自女性主义学者，她就是曾被称为亚洲最著名的女性主义文化学者的戴锦华。从福柯的话语权力的角度来说，如果亚洲女性主义文化大师意味着权力，那么评委会大奖就意味着话语，命名过程最终让陈翠梅在中国艺术电影赛道上获得了更高的权力和知名度，这也说明了为什么我们发现除了陈翠梅之外，似乎很难再找到一位能够在中国文化圈受到如此关注的外籍女性导演，同时她也是为数不多被中国电影的行业群体、影迷群体、文化群体、学术群体、女性群体肯定的跨国导演。

但是市场对她的电影的接受并非如此。进一步研究《野蛮人入侵》在上映

---

1 谢钦：《〈野蛮人入侵〉|重要的不是电影》，https://www.163.com/dy/article/IDTNB5E
20517VC4C.html，2023-09-06。

之前的营销事件和上映之后的观众画像，就可以发现陈翠梅这一女性符号是如何在中国市场中得到运作的。商业电影作者理论发展到今天，学者和市场已经同时把电影作者和演员当成"明星"或者"名人"来审视，电影作者的名字已经作为符号在市场发行端被当作营销事件。《野蛮人入侵》的营销过程被分为点映期（2023 年 7 月 30 日—8 月 9 日）和首映期（2023 年 8 月 10 日—8 月 26 日）2 个阶段。在点映期，电影在发行方的帮助下开启各个城市的点映。陈翠梅这一符号在这个阶段变成营销物料，被发行方使用在超前点映 + 导演映后连线的宣传形式中。最好的证据之一就是笔者发现的一段陈翠梅在豆瓣上的自我介绍，这段介绍在点映前后被观众、影评人和媒体在不同场合（电影展映、学术访谈、影评专栏）一再致敬，但是对她电影的探讨大多放置于"天才""很酷""文艺气质"甚至"离婚"方面的议题讨论之中，而对她的日常却选择性忽略。从某种角度上说，不是电影成就了她，而是她成就了电影。

> 陈翠梅 5 岁钉过一个小板凳，8 岁开车撞过一根柱子，9 岁做过一本儿童杂志，12 岁读完一整本科学百科全书，17 岁开过一个文学专栏，21 岁计算机动画专业毕业，27 岁拍过一部《爱情征服一切》，38 岁生了一个小孩，41 岁决定习武。[1]

在营销事件的刺激下，这部电影在上映不久就引起许多有关女性话语方面的讨论，陈翠梅却以"我可能没有那么感受到所谓的女性的困境"来回应，并且这个回复在观众那里引发了强烈争议。这个事件揭示了文本已死的时代里观众的主体性和作者的主体性之间的碰撞。导演陈翠梅并不想用女性电影的标签来界定自己的创作，但是观众在对陈翠梅这一符号的凝视中急于找到的是关于如何做一个现代女性的教义、共鸣和致敬。

---

[1]　https://www.douban.com/people/TanChuiMui1978/?_i=5557627VnX36XG,9795011omQIDb5.

上映之后的观众画像[1]为我们直接展示了陈翠梅的电影观众群体。数据显示，女性观众群体的占比为69.7%，本硕观众的占比是89.9%，白领和学生的观众占比为82.9%。观众画像指标显示，陈翠梅电影的主要观众群体为白领、知识女性。我们发现，喜欢陈翠梅的观众所呈现的身份与资深影迷群体、精英文化圈、女性主义支持者等身份标签发生了交叉。通过媒体的宣传和学术的命名，经过媒体层层包装，陈翠梅成了"明星"或者"名人"，而不仅仅是艺术时代的电影导演。更进一步说，观众对她电影的包容也不仅仅是因为艺术魅力，而是应该被看作女性主义践行者的名人溢出效应，陈翠梅作为文化符号的同时也满足了文化圈对陈旧的电影形式、对既定意识形态和男权文化的摒弃意愿。

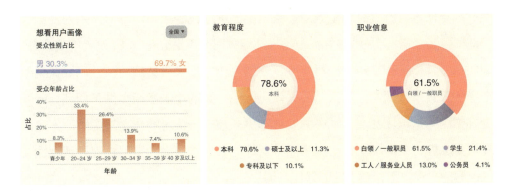

电影的相关数据

陈翠梅的符号和作品在"机械复制"的时代恢复了艺术作为"光晕"的传统，而不是主流市场。实际上，在陈翠梅之前，女性主义在当代主流中国电影场域早就开启了表述浪潮。按照中国电影"类型三分"的框架，目前有4种女性艺术潮流存在于中国电影之中。第一种是商业类型电影。小妞电影和校园青春片这2种面向女性观众的电影类型已经构成了中国主流电影结构的塔基，这

---

[1] 资料来自阿里影业"灯塔专业版"App软件电影页面的相关图片和数据。

些电影再现的女性议题往往与都市和白领女性的自我成长有关。第二种则存在于独立电影节和学术展映之中。《嘉年华》（2017年，文晏执导）是目前比较新的一个案例。[1] 这些艺术电影往往以挑战、协商父权结构之名受到精英文化群体和国际评委重视。第三种则是政府主导的主旋律电影。这类电影再现的女性似乎仍在官方意识形态的框架之中努力寻求多元化表达。还有第四种类型电影，即借助类型外壳展现女性主义议题的严肃电影。这些电影通常借助严肃的社会议题来探讨当代中国女性境遇，例如《找到你》（2018年，吕乐执导），《我的姐姐》（2021年，殷若昕执导）。

中国电影市场的包容性已经给女性电影和电影作者提供了大量被看见的机会，上述电影和热播的《消失的她》（2023年，陈思诚执导）便证明了这一点。虽然陈翠梅本身就具有明星效应，甚至中国电影已经通过电影节体系为她量身打造了赋名之路，但是她想要在市场上站稳脚跟而不是昙花一现，笔者的建议是，她要在各种标签和掌声中冷静下来，在作品中"追求可持续性"，最好在类型电影中表达个人探索。尽管"名人效应"已为她的跨国赛道提供了便利，但要走好中国电影市场赛道，她还需要拿出更多被市场认可的作品来稳固而不是消耗自身品牌，或许本文提出的第四种女性电影形态，借助类型外壳展现女性主义议题的严肃电影，会是她的最佳赛道之一。

二、周青元的商业电影赛道：声誉导演和马来西亚"主流"身份

作为跨国导演，周青元进行中马合拍的高质量项目从《了不起的老爸》开始。

---

1 杨会军：《类型与作者：文晏〈嘉年华〉的剧作内涵》，《电影文学》2019年第2期，第119—121页。

这部电影讲述一位父亲帮助患病的儿子参加马拉松运动的励志故事。该片于2021年6月18日首映，到2021年9月2日，最终累计票房收入达到1.48亿元。该片虽然整体票房、口碑均平平，但是对于长期缺少爆款体育类型电影的中国电影市场来说，还是激起了专家和业界的更多期待。相比陈翠梅的"非主流"以及背后代表的挑战商业电影和既定父权意识形态的符号印象，周青元是以"主流"身份被引入中国主流电影市场和大众媒介领域的。考察他进入马来西亚电影界的历史，这位主流跨国导演呈现出了另外一种介入中国电影的特征。

周青元是以"声誉导演"的跨国身份被介绍进中国电影市场的，因为此前他在马来西亚电影市场上已经有成熟的代表作，并且有着良好反响。他的第一部票房大片《一路有你》出现在2014年，票房收入1687万林吉特（略低于400万美元），成为马来西亚有史以来票房收入第十高的电影。2016年《辉煌年代》上映。该片首映4天，票房近60万美元，到2月底票房已达400万美元。他的作品受到马来西亚影评人的欢迎。一篇专访中用"king of Malaysian movies"对他的主流身份进行了加冕。2019年5月，由其执导的2018年马来西亚华人新年贺岁片《大大哒》进入中国市场。中国媒体在这部电影的宣传稿中称其为"马来西亚的张艺谋"和"马来西亚国宝级导演"。这个营销事件显示了中国媒介使用主流身份来作为他的跨国品牌定位。

随后，《辉煌年代》在2016年中国上海国际电影节上放映时成功引起了中国制片人的注意。这表明周青元的执导经历确保了中国制片方对他体育类型电影执导能力的认可，这种资本的逐利性也具有深刻历史原因。当代中国电影市场具有"类型三分"的特征。也就是说，虽然在某个历史阶段各有侧重，商业话语、政治话语、艺术话语交替或者同时主导了中国电影，当代中国独立艺术电影作者仍旧遵循中国"第五代电影人"从艺术声誉转向商业赛道的策略，这种策略激发了张艺谋和陈凯歌等电影作者于20世纪80年代在国际上迅速成名，但是当独立艺术电影习惯性地把作者趣味、形式探索放到商业电影中时，这种习惯虽然会得到中国电影评论界的鼓励，但是在大众市场上就会产生强烈的观影冲突。典型案例就是 2019 年底《地球最后的夜晚》的营销"翻车"事件。[1] 在这个历史背景下，对资本来说，使用一个被电影市场筛选过的商业导演显然要比使用一个艺术评论呼唤出来的艺术电影作者安全得多。周青元在 2021 年上海国际电影节某论坛上曾坦言，马来西亚的新人导演和中国电影作者成名的道路截然相反："我们的导演都是先做商业电影，获得了公众认可之后才有机会放入更多的个人表达。他们在培养青年导演的时候，更偏好用有限成本去实现商业片的拍摄。这种模式让他们从初期就能在拍摄中，用小成本去实现更多电影美学的可能性。"[2]

周青元的"泛亚洲"身份也为他进入中国电影市场提供了良好的文化基础。周青元并非第一个选择来中国合拍的海外导演。中国政府早在 2000 年之初就制定了优惠的合拍片政策来鼓励境外团队来中国合作。[3] 最有成效的一个例子则是 1990 年中国内地与中国香港地区的合作协议。截至 2022 年 1 月，中国已同英国、法国、俄罗斯等 22 个国家及地区签署了电影合拍协议。[4] 下页的表格展示了近些年以跨国合拍方式进入中国电影市场的制作人，这个名单中既有美国等电影发达国家的，也有马来西亚和新加坡的。理论上讲，中国应该首选与美国等电影强国合作来提升制作本土电影的技术，提升中国电影国际声誉和拓展海外市场，而美国等跨国电影团队也可以凭借优秀技术进入中国影院和资本市场，但是在近些年的双方合作中，中美却总是陷入"文化话语权的较量与磨合"[5] 的

1 李立：《〈地球最后的夜晚〉：电影工业美学视域下艺术电影之平衡问题》，《电影评介》2019 年第 8 期，第 40—44 页。

2 董文欣：《体育片升起烟火气 专访〈了不起的老爸〉导演周青元》，https://www.sohu.com/a/551645319_121403762，2022-05-27。

3 陈旭光：《改革开放四十年合拍片：文化冲突的张力与文化融合的指向》，《当代电影》2018 年第 9 期，第 12—18 页。

4 陈林侠、宿可：《合拍片的发展思路与意义再审视——从当下中国电影在马来西亚的消费现状谈起》，《中州学刊》2023 年第 9 期，第 154—160 页。

5 陈旭光：《改革开放四十年合拍片：文化冲突的张力与文化融合的指向》，《当代电影》2018 年第 9 期，第 12—18 页。

境遇，最终导致电影市场对电影文本的争议。

近年来在中国拍摄过华语影片的海外导演（排名不分先后）[1]

导演	国籍	代表作	在华拍摄的影视作品
周青元	马来西亚	《大大哒》《辉煌年代》《一路有你》	《极限17：滑魂》（剧集）、《了不起的老爸》
柯汶利	马来西亚	—	《误杀》、《唐人街探案》（剧集）、《女心理师》（剧集）
郭修篆	马来西亚	《光》	《不二兄弟》
陈哲艺	新加坡	《爸妈不在家》《热带雨》	《再见，在也不见》（监制）、《隔爱》（短片）
马逸腾	马来西亚	《李宗伟：败者为王》	《破茧》（剧集）
陈翠梅	马来西亚	《野蛮人入侵》《爱情征服一切》	《状元图》（贾樟柯监制、未拍摄）、《风过犹存》（监制）
比利·奥古斯特	丹麦	《征服者佩尔》《善意的背叛》	《烽火芳菲》
西蒙·韦斯特	英国	《将军的女儿》《古墓丽影》《机械师》	《天·火》《鬼吹灯之天星术》
伊哥·斯坦普陈科	俄罗斯	《魔鬼的精神》	《龙牌之谜》
尼克·鲍威尔	美国	《谍影重重》《X战警3：背水一战》（均为副导演）	《白幽灵传奇之绝命逃亡》
安东尼·拉默里纳拉	美国	《蜘蛛侠》系列（均为视觉特效）	《三生三世十里桃花》
斯科特·沃	美国	《极品飞车》《勇者行动》	《狂怒沙暴》
雷尼·哈林	美国	《大力神》《驱魔人前传》《12回合》	《沉默的证人》《绝命逃亡》《古剑奇谭之流月昭明》

相比之下，亚洲电影之间的跨国运动则在中国市场、官方和学界得到广泛探讨和实践。"讲好中国故事"和"一带一路"倡议为"泛亚洲"内部之间的跨国潮流提供了顶层设计。近些年，中国主导的上海国际电影节、中国—东盟

---

[1] 阿淼：《外籍"打工人"！他们为什么偏爱来中国"务工"》，https://www.1905.com/news/20210624/1527575.shtml，2022-06-24.

电影文化周一直在鼓励着中国电影对亚洲电影资源的吸收。中国台湾和香港电影界对亚洲电影的提携早在金像和金马影展时就已发生。中国和韩国、日本、泰国的电影合作项目在中国电影市场上也展现了广阔的前景。"亚洲作为一种方法"也在中国学术界掀起了一股潮流。例如由北京师范大学艺术传媒学院举办的"亚洲电影艺术研究中心"已经成为亚洲电影研究重地。而在所有亚洲国家之间的合作中，马来西亚和中国之间的合作有着更加深厚的外交背景和文化历史。由于马来西亚安华政府对华的积极政策和其独特的华裔社会结构，马来西亚或许是全球最"亲中"的国家，近些年两国间的交往也在文化、旅游和留学等方面进一步扩大。2022 年 9 月 15 日，中国电影节在马来西亚首都吉隆坡开幕，周青元执导的华语影片《了不起的老爸》作为开幕影片现场放映。更进一步从市场角度考虑，马来西亚以及其他亚洲国家电影人的进入也可以带动他们所处母国的电影市场。正是在这个背景下，马来西亚电影人开启了跨国讲述中国故事之旅。中国电影市场的"向内扩张"和"讲述中国故事"的话语促成了马来西亚主流导演进入中国电影的商业赛道。

"大中华"文化和族群具有亲缘性，相比于欧美的电影新人乃至日本、韩国的电影新人，马来西亚电影作者融入中国电影文化语境相对容易。首先，马来西亚近三分之一人口都是华人 [1]，"大中华"的文化传统可以帮助这些电影作者在接触中国提供的电影题材时产生表达动力，而不同地区、种族、宗教、语言的生活经历又赋予他们不同于中国电影人的跨国视角和东南亚风情。另外，马来西亚电影与新加坡、泰国、菲律宾等国电影在全球电影市场中一起成为东南亚市场主体部分 [2]，马来西亚乃至东南亚电影市场长时间受到华语电影影响，这

---

[1]　陈林侠、宿可：《合拍片的发展思路与意义再审视——从当下中国电影在马来西亚的消费现状谈起》，《中州学刊》2023 年第 9 期，第 154—160 页。

[2]　陈林侠、宿可：《合拍片的发展思路与意义再审视——从当下中国电影在马来西亚的消费现状谈起》，《中州学刊》2023 年第 9 期，第 154—160 页。

甚至可以追溯到 20 世纪 80 年代香港经典电影时期的作品[1]，香港电影也成为驱动马来西亚华裔电影人走上电影创作道路的元电影。陈翠梅称自己是 20 世纪 80 年代香港武打片的"铁粉"，"小时候我们看很多古装电视剧，还有台湾地区的歌仔戏、香港地区金庸小说改编的电视剧"，她很喜欢金庸小说《越女剑》中的女主角李赛凤，崇拜李小龙。而作为学院派的柯汶利更是对香港电影有着精深研究，他在硕士毕业论文中展现了对香港犯罪类型电影深入的理解。周青元更是"从小在华校学习，在中国完成大学学业""既熟悉中国电影，又深受中华文化影响"[2]。上述背景使得这个电影区域的文化语境与中国文化语境相对接近。

周青元在采访中介绍了制片方如何通过上海国际电影节渠道选择他合拍《了不起的老爸》的直接原因。[3] 2016 年，周青元带着《辉煌年代》在上海国际电影节展映。"当时执行制片人过来跟我交流，说她手头有一部关于马拉松的电影，问能否合作"，"后来听到她说影片是关于父子情的，我被打动了。我觉得，讲父子情的很难通过一个生活上的东西调动更多人对它有兴趣。如果借由马拉松的元素，用马拉松来隐喻人生的漫漫长路有父亲的陪伴，那这个故事真的值得我们去把东方父爱，那种比较含蓄的、不善于表达的东西，通过影片来表达出来"[4]。这则采访指出周青元成为跨界导演的直接动力，这个动力来自他在体育类型电影制作中展现的持续性。

中国电影对类型电影和体育类型电影制作的刚需有着深层背景。类型电影

1 陈林侠、宿可：《合拍片的发展思路与意义再审视——从当下中国电影在马来西亚的消费现状谈起》，《中州学刊》2023 年第 9 期，第 154—160 页。

2 王昌松：《马来西亚华裔导演的在华影像审美之旅》，《电影评介》2022 年第 9 期，第 1—5 页。

3 董文欣：《体育片升起烟火气 专访〈了不起的老爸〉导演周青元》，https://www.sohu.com/a/551645319_121403762，2022-05-27。

4 董文欣：《体育片升起烟火气 专访〈了不起的老爸〉导演周青元》，https://www.sohu.com/a/551645319_121403762，2022-05-27。

在电影历史中形成了稳定的规则和惯例，这些形式是制片方和观众之间的契约，也是制作者进入行业的叙事准则。可惜的是，尽管当代中国电影教育已经开展多年，但是商业电影教育仍旧没有建立完整的教育体系。为了弥补人才无法速成的缺憾，中国电影一方面以合拍和跨国的方式引进擅长不同类型的电影作者，例如近些年在中国市场上活跃的美国的电影导演，另一方面扶持那些在某个电影类型上具有稳固品牌的制作者，例如宁浩（黑色喜剧）、徐峥（公路片）。相对于周青元在马来西亚市场上对体育类型电影的持续生产，中国电影市场上非常缺少优秀的体育类型电影和对标的电影作者。近些年有一些体育电影虽然在宏大历史语境中出场，如《夺冠》（2020）、《攀登者》（2019），但是由于其"泛意识形态"[1] 的表述模式反而破坏了体育类型电影的固有文本惯例，最终在市场上遗憾收场。当然也有新体育电影出现，例如王宝强的拳击题材电影（《八角笼中》，2023），在市场上就有不错回报。从这个层面上讲，周青元在体育类型电影方面的深耕为他获得执导马拉松题材电影提供了资本信任。周青元与体育有着深刻的缘分，他自称"从小有两个梦想，一个是足球，一个是艺术家"。笔者认为，他在 20 世纪 90 年代末到北京电影学院进修之后，将两者合而为一，开启"体育类型制作者"的道路。2010 年，他的马来西亚新年贺岁电影《大日子 woohoo!》（2010）把马来西亚民间舞虎习俗搬上银幕。2019年，他制作了足球题材电影《辉煌年代》，这部电影提取了马来西亚国家足球队进入奥运会的创意。2019 年，他还在深圳翻拍滑板运动题材泰剧，名为《极限 17：滑魂》，该剧讲述身患抑郁症的少年在实习老师帮助下学习滑板、走出人生低谷的故事。我们认为，在有了上述体育类型电影制作经历后，周青元至少在制片方处获得了类型电影作者的身份指认。

在全球成功的商业电影市场上，绝大多数商业电影作者总在若干电影类型

1　杨会军：《中国电影本体的再演进——分析 2020 疫情档初期〈误杀〉破圈的原因》，《电影文学》2021 年第 1 期，第 74—79 页。

谱系内活动。而反观当下中国商业电影，市场所面临的困境之一就是缺少具有稳定性和持续性能力的商业电影作者。另外，近些年中国电影的类型演变表明体育类型电影本身在中国电影市场上有着极大商业潜力，周青元的出现弥补了这个空白。假以时日，周青元必定能够在中国乃至华人电影圈的历史中留下浓重一笔。

三、柯汶利的片场赛道：勤奋小子和类型作者

从商业电影的契约理论和市场互动理论来看，柯汶利和他的电影《误杀》（2019）分别是马来西亚电影人当中最先被中国主流电影市场和大众认可的电影制作人和电影。但是追踪他进入中国电影市场的方式时，我们发现，他的出现绝非偶然：既来源于中国电影市场的扩张，又来源于他此前在类型片制作领域的成就和职业野心。

柯汶利于 1986 年出生在马来西亚的槟城。他自小喜欢表演艺术。高中毕业之后，他先后在舞剧团、广告制作公司、银行工作。在积累了一笔资金之后，他打算重新圆梦。此时的马来西亚新浪潮虽然在 2007 年香港电影节和随后的国际舞台上绽放异彩，但是由于本土电影工业的薄弱，并没有给新人太好的施展舞台，于是马来西亚青年电影人开始跨国寻找新的赛道。

微信公众号"映画台湾"描述了马来西亚电影人从马来西亚到中国台湾再到中国大陆的这段跨地区流动历史。[1] "陈翠梅前往中国寻找出路，其他成员则是以升学或是进修的方式继续电影创作。"除了选择北京电影学院之外，由于

---

[1] 陈卡卡：《这是今年上影节最特别的台湾电影》，https://movie.douban.com/review/1026517 6/，2019-06-25。

蔡明亮、何蔚庭等拥有马来西亚背景的电影人已在台湾立足，台湾因此成为青年电影人深造首选，如陈胜吉、梁秀红，他们后来又在上海国际电影节上获得重要奖项。在这样的历史背景下，柯汶利在2011—2017年分别在台湾世新大学、台北艺术大学完成了本科和硕士学业。资料显示，在读书期间，他积累了大量电影专业实践和理论经验。2014—2016年，柯汶利凭借《自由人》入围奥斯卡金像奖实景短片奖，并且获得了第五十一届台湾电影金马奖最佳短片奖。2017年，他完成毕业论文 *A Critique Essay on the Film KARMA*。毕业论文的指导老师就是台湾电影人王童。这篇论文基于2003年香港原创电影《大只佬》及其延伸的佛教因果与业报理论，进一步探讨故事人物心理，帮助建立扎实而富有层次的角色。另外，该论文也探讨相关类型电影，并以各国经典电影为主要研究对象。从这篇论文可以看出，此时的柯汶利已经展现出浓厚的学院气质和深厚的文化底蕴，他的类型电影观念也为其后来进入中国电影市场铺平了道路。

在电影《误杀》成功之前，中国大陆几乎很少有关于柯汶利的报道。2015年，中国导演陈思诚推出《唐人街探案》，这部电影在中国电影市场获得了巨大商业回馈，还被业界称为中国当代电影市场首个跨媒介叙事的故事。为了延续这个品牌，陈思诚在2017年夏天带着《唐人街探案》网剧的剧本前往台湾寻找导演。这时候的柯汶利已经从台北艺术大学毕业并成立工作室。在朋友的介绍下，陈思诚来到了柯汶利工作室，并且对柯汶利在犯罪悬疑类型电影上的制作经历以及《自由人》颇为欣赏。柯汶利后来成为陈思诚网剧系列的第一位导演。在之后的合作中，作为导演的柯汶利和作为监制的陈思诚以及作为主角的演员肖央相处得非常愉快。这一段经历证明，类型电影已经成为中国新一代电影作者的共同美学倾向，也为柯汶利进入中国电影市场提供了机会。

就在柯汶利在片场合作的表现征服了陈思诚之后，电影《误杀》项目也终于来到柯汶利面前。由于不满发行公司的定位和业务局限，福建恒业影业有限公司启动了电影《误杀》项目。此前，恒业影业在2015年前后已经买下印度电影《误杀瞒天记》的版权。因为各种原因，恒业影业寻求陈思诚的帮助，而陈思诚则联系了柯汶利。柯汶利在接受中国电影频道的专访时回顾了第一次看到这个剧本的那一刻："在我回马来西亚给父亲办丧礼后，陈导给了我《误杀》的剧本，我一下子就被打动了。片中，李维杰对妻子和女儿们的爱，让我想起我的父亲。"

首映票房和重映票房日走势图[1]

《误杀》在 2019 年 12 月 13 日上映之后取得了巨大成就。这部电影被称为中国电影市场的一匹黑马，首映周票房为 2.16 亿元，累计总票房为 13.33 亿元，荣登了 2019 年度贺岁档的票房冠军宝座，同时跻身 2019 年度国产电影票房前12 位，打破过去 3 年犯罪片累计票房纪录。甚至在中国疫情反复态势下，《误杀》在重映期间也展现出了强大的票房号召力。在重映期间，中国电影院线推出了特殊的排片方式："以近年来各大档期的票房冠军或者说头部电影来重新培育中国观众在传统院线的观影习惯。"[2] 在回放的众多冠军电影中，《误杀》在此

---

1 资料来自阿里影业"灯塔专业版"App 电影页面。

2 杨会军：《中国电影本体的再演进——分析 2020 疫情档初期〈误杀〉破圈的原因》，《电影文学》2021 年第 1 期，第 74—79 页。

档期绝大部分时间里处于大盘前三、国产第一的票房位置。这部电影所代表的电影娱乐观念对疫情后期的中国电影市场以及电影创作产生了极强的示范效应。

相对于周青元、陈翠梅的荣誉等身，出身普通的柯汶利走了一条香港电影人的"片场之路"。他出身于马来西亚华人商人家庭，从小受到香港电影文化熏陶，却在台湾自由的电影氛围中进行了系统学习，在内地（大陆）电影人的提携下进入了商业电影行业。他身背中国香港的类型电影观念、中国台湾电影的艺术精神、中国内地（大陆）的类型电影项目，同时具有马来西亚的多元化视野，可以说是最具有华语性的电影导演之一。他进入中国电影市场的方式既来源于中国电影市场的扩展，又来源于他此前在类型片制作领域的成就和职业野心。他在片场的经历帮助他从一个电影素人迅速成为电影领军人物。他的成长方式与电影历史中在制片厂磨炼出来的那些前辈构成了对话关系：美国的斯皮尔伯格，中国的宁浩、陈思诚、杜琪峰。柯汶利和周青元的"跨国运动"都是类型电影全球化流动的结果。法国电影新浪潮曾提出成为电影作者要符合3个标准，巴赞和安德鲁提出大制片厂同样有"商业作者"的命题。中国学者认为，"体制内作者"这一观念已经成为中国新力量导演的电影美学观念，标志着对电影工业美学理论最重要原则之一的确认。[1] 因此，本文将周青元和柯汶利当作制片厂体制内的电影作者进行阐述。我们用"体制内作者"或者"类型作者"来描述他进入中国电影赛道的方式。

---

[1]　陈旭光：《"作者论"旅行、"主体性"变迁与电影工业美学生成》，《社会科学》2022年第 10 期，第 78—88 页。

四、总结

上述 3 种案例昭示了 3 种"电影作者身份"在中国电影场域得到确认、生成和消费的路径。陈翠梅以一个独立电影人和女性主义的身份标签进入中国艺术电影的制片、流通、发行、展映、评论赛道，周青元和柯汶利则是通过商业电影赛道进入了中国电影市场。周青元以马来西亚主流电影作者身份进入中国电影，虽然在市场上还不具备"品牌性"，但是他的制作经验、理念，尤其是他所擅长的体育类型电影都是中国电影市场所期待的。柯汶利在台湾接受了商业电影的系统教育，之后又作为一个电影素人在大陆电影人主导的片场赛道进行了历练。在制作出《误杀》等高品质电影项目之后，他最终在大陆电影市场中获得了"商业电影作者"的称号。

如果说中国最早接受"马来西亚电影新浪潮"是基于天然的华语族群和 20 世纪 80 年代之后艺术电影话语产生的文化亲缘性的话，那么当代中国电影市场对马来西亚电影新浪潮的肯定背后隐藏的则是中国市场扩张，以及中国电影在欧美文化团体中寻找华人身份、文化价值、主控话语和市场坐标的渴望。马来西亚电影人此时的出现正是碰上了这个历史机遇，他们正在以独特的文本为华语电影构建新作者标签和价值判读。期盼他们的身份在另外一个 10 年或者 20 年中在更多的赛道延展出马来西亚样式的"华语国际性"。

对于中国电影市场来说，引入能满足不同消费需求的电影类型十分重要。对于马来西亚乃至全球的跨国电影作者来说，要想在当代中国电影市场上走得更远，就必须在多类型电影的帮助下，找到更多的可能性、持续性和稳定性。这一多元视角进一步强调了中马电影产业合作的重要性和必要性。基于马来西亚的文化多样性和中国的市场潜力，我们可以共同开创出更为丰富多样的电影类型，满足不同观众群体的需求，提升电影市场的活力和韧性。在这个过程中，中马双方都将受益于对方的优势和经验，共同推动电影产业的持续发展和繁荣。

黄瀚辉
NG HON WI

　　黄瀚辉，出生于马来西亚吉隆坡，南京大学传播学硕士，中国传媒大学戏剧影视学院电影学博士研究生，从事影视文化艺术创作以及高校教育十多载。

马来西亚华人导演的中华文化元素影像传播

黄瀚辉

  马来西亚的华人祖先大多是中国南方移民，主要来自广东省和福建省，多为闽南人、广府人、客家人、潮州人等。这批中国的子民早于 19 世纪开始大量移入马来西亚。这是因为当时东南亚已是英国的最大殖民地，需要大量的劳工，来自这 2 个省份的劳工开始大量下南洋，从事开采锡矿与开垦农耕的粗重工作。东南亚不但成为世界上华人最先立足的区域，而且是当今世界上华人散布最密集的地区之一。在 20 世纪初至马来西亚独立以后，当初的华侨已从侨居当地的身份，落地生根成了本地的华人华裔，成为马来西亚国民。根据 2023 年马来西亚统计局发布的人口估计报告，马来西亚人口达 3340 万人，华裔人口占比虽从之前的 23% 减少至 22.6%，但依旧还是有超过 700 多万的华人生活在这片土地上。这一华人人口规模绝对是庞大的，并且足以传承中华文化，将之发扬光大。

  在迁徙到马来西亚的过程中，移民们经历了从华侨到华人的身份转变。在这一转变过程中，移民们对马来西亚的中华文化的传承与祖籍国是同步的。这是因为中华文化在马来西亚的保存和传承是当地华人与祖籍国保持文化联系的最大支柱。他们以更加积极的态度发展和发扬中华文化。一方面，他们利用母国文化凸显自己的文化个性，追求精神归属感，从而团结同胞；另一方面，在与马来民族、印度民族等不同族群的交流中，其和各族群的文化相互交融。在这样的独特环境下一路走来，马来西亚的中华文化有杰出表现而且增添了新气象，马来西亚华人所传播、传承的中华文化更为多元多姿，教育、语言、艺术习俗等人文与社会遗产，都是马来西亚华人对文化传统坚持的最佳印证。在电影方面，马来西亚华人导演和电影近些年也开始在中国崭露头角，包括马来西亚现实主义电影《分贝人生》和《光》，分别在 2017 年和 2018 年的上海国际电影节亮相并入围亚洲新人奖。同时，马来西亚的商业类型电影，如体育励志片《李宗伟：败者为王》和喜剧片《大大哒》都被中国引进发行。马来西亚中文电影对中国观众来说，既熟悉又陌生，熟悉在于电影中都存在着中华文化元素，包括语言、习俗等方面，陌生在于异域的东南亚环境。马来西亚电影的独特性确实让其渐渐地被中国观众接触、认识以及热爱。

一、马来西亚华人导演的独树一格特质

从 20 世纪 60 年代开始，马来西亚华人父母一辈都是看着邵氏和国泰电影长大的；80 年代至 90 年代，华人观看香港无线电视 TVB 粤语剧，每晚都要播着录像带边看边用晚餐；21 世纪初，台湾偶像剧风靡当地华人社会。到了 2010 年以后，中国的电视剧与综艺节目深深影响了当地青少年的观影习惯，他们也一样"追星"。因为马来西亚华人一直接受着华文教育，所以他们可以与中国人一起同步零障碍地完全吸收和接受影视上的传播，又因为本土其他种族和过去的英属殖民地历史文化的影响，所以他们也受到了西方国家文化的熏陶，马来西亚华人就在这样文化荟萃的环境中成长，因此更懂得如何面对不同文化，不是一味囫囵吞枣地接受，而是有选择地吸收、消化、融合、创造。

在独特的环境中成长起来的马来西亚华人导演凭着自身的努力，展现出了非同一般的影像语言。身处多元文化语境中，他们着力展示的是文化的碰撞和交融，其影像语言中就存在着多样化元素。在马来西亚出生的华人导演因为传

承着优秀的中华文化，他们的镜头散发出东方与中华美学的气息，却也呈现出质朴的本土风情和国际化视角。马来西亚的多元种族、多种思想交融的环境，造就了华人导演的特殊身份，成就了其独特的自成一格的思维。多语言、跨身份、跨地域，是马来西亚华人电影工作者的特点。

二、导演电影中的中华元素传播

马来西亚华人即使是在被忽略或打压的情况下，仍旧长期致力于发扬并传承中华文化，无论是语言、习俗还是中华优秀传统文化蕴含的思想观念。文化认同是社会发展的内在动力，是维系社会稳定的精神保证。在个人层面上，它影响着社会身份认同和自我认同，引导人们热爱和忠实于文化，从而保存和发扬文化，最终将其纳入个人的价值观这一深层心理结构之中。因此，文化认同是社会整合的一种巨大的社会心理资源。在社会层面上，文化认同以文化为凝聚力，整合和标示着多元文化中的人类群体。[1]电影作为一种强大的传媒工具，是意识形态表达的重要载体之一，其功能在更高层次上是营造群体间共同的文化氛围以促进相互认同，所以马来西亚华人执导的电影往往蕴含着浓浓的中华文化元素，这些元素简单、朴实、自然地融入电影的情节或核心思想中，可以说是对中华文化的传承与发扬。笔者将主要以马来西亚籍华人导演周青元执导的电影为文本，分析其中的中华文化元素。

---

[1] 杨宜音：《文化认同的独立性和动力性：以马来西亚华人文化认同的演进与创新为例》，张存武、汤熙勇主编：《海外华族研究论集 第三卷：文化、教育与认同》，华侨协会总会2002 年版，第 407—420 页。

三、周青元导演的传统文化习俗与美德的诠释

马来西亚中文电影市场长期被港产片所主导，本土电影行业中大荒电影公司一直致力于制作作者电影。大荒电影公司被誉为马来西亚电影新浪潮的代表，虽然在国际影展上获得了关注，但影片回到国内却没有获得太多回响，渐渐地大荒电影公司开始减少制作。这是最坏的时代，也会是最好的时代。从 2010 年开始，马来西亚开始重视制作属于自己的本土中文电影，并在院线正规上映。其中包括由马来西亚有线寰宇电视台投资的新年贺岁电影《大日子 woohoo！》。它由华人导演周青元执导。周青元毕业于北京电影学院进修班，回马来西亚后一直从事影视制作，拍摄的《爱自游》等发掘马来西亚美好风景的探险纪录片受到大家喜爱。

春节一直都是马来西亚华人电影市场最热门的档期，20 世纪八九十年代的春节电影市场都被香港贺岁电影所垄断，直到 2010 年，《大日子 woohoo！》上映。它被认为是首部本土中文贺岁电影，也在那一年得到不俗票房，获得华人社会和中文媒体的热捧和支持，被视为马来西亚中文电影的重大突破。之后，周青元还拍摄了《天天好天》（2011）、《一路有你》（2014）、《辉煌年代》（2016）以及《大大哒》（2018）。其中，《一路有你》以 1728 万林吉特创下当时本土电影最高票房纪录。周青元为人低调谦卑，在影像中就展现出观察入微的朴实情愫，他的电影中充满着中华文化元素。

（一）信仰习俗

早期华人先辈下南洋，多数为劳工阶级，其文化与教育水平皆不高，同时为了生存，无暇接受文化教育；20 世纪三四十年代，大批华人知识分子从中国移民到马来西亚，才正好弥补了马来西亚华人文化层面的缺失，文化认同亦通

过习俗、价值观、传统、态度、信仰和沟通方式等被发展。[1]

　　电影《一路有你》，将马来西亚华人独有的文化特色和节日庆典，包括除夕夜倒数活动[2]、槟城姓周桥初八晚拜天公[3]、柔佛古庙游神[4]，巧妙地贯穿于剧情中。马来西亚华人祭祀祖先的模式一直都在每个家庭中传承，他们会把灵位或神牌安置在家里，每逢农历初一、十五上香供奉，借以得到心灵层面的寄托，同时亦通过祭拜的习俗希望自己在异乡不忘本，并时刻提醒自己与后人勿忘记列祖列宗。这一模式无时无刻不在强化与提醒"华人"自身的身份与认同，灌输"孝顺"的儒家观念，是马来西亚华人社会中传递"文化认同"与"族群认同"的最佳证明。

（二）文化的传承与发展

　　文化，是民族的最基本的根源，包括思想、艺术、语言等在内。2010 年新春贺岁电影《大日子 woohoo!》就充分展现了马来西亚华人文化，让我们发现了传统艺术表演的珍贵。一般我们对于舞龙舞狮十分熟悉，但对于舞虎则比较陌生。其实有几百年历史的舞虎，是客家人的传统民俗文化，但在马来西亚则很少有人会表演。而《大日子 woohoo!》，就采用了马来西亚罕见的舞虎作为整部戏的故事主线，配合虎年的题材，以传承这一文化。《大日子 woohoo!》讲述了马来西亚东海岸乡村中的天后娘娘庙，每一甲子就会有舞虎的庆典。村中的舞虎师傅年事已高，无法继续舞虎，而且舞虎必须由属虎的人来舞，孙女不忍见爷爷烦恼，于是登报招人。之后来了 2 个一心想赚钱的年轻人，大家合

---

[1]　曹云华：《变异与保持：东南亚华人的文化适应》，中国华侨出版社 2001 年版，第 153 页。
[2]　犹如中央电视台春节联欢晚会盛况，马来西亚电视台华人频道也会直播大型的倒数活动。
[3]　也称为天公诞，是闽南习俗，表达对天公的敬意，祈求风调雨顺、平安吉祥。
[4]　游神是东南亚民间信仰的信众在新年或神诞日进行的一项仪式。每年农历正月二十众神出巡，一连 3 天的游神盛会，来自全马各地的人群蜂拥而至，热烈参与。这一宗教仪式跨越了信仰、习俗、帮派、籍贯、教育与文化的层次，密切地把各帮各派牢牢团结在一起。

作后才发现孙女只是一心想传承文化，实际上没有钱。年轻人本来想一走了之，但最后却选择留下来继续舞虎，携手弘扬这一优秀的中华传统文化。

在周青元的温情电影三部曲《大日子 woohoo!》《天天好天》《一路有你》中，观众都可以感受到马来西亚华人社会的民生与面貌，也可以感受到他们是如何传承与发扬中华文化的。在《大日子 woohoo!》中，乡村饭桌上仍旧用鸡公碗盛装美食，鸡公碗对于早期从中国沿海地区迁移到马来西亚的华人先辈有着极为重要的意义。因为他们多是苦力，异乡生活贫苦，不常有肉吃，所以他们就在餐具上画上公鸡，以获得心理上的安慰。在电影《天天好天》中，学校要求学生们写下春联，孙女只好求助于爷爷，爷爷就用那布满皱纹的手轻轻地握起孙女的手，携手挥毫泼墨写春联。马来西亚的农历新年与中国的新春佳节比，氛围一点也不逊色，甚至更为浓烈，许多新春习俗都得以保留在华人社会中。在新春佳节中，大街小巷都有贴春联的活动，拥有丰富的文化含义。在电影《一路有你》中，马来西亚华人岳父虽然接受了他的西洋女婿，却坚持要女婿陪着他广发喜帖，发喜帖是中华婚庆文化的重要一环，岳父始终觉得要用最传统的、最有诚意的方式亲自把喜帖传递给亲朋好友。送帖子的过程也呈现了马来西亚各地的风土人情、中华文化传统的传承和变化。

《大日子 woohoo!》中有一句话，"记得传承，记得历史，记得文化"，这恰恰就传达出了"勿忘根本"的意蕴，而"根源"的重要性则关系到中华民族文化体系传承的完整性。

（三）中华传统美德

在电影《一路有你》中，岳父遇上了西洋女婿，他们之间充满着中华与西方在文化传统和价值观方面的冲突，东西方文化元素和亲情元素也贯穿在其中。最后岳父礼让、宽容的传统美德，使得他与女儿、女婿 3 人都获得了幸福美满的结局。礼让、宽容的传统美德也是马来西亚华人社会推崇的传统美德。在周青元的电影中，没有张力十足的戏剧化情节，却有质朴、清新、轻松、自然、流畅的节奏铺展，使得中华文化元素在电影中获得全面的体现，对于传承中华文化有很大的意义。

周青元于 2021 年执导的第一部中国电影《了不起的老爸》，同样延续"东方中华式家庭亲情"。电影故事背景在重庆，有开出租车的爸爸与热爱马拉松的叛逆儿子，各色各样充满烟火气的小人物，以及山城、江滩这些非常有代表性的城市景观。电影传达出华人家庭中的中华传统美德，情感真挚动人。所以即使执导的是中国电影，其内核也与之前他执导的马来西亚电影一脉相承。周青元于 2023 年执导的马来西亚贺岁电影《真爱好妈》，叙述了一位妈妈和女儿相依为命的剧情，体现了温馨的母女情。电影呈现出来的价值观，也体现了华人家庭中的中华传统美德，展现了家庭凝聚力。马来西亚华人导演的电影一样传承了中华文化中的孝道和家庭价值观。

他之前的作品《天天好天》《一路有你》，也都是聚焦马来西亚华人家庭的"东方中华式家庭亲情"，观众可以从电影中感受到华人父亲对孩子的深厚爱意，以及他们为了保护和支持家庭而付出的努力，体现了中华家庭中父子之间的含蓄情感，彼此都爱着对方但说不出口。

四、结语

（一）文化间性思维下融合文化差异

文化间性理论认为，跨文化交流的关键是要努力"选取一个介于两种文化之间的立足点"。通过这个立足点，超越自身文化界限，或者说让自身文化赢得"距离感"，这样就会"对其他文化的意义关联变得敏感"，就能进入其他文化的"意味视界"[1]。

文化间性理论是思考文化多样性的一种范式和调适文化差异的智慧与策略，它以承认差异、尊重他者为前提条件，以文化对话为根本，以沟通为指归。电影中的中华文化元素在向全世界传播之际，往往会与当地观众所熟悉、了解的文化相互碰撞、吸收、融合，因而中华文化自身也会产生变化。而马来西亚华人导演的电影在传播内容的时候，其中蕴含的中华文化也被同步传播出去，与观众自身的价值观发生碰撞，融合成为有着两种不同文化特质的新的文化内容。最终，以中华文化为核心的新文化随之形成，它包含了其他文化的内涵。因此，这类电影不仅让中华文化得以顺利发展，还丰富了世界文化。

（二）优秀文化共同体的强强联手合拍制作

近年来，马来西亚华人导演的作品开始在国际影展初露锋芒，并在中国市场受到瞩目。在 2018 年 9 月中国引进由导演马逸腾执导的电影《李宗伟：败者为王》后，马来西亚"卖座导演"周青元的青春喜剧电影《大大哒》也在中国大规模上映。此外，马来西亚现实主义电影《分贝人生》（2017）和《光》（2018）更在上海国际电影节上亮相。而早在 2011 年，马来西亚华人新浪潮导演陈翠梅就曾与中国知名导演贾樟柯合作，参与扶持青年导演的"语路计划"。10 年后的 2021 年，陈翠梅新作《野蛮人入侵》获得第二十四届上海国际电影节金爵奖主竞赛单元评委会大奖，并且在 2021 年 FIRST 青年电影展作为开幕影片。北京国际电影节也将她选为焦点影人。

马来西亚电影渐渐被中国观众所接触与认识。这些华人导演们努力在电影中展现出非一般的影像语言。马来西亚华人导演身处多元文化语境中，着力展示的是文化碰撞和交融，其电影中存在着多样化的元素，但同时保存与传承着优秀的中华文化，因此华人导演的电影就散发出东方与中华美学的气息，也呈

---

1 王才勇：《跨文化语境中的中国文化》，《社会科学》2004 年第 3 期，第 118—119 页。

现出质朴的本土风情，这就是马来西亚华人导演的最大特色。鉴于这一批批马来西亚华人导演在电影上的用心和对优秀中华文化的传播，我们可以将其作为最佳电影合作对象。大家都是优秀中华文化的传承者，努力在电影中传播着中华文化。

电影是一门视听艺术，在这信息时代更是一个文化产业，背负着传播民族文化的责任。它也是中华文化的最佳传播媒介。马来西亚华人导演对于提升中华文化在国际上的软实力，扮演着重要角色，有着重大意义。若能达成更多强强联手的合作，如导演和主创团队分别是马来西亚华人导演和中国的主创团队，再加上中国的庞大资本与市场模式，则马来西亚华人导演必将成为亚洲电影的一股新势力，甚至成为备受国际影坛瞩目的新力量。

第三篇章

初探与新语

李娜
LI NA

李娜，浙江外国语学院文化和旅游学院副教授。2022年在马来西亚访学期间，组织浙江外国语学院与泰莱大学的中马青年论坛项目，全面负责项目开发和运营工作。

谢家辉
CHIA KEI WEI

谢家辉，博士，马来西亚泰莱大学酒店、旅游与活动学院讲师，博士生导师，广东财经学院访问学者，2022年浙江外国语学院中马青年论坛项目参与者，有多年的中国学生留学指导经验，持续与浙江外国语学院教师共同合作，指导学生进行两校联合参赛及研究，在中马在地化国际交流中发挥出华人学者的积极作用。

林芷琪
LIN ZHIQI

林芷琪，马来西亚泰莱大学酒店与旅游专业博士研究生。2019年在马来西亚留学，2022年被录取为国家建设高水平大学公派研究生项目出国留学人员，其间作为志愿者，全程参加2022年浙江外国语学院与泰莱大学共同组织的中马青年论坛项目。研究方向为旅游体验、遗产旅游、游客行为、社交媒体等。

中马高校在地国际交流项目的可持续发展

李 娜 谢家辉 林芷琪

2017 年印发的《关于加强和改进新形势下高校思想政治工作的意见》明确强调："高校肩负着人才培养、科学研究、社会服务、文化传承创新、国际交流合作的重要使命。"继 2011 年高校 4 项职能确定之后，国家将"国际交流合作"新添为高校的第五项职能。基于这一新的职能要求，我国在高校行政部署中专设"国际交流与合作处"，国际化也成为我国高校发展和评估的重要指标之一。

新冠疫情暴发以来，为解决跨境交流受阻的困境，各高校另辟蹊径，加大力度推广在地国际交流项目，其以时间快、成本低、网络化等优势，不仅化"危"为"机"解决了实际困难，打开了国际交流的开放局面，也进一步丰富了我国在地国际化的理论研究，从探讨"什么是在地国际化"和"为什么要开展在地国际化"开始向研究"如何开展在地国际化"深入发展。

一、高校在地国际化的研究现状

（一）在地国际化的发展背景

"教育国际化"根据是否跨境分为"在地国际化"与"国外国际化"。高校"在地国际化"也被称为"本土国际化"或"国内国际化"[1]，顾名思义，是指在本土（本校）开展的帮助学生发展国际理解及跨文化能力的各类活动，所有非跨境的国际化活动均可被涵盖在内[2]，包括课程、会议、比赛以及交流项目等。

在地国际化设想最初用来扭转传统国际化模式过于重视人员跨境流动而造成的高等教育资源分配不公平的局面[3]，切实解决多数学校没有充足的国外交流资源以及多数学生无力承担高额出国交流成本的现实问题[4]。与此同时，实践发现，在国内参加各种国际化活动的学生的全球能力发展并不亚于参加出国留学项目的学生。[5] 由此，在地国际化以地域不变应万变发展，其将国际化教育推向大众的理念很快被世界各国高等教育界认可并接受，成为许多国家推动高等教育国际化发展的重要策略。

（二）在地国际化交流的国内外研究现状

"在地国际化"的概念是由瑞典马尔默大学主管国际事务的副校长本特·尼

---

[1] 王建梁、杨阳：《高等教育在地国际化的国际经验与中国路径选择——基于多国政策与战略的分析》，《社会科学战线》2022 年第 9 期，第 230—239 页。

[2] Nilsson, B. "Internationalisation at Home from a Swedish Perspective: The Case of Malmö". *Journal of Studies in International Education*, 2003, 7(1), pp. 27-40.

[3] 张伟、刘宝存：《在地国际化：中国高等教育发展的新走向》，《大学教育科学》2017 年第 3 期，第 10—17 页。

[4] 蒋冰清：《论新建地方本科高校的在地国际化》，《湖南人文科技学院学报》2016 年第 2 期，第 99—102 页。

[5] Soria, K. M., Troisi, J. "Internationalization at Home Alternatives to Study Abroad: Implications for Students' Development of Global, International, and Intercultural Competencies". *Journal of Studies in International Education*, 2014, 18(3), pp. 261-280.

尔森（Bengt Nilsson）在 1999 年的欧洲国际教育协会春季论坛上提出的 [1]，后续不断得到丰富和完善。其中乔斯·贝伦（Jos Beelen）和埃尔斯佩思·琼斯（Elspeth Jones）在《重新定义在地国际化》中的观点普遍受到认可。他们也对"在地国际化"和"课程国际化"的概念进行了对比，强调"在地国际化"必须在本国本校，但不局限于课程 [2]。

　　我国的在地国际化研究起步相对较晚，更多的是在逆文化霸权 [3]、全球新冠疫情 [4] 等态势倒逼下对高等教育国际化转型的反思和探索。从 2022 年及以前的知网数据来看，以"在地国际化教育"为主题的文献仅 48 篇，这一寥落状况已受到学者关注。这些文献主要关注两个方面：首先是学习，包括在地国际化的概念、内涵、特征以及先进国家经验；其次是实践，包括对我国实施在地国际化的意义和目标开展探讨，同时结合不同类型高校如新建地方本科高校、"双高"院校、民族院校、高职院校等，或者某一地域或个体高校的特点进行宏观研究。对在地国际化下的具体改革思路的研究则相对较少，且主要针对国际化课程建设，对在地国际交流项目运营的研究不多。进一步对文献数据进行分析可得：①北京师范大学张伟、刘宝存于 2017 年依托国家社会科学基金重大项目发表的文章，引用量稳居第一，是中国在地国际化教育研究的起点；②文献发表年份集中在 2021、2022 年的，分别约占 20% 和 40%，充分反映出在地国际交流项

------

1 Crowther, P., Joris, M., Otten, M., et al. *Internationalisation at Home: A Position Paper*. Amsterdam: European Association for International Education, 2000, p. 1.

2 Beelen, J., Jones, E. "Redefining Internationalization at Home". Curaj, A., Matei L., Pricopie, R.,et al. Ed. *The European Higher Education Area: Between Critical Reflections and Future Policies*. Berlin: Springer Verlag, 2015, pp. 59-72.

3 兰思亮、马佳妮：《在地国际化：嬗变、实践与反思》，《比较教育研究》2021 年第 12 期，第 98—107 页。

4 蔡永莲：《在地国际化：后疫情时代一个亟待深化的研究领域》，《教育发展研究》2021 年第 3 期，第 29—35 页；房欲飞：《"在地国际化"之"旧"与"新"：学理思考及启示》，《江苏高教》2021 年第 8 期，第 41—45 页。

目在应对全球新冠疫情上发挥的重要作用；③研究人员较为分散，华中师范大学、北京师范大学、上海教育科学研究院等师范类院校或研究机构的研究成果相对突出；④已有研究多强调派遣师资出国交流对于在地国际化的重要意义，但35篇文献（占73%，其中国家级11篇、省级9篇、市级7篇、校级8篇）中仅有1篇（蒋冰清，2016年，湖南）是省教育厅公派出国留学基金项目。

因此，本文拟从公派留学教师以及在地国际化项目组织者的双重视角出发，同时综合外方参与人员的文化理解，对在地国际交流项目（中外合作线上项目）进行审视，以丰富我国在地国际化的理论研究。

二、在地国际交流项目组织结构的作用

2013年，玛丽亚·路易莎·塞拉（Maria Luisa Sierra）通过对西班牙一所小型私立大学——圣豪尔赫大学的在地国际化过程进行案例分析，发现在私立高等教育机构中实施在地国际化，将受到来自机构自身的组织结构、政策法令、发展战略、学位课程和教育模式等的影响。[1]

蔡荃等总结了2020年浙江大学文科特色线上课程交流项目的运营经验，发现"领导者（学院领导）—联络者（学院教师）—管理者（外事秘书）—执行者（外方教师）—协助者（由相关学科博士生组成的助教团队）"的组织角色分工有

---

[1] Sierra, M. L. *Becoming Global Without Leaving Home: Internationalization at Home, a Case Study of San Jorge, a Spanish Private University*. Minneapolis: The University of Minnesota, 2013, pp. 8-9.

助于国际化交流项目组织协同创新。[1]

2022 年，浙江外国语学院学生国际文化教育交流优秀项目中马青年论坛项目研究人员，在项目结束后继续对参加项目的 30 位学生开展问卷调查并进行活动反思（分别向中马高校提交中英文报告），同时对中外参与人员进行深度访谈，结果同样显示"项目参与人员"为国际交流效果的重要影响因素之一。

组织是五大管理职能之一，是指为实现组织战略目标而进行岗位设计，通过授权与分工，在职、责、权方面保持动态机构体系，形成有机组织结构，从而保证管理流程畅通和项目正常运行。[2] 因此，构建科学的组织结构对于确保在地国际交流项目的正常运行极为重要。

三、基于机械传动原理的在地国际交流项目组织结构的模型构建

带传动是机械传动方式中较为常见的一种，是指利用紧套在带轮上的传动带与带轮间的摩擦力来传递动力的机械传动，普遍应用于动轮之间动力传递、物料输送以及零件的整列等，具有结构简单、传动平稳的特点。与其他传动方式相比，带传动同属于外部驱动方式，不同的是，带传动结构相对简单，且主动轮和从动轮保持独立，关系相对松散。[3]

借鉴这一原理，浙江外国语学院与马来西亚泰莱大学合作开展的"中国—

1　蔡荃、童骏、王政：《后疫情时代高校学生短期国际交流项目探索与实践——以浙江大学文科特色线上课程交流项目为例》，《中国多媒体与网络教学学报》2021 年第 1 期，第 58—60 页。

2　周三多、陈传明、刘子馨、贾良定：《管理学——原理与方法（第七版）》，复旦大学出版社 2018 年版，第 12 页。

3　邓杨、魏金营：《简明机械传动实用技术》，湖南科技出版社 2013 年版，第 1—5 页。

马来西亚青年学术论坛"（以下简称"中马青年论坛"）构建了国际交流项目创新组织模式，以带传动的方式实现国际交流的顺畅推进，以此充分保障学生的交流质量，并全面呈现国际交流的地域特色。

（一）主动轮：中方项目负责人——以教研理念运营交流项目

主动轮是带传动过程中的原动力轮，可以用于控制从动轮方向和转动速度。2022年，浙江外国语学院鼓励一线教师作为项目主体参与国际交流活动，由此，专业教师首次成为国际交流活动的项目负责人，承担了国际交流活动的设计、申报和组织工作，并将教研思维及课程建设经验融入国际交流项目运营过程，帮助打通国际交流活动与专业教学之间的通道，以实现课堂联动和课程国际化发展。

1. 项目选题

中马青年论坛选择"旅游可持续发展"为主题，一方面对应联合国世界旅游组织（现为联合国旅游组织）提出的《2030年可持续发展议程》，接轨国际研究热点，使学生树立人类命运共同体的价值观；另一方面以联合国17个可持续发展目标覆盖不同专业背景学生的多元化交流需求。另外，这一选题也紧贴浙江外国语学院培养德智体美劳全面发展的具有家国情怀、国际视野的高素质应用型人才的目标，与学校发展同轨并行。

2. 项目设计

项目负责人借鉴课程教学改革思路，以交流成果为导向，遵循"两性一度"的金课标准[1]，对2周的项目交流活动进行了"5212"结构设计。

5个主题工作坊：覆盖传统文化、非遗文化、乡村旅游、饮食文化和赛事旅游等多个研究领域。这些选题可以延伸至相关学生竞赛赛道，如浙江省大学生乡村振兴创意大赛、浙江省大学生会展创意策划大赛等。

---

[1] 吴岩：《建设中国"金课"》，《中国大学教学》2018年第12期，第4—9页。

2个技能工作坊："专业汇报"和"小组合作"可以让学生现学现用，帮助学生快速提升交流能力。

1个国际会议：学生累计参加长达30个小时的国际学术会议，听取20多场来自不同国家学者的分享。

2次汇报：各小组向学长进行预汇报，学长基于自身学习经验给出修改建议，各小组再向专业教师进行正式汇报并获得点评。

从高阶性来看，交流活动设定了可持续发展主题，要求学生通过2周时间了解马来西亚发展现状，并用英语进行小组汇报。

从创新性来看，交流活动中的国际会议传递了学科前沿信息，交流活动张弛有度，且设定了多元化的考核形式，以鼓励学生进行中马文化的比较和思考，将思政教育融入国际交流。

从挑战度来看，学生要快速熟悉小组伙伴，适应全英文学习及马来西亚口音，并全程参与专业交流。

3. 项目考核

缺乏明确目标的交流，很容易导致交流流于形式。中马青年论坛首先以项目证书和国际会议证书作为显性成果目标，并以个人考勤、发言、总结报告以及小组汇报等方式，进行过程性考核，从而确定最终获得证书的学生名单。另外，项目对参与开营和闭营仪式志愿工作（如视频制作、新闻稿撰写、学生代表发言及嘉宾发言稿翻译等）的同学进行加分鼓励，基于最终表现，给予此次报名交流项目的学生金额不等的学校助学金，这既体现了考核结构层次化的特点，也获得了以提高学生国际素养为目的的潜在成果。

（二）从动轮：外方专业教师——以协议细则整合国际资源

和主动轮相比，从动轮缺乏动力，只有通过主动轮的作用力才可以实现转动，且转速慢于主动轮。中马青年论坛由浙江外国语学院发起，马来西亚泰莱大学根据中方提出的要求进行对接，并按照协议约定完成交流活动。

1. 师资

中马青年论坛提出了班级规模上限和师资基本要求，以确保师生比和教师专业方向能满足交流需求。3位外方专业教师均有丰富的教授国际学生的经验，以外籍教师身份及国际视角引导学生进入国际交流情境。教师始终出镜的方式最大限度地营造了国际交流场景和氛围，尤其是统一背景和截屏合影，不仅可以控制考勤，也是国际交流仪式感的体现。

2. 语言

尽管我国也在尝试通过开设双语甚至全英文课程来实现国际化教学目标，但课程质量参差不齐。总的来说，课堂语言很难实现百分之百外语教学，而国际交流项目无论以口头还是书面形式，在正式还是非正式场合，师生之间都始终要求用外语交流。

3. 时长

一方面要充分整合资源，以降低项目成本；另一方面要考虑学生特点，以实现有效交流。项目最终确定了"定制＋通用"相结合的日程内容。定制部分是针对中方学生开设的工作坊和汇报会，每次时间控制在1小时左右，以保证教师和学生的高质量交流状态。工作坊和汇报会分别安排在第一和第二周，以确保学生有足够的时间进行准备。通用部分以国际会议为主，会议面向全球观众，并不局限于中方学生，以"磨耳朵"的方式让学生沉浸在国际学术氛围中。国际会议安排在工作坊和汇报会中间，给足学生汇报的准备时间，而来自全球学者的分享为小组汇报提供了借鉴范本。

（三）传动带：在外博士研究生——以学长身份润滑活动进程

传动带也称为输送带，是带传动系统中的传动介质。厘清两校供需并进行对接，从而帮助国际交流快速运转，介质必不可少。中马青年论坛从外方学校中挑选了一位优秀的中国博士研究生全程参与项目运营（包括项目设计、协议拟定、过程沟通及复盘总结等），并由其为学生提供"学长"伴学服务，收到了意想不到的效果。

1. 柔性身份

"学长"而非"助教"的身份可帮助该博士研究生更轻松地融入 00 后学生群体，学生会更主动地与"学长"交流，探讨内容不只是国际交流项目，还有怎样申请海外硕士、国外留学是否安全、国外高校教学管理是怎样的等问题。"学长"身份给学生带来体验感、安全感，效果远胜于教师身份。

2. 换位引导

"学长"过来人的经历，恰好可以让该博士研究生换位思考学生在信心、技巧、方法和信息等方面的多元需求，帮助学生熟悉 Zoom 会议软件，给学生提供出国深造信息，介绍外文文献搜索方法，推荐项目英文报告的规范格式，分享在国外参加项目或比赛的经验及英语交流速成技巧等。

3. 模演辅导

鉴于中国学生性格内敛，缺乏经验，多数同学怯于交流的情况，采用二次汇报方式，鼓励学生先向学长进行预汇报，再向专业教师正式汇报，这既可以增加学生的锻炼机会，也能帮助学生建立自信。

另外，中国留学生作为传动带介质，其跨文化能力能帮助合作的两校快速拉近距离，化解初次相识的陌生感，增加"破冰"话题，可有效推进国际交流项目。

四、高校在地国际交流项目组织模型可持续发展对策

随着世界经济格局变化以及信息技术发展，国际教育交流将进入常态化，在地国际化不能替代跨境国际化，但必将是国际教育交流的重要组成部分。基于理论与实践分析，为促进在地国际交流的可持续发展，需对组织模型进行创新，并构建带传动式的利益共同体。

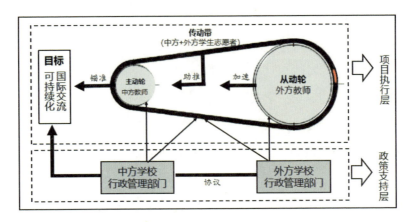

国际交流项目带传动组织模型

（一）主动轮：完善激励机制，打通制度壁垒

中方专业教师是组织模型的瞄准器，是项目顺利开展以及成果产出的重要保证。首次运作的中马青年论坛充分利用中方教师的海外留学时机和国际化职业发展动力，借天时、地利、人和的先机而循序推进，但是为了保持主动轮动力，实现项目可持续化发展，中方学校建立合理激励机制、打通行政壁垒已势在必行。

1. 联合发布国际专项项目

以浙江外国语学院为例，现虽鼓励一线教师参与国际化项目申报，但项目资金仅为面向学生的助学金，项目运营中的相关费用则由教师自行承担。另外，国际交流合作的指标仅下发到学院，而且它也比不上教学、科研指标在教师业绩核算中的重要性，计算方法也较为模糊，极易挫败教师工作积极性。除进一步规范相关制度外，还可借鉴部分高校的做法，由国际交流与合作部门协同教务、科研部门，在学校教研项目中增设"国际化研究"专项，打通学生国际交流项目与教研项目之间的通道，采用"先建后立"的方式，对取得优秀交流成果的项目进行立项，以此形成良性主动轮动力循环。

2. 建设校本国际交流课程

目前国际交流项目独立于教学活动之外，既增加了专业教师的时间投入，又未能链接教师的主职工作，令专业教师有"不务正业"的感觉。国际交流部门可与二级学院共同组建教学团队，打造国际交流全校公共课程，开发校本教材，理论部分以慕课形式进行，将学校国际交流项目编写为课后研究案例，实践部分可自选国际交流项目模块，由此达到教学内容理论与实践一体、课程与项目融合的效果，这既有助于营造在地国际交流氛围，也可实现四课堂联动。

3. 配备项目组织运营保障

中马青年论坛中方专业教师承担了两校对接、项目设计、协议拟定、款项收取、报名宣传、中介联系以及学生奖学金发放等工作，并独立完成与外方（学校管理人员、教师、博士研究生）、中方（学生）以及中介的三向沟通，任务过于繁重。因此，行政部门应为专业负责人配备保障队伍，让其把精力重点放在与外方学校的沟通以及拓展两校国际交流空间上，这样可各尽其能。

（二）从动轮：消减被动惰力，注入驱动活力

外方专业教师在国际交流项目中参与时间短、所得利益甚微（根据马来西亚泰莱大学的 Annual Evaluation（年度评价）标准计为 0.5 个绩效，等同于参加一天培训或参加一次国内会议的绩效），可能因为流动性参与而缺乏积极性。要提升组织模型的传动速度，就要消减从动轮的惰力，化被动为主动，将其变为加速器，与主动轮形成合力。较之主动轮，从动轮更大，国际交流项目也是以外方为主，外方是影响交流成果产出质量的关键因素，因此要尽力弱化中方教师对参与交流项目学生的干涉，让学生体验国外教育资源和文化。

1. 项目前，细化协议，明确权责

邀请外方专业教师共同参与项目设计，以寻求共同利益，预设可能存在的问题，最终以书面形式明确交流内容和要求，以减少因文化理解差异带来的低效或无效投入；协议中也可明确项目为外方教师提供的利益，如学生满意度反馈、中方学校开具的项目培训国际讲师证书等，这些同样与外方教师的职业发展相关。

2. 项目中，实时监管，积极反馈

项目过程应建立监管机制，避免拍照闲聊式的交流活动，可以要求在活动前后提供交流资料，如讲座 PPT、活动方案、交流考评表及交流视频照片等，这既可以帮助学生做好准备、为项目总结积累素材，还可达到规范质量的目的。中方在项目结束后应及时搜集学生意见和新闻，对优秀的交流内容或交流人员给予及时的反馈，传递正面评价信息。

3. 项目后，动态联系，长效合作

中外专业教师应具有长远合作眼光，借学生交流项目磨合关系，结合两校发展需求畅想深度合作方向，保持信息互通，随时择机合作。国际化相关指标早已成为世界大学排名的重中之重。因此，无论是学校的国际化指标体系建设，还是教师的职业成长内驱动力，外方对中国的教育发展形势看好，双方必能找到双向奔赴的合作时机。

（三）传动带：建立帮带团队，锚定职业成长

志愿者学生或助教是传动带的主要人员，也是国际交流活动的助推器。以往国际交流项目中这类人员多为中方高校工作人员，根据学校行政部门或项目负责人的既定要求从事信息收集和发布等，工作简单，体验单一。由于中马青年论坛项目注重体验，所以只有重视这些人员的权责赋能，方可产生超预期的效果。

1. 双方选派

对比由单方学校选派志愿者或助教，双方选派不仅可以增加协助人员数量，减轻两校教师压力，方便服务学生，也为志愿者提供了高频交流的机会。由外方学校面向全校奖学金资助学生发布志愿者信息，让海外学生有更多机会接触中国高校以及青年学生群体，中方学校则可以选择已有国际交流经验的老学员，或者创建国际交流社团，将志愿工作纳入社团日常工作内容，以此丰富中方学生国际交流的渠道。

2. 帮带滚动

建立志愿者帮带机制，以老带新，既能提高效率，也可形成传承传统。"老"志愿者可以从往期学员中遴选，鼓励其借助前期交流基础，设定进阶学习计划，如与两校师生合作，在国内外学术期刊上发表论文，参加国际比赛等，延长国际交流项目的受益时效。

3. 成长体验

以助力成长、丰富经历为导向，鼓励学生积极参与。邀请双方志愿者学生在项目前期即跟进，并共同参与项目内容设计及项目宣传招生等工作，变"服从执行"为"策划组织"，发挥主观能动性。活动结束后由两校为志愿者提供双语版志愿者服务书面证明，对其工作给予认可，同时也助力其未来学习深造和就业。

五、结语

中马青年论坛是中国高校对马来西亚丰富在地国际化资源[1]的融合实践，而中外参与人员合力研究创新，也印证了在地国际化项目成果深化、延续的可行性。本文将国际交流实践与理论反思相结合，借助机械传动科学原理，生动解释了项目改革思路，厘清了国际交流各利益相关体之间的关系。本文呼应了国内外相关学者提出的"教师国际素养在在地国际化中尤为关键"[2]的观点，同时为今后定性或定量研究奠定了基础。

---

1 李小红、杨文静、经建坤：《马来西亚高等教育在地国际化的实践及启示》，《高教探索》2022 年第 5 期，第 90—97 页。

2 房欲飞：《"在地国际化"研究的国际视野及最新进展》，《比较教育研究》2022 年第 8 期，第 28—36 页。

浙江外国语学院2024年中马国际交流项目启动

浙江外国语学院邀请马来西亚留学生参加茶文化活动

英国教育家皮特·斯科特（Peter Scott）说过："所有教育都将成为国际化教育。"[1] 在地国际化是超越移动的国际化[2]，因此，在地国际化的实践不是因为全球新冠疫情而产生的，也不会因其结束而停止，相反，其在未来必然将继续与跨境国际化并存，成为高校国际交流常态化发展的方向。正如世界上没有一种动力传动是十全十美的，同样也没有一种国际交流模式是可以被生搬硬套的。只要深刻领悟国际交流精神，紧密围绕学校人才培养目标，全面了解在地和外方国际交流资源，知己知彼，取长补短，形成以学生为中心的利益共同体，就定能找到最适合本校发展的国际交流模式。

（本文发表于《神州学人》2023 年第 11 期。）

---

1 皮特·斯科特著，周倩、高耀丽译：《高等教育全球化：理论与政策》，北京大学出版社 2001 年版，第 8 页。

2 Teekens, H. "Internationalisation at Home: An Introduction". *Internationalisation at Home: Ideas and Ideals*, 2007, 20, pp. 3-11.

孟雪莹
MENG XUEYING

　　孟雪莹（右），马来西亚泰莱大学社会科学与休闲管理学院博士研究生。研究方向为外卖App、可持续发展旅游，曾以志愿者身份参与新冠疫情期间的物资发放。

丁一
DING YI

　　丁一（中），马来西亚精英大学 ELM 学院博士研究生。研究方向为休闲旅游，曾作为校方志愿者参与中国驻马来西亚大使馆举办的"领事保护进校园"活动。

中国留学生对马来西亚上班族外卖App使用现状的观察与思考

孟雪莹　丁　一

根据市场监测和数据分析公司尼尔森（Nielsen）的数据，2005年，超过59%的成年人每周都会前往餐厅外带食物。因为这可以减少等待时间，适合日益繁忙的生活方式。然而，也有很多人因为工作繁忙、天气恶劣等原因不能亲自去店里取餐，这就为外卖App（Food Delivery Applications，FDA）提供了生存的土壤。毫无疑问的是，"新配送"参与者正在增加，到2025年，FDA的潜在市场预计将超过200亿欧元。

机会往往伴随着风险与挑战，FDA的发展同样如此。一方面，FDA应该满足现有顾客的需求和期望；另一方面，相关行业的入场使食品递送行业变得更加多元化，但也加剧了行业内部的竞争。[1] 尽管以前的研究已经调查了影响食品递送服务的因素，但我们仍然需要进一步了解可能存在的影响因素，以支持该

1　Andriani Debrina Puspita., et al. "Parameter Identification for the Decision Model of Uncertainty Price Competition in Food Delivery Services". *IOP Conference Series: Earth and Environmental Science*, 2021, 733(1).

行业的发展。[1-2] 例如，许多与 FDA 合作的新兴本地餐馆仍然难以获得顾客的忠诚度。[3] 另外，尽管有大量与食品递送服务及应用相关的满意度和忠诚度研究文献[4]，但很少有人在马来西亚 COVID-19 大流行期间进行 FDA 的研究。因此，本研究旨在分析消费者对食品递送应用的使用态度、满意度和忠诚度。

本研究结合使用与满足理论（Uses and Gratifications Theory）和满意度—忠诚度理论（Satisfaction-Loyalty Theory），研究上班族对 FDA 的使用态度及使用态度对满意度和忠诚度维度（口碑、重复使用意愿和推荐）的影响。通过结合这两种理论，不仅可以了解马来西亚上班族对 FDA 的使用态度背后不同方面的影响因素，还可以更好地衡量客户满意度和忠诚度对企业的影响。近年来，马来西亚的 GDP 年增长率一直保持在 4% 到 6% 之间。2018 年，马来西亚的人均 GDP 为 43086 林吉特，人民的生活水平和购买力稳步上升。随着生活方式的逐渐改变，年轻的上班族和学生是 FDA 的主要用户。上班族使用 FDA 的需求是相当巨大的。本研究所阐明的见解，可以帮助 FDA 的利益相关者增加对细分市场的了解，为顾客提供定制化服务并制定营销策略，从而获得更高的客户忠诚度，增强客户黏性。

在下文中，我们回顾了有关 FDA 的文献，并讨论了影响使用态度的因素以及使用态度对满意度和忠诚度的影响。方法论部分解释了研究所使用的工具及

1 Ahmed Tausif Saad. "Factors Affecting Online Food Delivery Service in Bangladesh: An Empirical Study". *British Food Journal*, 2021, 123(2), pp.535-550.

2 Ali Abdallah Alalwan. "Mobile Food Ordering Apps: An Empirical Study of the Factors Affecting Customer E-Satisfaction and Continued Intention to Reuse". *International Journal of Information Management*, 2020, 50, pp.28-44.

3 Hossein Nezakati, Yen Lee Kuan, Omid Asgari. "Factors Influencing Customer Loyalty Towards Fast Food Restaurants". *International Conference on Sociality and Economics Development*, 2011, 10, pp.12-16.

4 Yogi Tri Prasetyo, et al. "Factors Affecting Customer Satisfaction and Loyalty in Online Food Delivery Service During the COVID-19 Pandemic: Its Relation with Open Innovation". *Journal of Open Innovation: Technology, Market, and Complexity*, 2021, 7(1), p.76.

数据收集、抽样和数据分析过程。结果部分采用偏最小二乘法（PLS）对测量和结构模型进行评估，并在文献的指导下对结果进行了讨论。最后一部分总结了理论和实践贡献以及研究的局限性和未来发展方向。

一、文献综述

本研究提出的框架涵盖 14 个维度，结合使用与满足理论和满意度—忠诚度理论，有 6 个自变量（质量控制、易用性、交付体验、便利性、餐厅搜索和列表）与对 FDA 的使用态度有关（简称"使用态度"）。质量控制细分为信息质量、服务质量和食品质量，这使得交付体验和易用性成为质量控制与使用态度之间的中介。因变量忠诚度则被分为口碑、重复使用意愿以及推荐 3 个维度。

（一）食品递送服务与应用

在食品递送和餐饮行业，FDA 作为一种载体，通过控制餐厅的食品质量和环境来保护顾客的权益，同时维护自身声誉。此外，FDA 也在不断优化其在线交付和递送过程中的服务，并在此基础上协调顾客、餐馆和在线配送人员之间的关系，从而为顾客提供无缝衔接的在线服务。同时，由于国家之间的经济合作日益增加，外籍人员在马来西亚工作的现象越发普遍，掌握多语种的递送人员能提供更好的服务。[1]FDA 遵循"顾客至上"的原则，为客户解决各种问题，

---

1 Chandrasekhar Natarajan, Saloni Gupta, Namrata Nanda. "Food Delivery Services and Customer Preference: A Comparative Analysis". *Journal of Foodservice Business Research*, 2019, 22(4), pp.375-386.

以提高用户的满意度。[1] 例如，通过使用全球定位系统（GPS），避免定位误差。[2] 当用户下订单时，FDA 通过无现金支付方式为用户提供便利。[3]

在疫情期间，食品系统也经受了严峻考验。例如，Power 等人[4] 认为，在危机中，脆弱的食品系统面临着严重囤积的挑战。但是，Kim[5] 发现面对疫情期间消费者囤积食物和其他生活必需品的情况，FDA 在增强食品供应链的灵活性方面发挥了重要作用。

（二）使用与满足理论

这项研究以使用与满足理论为基础。该理论起源于 19 世纪 40 年代，提出了一个成熟而前沿的理论框架，可以根据社会调查的重点进行调整。[6] 该理论在社交媒体、互联网等领域应用广泛。在这项对 FDA 的研究中，使用与满足理论被用来专门探索 FDA 如何从消费者的角度提供客户满意度和需求的数据。这些见解可以为利益相关者如何进一步提高客户满意度及忠诚度提供方向。基于上述文献，动机、行为意向与满意度之间的关系可以在 FDA 的背景下简单描述为：

---

[1] Chandrasekhar Natarajan, Saloni Gupta, Namrata Nanda. "Food Delivery Services and Customer Preference: A Comparative Analysis". *Journal of Foodservice Business Research*, 2019, 22(4), pp.375-386.

[2] Mitali Gupta. "A Study on Impact of Online Food Delivery App on Restaurant Business Special Reference to Zomato and Swiggy". *International Journal of Research and Analytical Reviews*, 2019, 6(1), pp.889-893.

[3] Chaiyawit Muangmee, et al. "Factors Determining the Behavioral Intention of Using Food Delivery Apps During COVID-19 Pandemics". *Journal of Theoretical and Applied Electronic Commerce Research*, 2021, 16(5), pp.1297-1310.

[4] Madeleine Power, et al. "How COVID-19 Has Exposed Inequalities in the UK Food System: The Case of UK Food and Poverty". *Emerald Open Research* 2, 2020.

[5] Rae Yule Kim. "The Impact of COVID-19 on Consumers: Preparing for Digital Sales". *IEEE Engineering Management Review*, 2020, 48(3), pp.212-218.

[6] Thomas E. Ruggiero. "Uses and Gratifications Theory in the 21st Century". *Mass Communication & Society*, 2000,3(1), pp.3-37.

动机→使用态度→满足。

（三）影响使用态度的因素

根据以往的文献，确定了以下变量并对其进行实证分析。

1. 质量控制

质量控制可以定义为任何过程或程序为确保个人或团体通过一系列行动获得的最终结果无限接近理论模型而形成的具有可信度的质量标准。在本研究中，信息质量、服务质量和食品质量构成了服务提供的质量控制。根据过去的研究，信息质量被定义为系统给出的最终对用户有帮助的信息。高质量信息的特点包括格式清晰简洁、完整及时。[1]Kang 和 Namkung[2]发现，O2O（线上到线下）业务提供的信息质量对购买食品的有用性和易用性有积极影响。基于技术接受模型，Shih[3]发现信息质量与网上购物的易用性呈正相关。

此外，Cheng 等人[4]指出，系统运营对在线食品递送行业至关重要。由于员工的绩效是服务的主要体现，专业知识、服务经验和外表能够很好地反映服务

---

[1]   Jamid Ul Islam, Zillur Rahman. "The Impact of Online Brand Community Characteristics on Customer Engagement: An Application of Stimulus-Organism-Response Paradigm". *Telematics and Informatics*, 2017, 34(4), pp.96-109.

[2]   Jee-Won Kang, Young Namkung. "The Information Quality and Source Credibility Matter in Customers' Evaluation Toward Food O2O Commerce". *International Journal of Hospitality Management*, 2019, 78, pp.189-198.

[3]   Hung-Pin Shih. "An Empirical Study on Predicting User Acceptance of E-Shopping on the Web". *Information & Management*, 2004, 41(3), pp.351-368.

[4]   Ching-Chan Cheng, Ya-Yuan Chang, Cheng-Ta Chen. "Construction of a Service Quality Scale for the Online Food Delivery Industry". *International Journal of Hospitality Management*, 2021, 95.

质量。[1]Teng 和 Chang[2] 也认为服务质量会影响用户的情绪反应。Gallarza 和 Saura[3] 提出良好的服务质量会引导顾客下意识地形成难忘的用餐体验，从而提高满意度和忠诚度。

FDA 作为向顾客提供送餐服务的平台，对食品质量的控制起着至关重要的作用，因为食品质量是影响顾客对 FDA 的使用态度的重要因素之一。[4] 另外，食品质量也会在一定程度上影响消费者的购买意愿。[5] 基于上述讨论，本研究提出将 FDA 的质量控制作为主要因素来预测。

H1：FDA 的质量控制与易用性呈正相关。

H2：FDA 的质量控制与交付体验呈正相关。

H3：FDA 的质量控制与使用态度呈正相关。

2. 易用性

易用性是指用户对特定服务或技术是否易于使用的感知。在 FDA 的背景下，易用性是指食品选择的便利性、下单后付款的便利性，以及使用订单跟踪来获取配送信息的便利性。Davis[6] 在其关于技术创新易用性的研究中认为，感知的

1　Woo Gon Kim, Youngmi Cha. "Antecedents and Consequences of Relationship Quality in Hotel Industry". *International Journal of Hospitality Management*, 2002, 21(4), pp.321-338.

2　Chih-Ching Teng, Jung-Hua Chang. "Mechanism of Customer Value in Restaurant Consumption: Employee Hospitality and Entertainment Cues as Boundary Conditions". *International Journal of Hospitality Management*, 2013, 32, pp.169-178.

3　Martina G. Gallarza, Irene Gil Saura. "Value Dimensions, Perceived Value, Satisfaction and Loyalty: An Investigation of University Students' Travel Behaviour". *Tourism Management*, 2006, 27(3), pp.437-452.

4　Chih-Ching Teng, Jung-Hua Chang. "Mechanism of Customer Value in Restaurant Consumption: Employee Hospitality and Entertainment Cues as Boundary Conditions". *International Journal of Hospitality Management*, 2013, 32, pp.169-178.

5　Bayram Sahin, et al. "Evaluation of Factors Affecting the Food Consumption Levels of Inpatients in a Turkish Armed Forces Training Hospital". *Food Quality and Preference*, 2007, 18(3), pp.555-559.

6　Fred D. Davis. "Perceived Usefulness, Perceived Ease of Use, and User Acceptance of Information Technology". *MIS Quarterly*, 1989, 13, pp.319-340.

易用性会对未来的用户接受度产生一定影响。Belarmino 等人 [1] 调查了用户使用 FDA 的动机，发现易用性显著影响客户满意度。此外，感知有用性和感知易用性也会积极影响用户对 FDA 的使用态度。[2] 同时，Song 等人 [3] 指出易用性对用户使用 FDA 的态度有积极影响。因此，我们认为：

H4：FDA 的易用性与使用态度呈正相关。

3. 交付体验

交付体验主要是指配送人员给客户带来的体验。Berry 等人 [4] 发现良好利用跨渠道协同效应对服务提供具有重要的影响，并且提高了消费者的消费偏好。此外，Kim 等人 [5] 认为交付速度显著影响用户的感知效用价值。更重要的是，Dinakaran[6] 指出顾客的态度受到食物及时送达与否和质量的影响。因此，本研究预测：

H5：FDA 的交付体验与使用态度呈正相关。

4. 便利性

便利性是指工具给用户带来便利的程度。换句话说，在不牺牲消费者的时

---

1   Amanda Belarmino, et al. "Exploring the Motivations to Use Online Meal Delivery Platforms: Before and During Quarantine". *International Journal of Hospitality Management*, 2021, 96.

2   Eun-Yong Lee, Soo-Bum Lee, Yu Jung Jennifer Jeon. "Factors Influencing the Behavioral Intention to Use Food Delivery Apps". *Social Behavior and Personality: An International Journal*, 2017, 45(9), pp.1461-1473.

3   HakJun Song, Wenjia Jasmine Ruan, Yu Jung Jennifer Jeon. "An Integrated Approach to the Purchase Decision Making Process of Food-Delivery Apps: Focusing on the TAM and AIDA Models". *International Journal of Hospitality Management*, 2021, 95.

4   Leonard L. Berry, et al. "Opportunities for Innovation in the Delivery of Interactive Retail Services". *Journal of Interactive Marketing*, 2010, 24(2), pp.155-167.

5   Changsu Kim, et al. "Factors Influencing Internet Shopping Value and Customer Repurchase Intention". *Electronic Commerce Research and Applications*, 2012, 11(4), pp.374-387.

6   Usha Dinakaran. "Analyzing Online Food Delivery Industries Using Pythagorean Fuzzy Relation and Composition". *International Journal of Hospitality and Tourism Systems*, 2021, 14(2), p.36.

间和精力的情况下，产品越方便，给消费者提供的便利性越强。例如，FDA 不仅为顾客提供周边地区餐厅的位置和价格比较，而且有助于节省时间和成本。正如 Yale 和 Venkatesh 所强调的那样，"便利对许多人来说意味着很多事情"[1]。换句话说，不同的消费者需要不同层次的便利配置。因此，便利性会不同程度地影响消费者的决策。由此，本研究认为：

H6：FDA 的便利性与使用态度呈正相关。

5. 餐厅搜索和列表

先前的研究支持信息搜索与使用态度之间的关系。搜索和列表都可以定义为可用性。一项关于家长对教育应用感知的研究表明，应用的可用性对家长的态度具有至关重要的影响。[2] 同样，FDA 的可用性对客户的使用态度也有重要影响。根据 Wilson[3] 的观点，当人们想要满足自己的需求或试图验证从不同来源获得的信息时，他们可能会"继续"搜索信息。在食品递送方面，用户不仅可以在家点餐，还可以搜索他们喜欢的食物或菜肴。列表是指餐馆、菜系以及点餐时显示的菜肴类型和数量的信息。此外，一项对尼日利亚消费者的研究得出结论：隐私、产品需求、消费者之前的在线体验和可用性会强烈影响消费者的在线购物态度。[4]

1　Laura Yale, Alladi Venkatesh. "Toward the Construct of Convenience in Consumer Research". *ACR North American Advances*, 1986, 13(1), pp.403-408.

2　Julie Vaiopoulou, et al. "Parents' Perceptions of Educational Apps Use for Kindergarten Children: Development and Validation of a New Instrument (PEAU-p) and Exploration of Parents' Profiles". *Behavioral Sciences*, 2021, 11(6), p.82.

3　Tom D Wilson. "Information Behaviour: An Interdisciplinary Perspective". *Information processing & Management*, 1997, 33(4), pp.551-572.

4　Henry Egbezien Inegbedion, David Eseosa Obadiaru, Vincent Deva Bello. "Factors that Influence Consumers' Attitudes Toward Internet Buying in Nigeria". *Journal of Internet Commerce*, 2016, 15(4), pp.353-375.

Martínez-González 和 Álvarez-Albelo[1] 通过一项年轻消费者对旅游网站忠诚度的研究发现，网站的功能方面（主要是可用性和内容）显著影响消费者的购买意愿和忠诚度。就在线食品交付而言，一些研究发现，网站的内容、功能和可用性可以吸引许多新用户。[2] 因此，基于以上讨论，本研究提出以下假设：

H7：FDA 的餐厅搜索与使用态度呈正相关。

H8：FDA 的列表与使用态度呈正相关。

6. 中介作用

在网络订购的研究中，质量控制已被证明通过可用性和易用性的中介作用对用户的使用意图产生显著影响。[3] 同样，Shih[4] 认为感知信息质量通过易用性和有用性与用户的电子购物意愿呈正相关。另一方面，Mehrabian 和 Russell[5] 认为顾客体验引起的情绪变化是驱动顾客行为的主要因素。例如，当消费者在 FDA 下订单时，如果配送人员迅速将食物送到，那么消费者的心情将变得愉快，并向 FDA 提供令人满意的评论。Suhartanto 等人[6] 认为所提供的服务也会影响顾客对食品质量的感知，进而影响顾客的忠诚度。因此，本研究提出：

[1] José Alberto Martínez-González, Carmen D. Álvarez-Albelo. "Influence of Site Personalization and First Impression on Young Consumers' Loyalty to Tourism Websites". *Sustainability*, 2021, 13(3), p.1425.

[2] Gessuir Pigatto, et al. "Have You Chosen Your Request? Analysis of Online Food Delivery Companies in Brazil". *British Food Journal*, 2017, 119(3), pp.639-657.

[3] Tony Ahn, Seewon Ryu, Ingoo Han. "The Impact of the Online and Offline Features on the User Acceptance of Internet Shopping Malls". *Electronic Commerce Research and Applications*, 2004, 3(4), pp.405-420.

[4] Hung-Pin Shih. "An Empirical Study on Predicting User Acceptance of E-Shopping on the Web". *Information & Management*, 2004, 41(3), pp.351-368.

[5] Albert Mehrabian, James A. Russell. *An Approach to Environmental Psychology*. Cambridge, MA: MIT Press, 1974.

[6] Dwi Suhartanto, et al. "Loyalty Toward Online Food Delivery Service: The Role of E-Service Quality and Food Quality". *Journal of Foodservice Business Research*, 2019, 22(1), pp.81-97.

H9：FDA 的交付体验在质量控制和使用态度之间起着中介作用。

H10：FDA 的易用性在质量控制和使用态度之间起着中介作用。

7. 满意度和使用态度

在先前研究的指导下，Giese 和 Cote 定义了满意度，即"与在特定时间确定的特定焦点有关的反应"。同时，大多数学者认为满意度是一种随时间变化的不同强度的总结性情绪反应。[1]Taghizadeh 和 Hajhosseini[2] 认为积极的态度可以创造更高的满意度。例如，经常通过 FDA 订餐的顾客比偶尔使用 FDA 订餐的顾客满意度更高。因此，就 FDA 而言，顾客满意度是指人们在订单完成后对它的主观评价。Magrath 和 McCormick[3] 认为，对于电子商务来说，用户在网上购买商品时，会根据自己对质量的感知做出理性选择。因此，本研究预测：

H11：对 FDA 的使用态度与用户满意度呈正相关。

（四）满意度—忠诚度理论

满意度—忠诚度模型最初用于研究交通运输行业的乘客行为意向。[4] 该研究模型分析了服务质量、感知成本、客户满意度、感知价值和转换障碍之间的关系，以预测乘客行为意向。为了更深入地理解客户行为意向，该模型将用户行为意向建立在用户态度的变化上，主要使用客观和可量化的变量进行测量。此外，

1 Joan L. Giese, Joseph A. Cote. "Defining Consumer Satisfaction". *Academy of Marketing Science Review*, 2000, 1(1), pp.1-22.

2 Mahboubeh Taghizadeh, Fatemeh Hajhosseini. "Investigating a Blended Learning Environment: Contribution of Attitude, Interaction, and Quality of Teaching to Satisfaction of Graduate Students of TEFL". *The Asia-Pacific Education Researcher*, 2021, 30, pp.459-469.

3 Victoria Magrath, Helen McCormick. "Marketing Design Elements of Mobile Fashion Retail Apps". *Journal of Fashion Marketing and Management: An International Journal*, 2013, 17(1), pp.115-134.

4 William Jen, Rungting Tu, Tim Lu. "Managing Passenger Behavioral Intention: An Integrated Framework for Service Quality, Satisfaction, Perceived Value, and Switching Barriers". *Transportation*, 2011, 38, pp.321-342.

Thakur[1] 指出，客户满意度和忠诚度之间存在着积极而直接的关系。以往对忠诚度的研究表明，客户满意度产生的口碑通常伴随着回购意向和推荐意向。[2] 因此，本研究采用口碑、重复使用意愿和推荐作为评价忠诚度的变量。

1. 口碑

从客户的角度来看，口碑作为产品和服务的可靠信息来源发挥着重要作用。[3] 此外，口碑也是潜在消费者在新媒体中产生的第一印象。[4] Anastasiei 和 Dospinescu[5] 的研究证明，满意度会显著影响与在线零售商相关的口碑的数量和价值。除此之外，在电子商务背景下，Tseng 等人[6] 研究了在线消费者对酒店住宿的评论，发现满意度对口碑有显著的正向影响。还有，Park 和 Kim[7] 认为，口碑的存在缓解了信息不对称，使市场更加透明。因此，我们认为：

H12：顾客满意度与 FDA 的口碑呈正相关。

1　Rakhi Thakur. "The Moderating Role of Customer Engagement Experiences in Customer Satisfaction-Loyalty Relationship". *European Journal of Marketing*, 2019, 53(7), pp.1278-1310.

2　Chatura Ranaweera, Jaideep Prabhu. "On the Relative Importance of Customer Satisfaction and Trust as Determinants of Customer Retention and Positive Word of Mouth". *Journal of Targeting, Measurement and Analysis for Marketing*, 2003, 12, pp.82-90.

3　Shu-Chuan Chu, Yoojung Kim. "Determinants of Consumer Engagement in Electronic Word-of-Mouth (eWOM) in Social Networking Sites". *International Journal of Advertising*, 2011, 30(1), pp.47-75.

4　Do-Hyung Park, Sara Kim. "The Effects of Consumer Knowledge on Message Processing of Electronic Word-of-Mouth via Online Consumer Reviews". *Electronic Commerce Research and Applications*, 2008, 7(4), pp.399-410.

5　Bogdan Anastasiei, Nicoleta Dospinescu. "Electronic Word-of-Mouth for Online Retailers: Predictors of Volume and Valence". *Sustainability*, 2019, 11(3), p.814.

6　Timmy H. Tseng, et al. "An Empirical Investigation of the Longitudinal Effect of Online Consumer Reviews on Hotel Accommodation Performance". *Sustainability*, 2020, 13(1), p.193.

7　Do-Hyung Park, Sara Kim. "The Effects of Consumer Knowledge on Message Processing of Electronic Word-of-Mouth via Online Consumer Reviews". *Electronic Commerce Research and Applications*, 2008, 7(4), pp.399-410.

2. 重复使用意愿

重复使用意愿意味着消费者打算继续使用某种产品或服务。过去的大多数研究都证实，满意度和意愿之间的关系是线性的。[1] 例如，Alalwan[2] 根据移动订购软件的特点，实证预测和分析了影响本国 FDA 电子满意度和顾客持续使用 FDA 的意愿的因素，并得出满意度正向影响顾客的持续使用意愿的结论。此外，Ray 等人[3] 发现交付体验、餐厅搜索和易用性可以促进用户的使用意愿。一项关于在新冠疫情期间重复使用 FDA 的研究表明，满意的客户更有可能重复使用 FDA。[4-5] 因此，本研究提出以下假设：

H13：顾客满意度与重复使用 FDA 的意愿呈正相关。

3. 推荐

线上商店的一个重要特征是向消费者提供推荐建议。Choi 等人[6] 认为个性化推荐增强了用户的在线社交体验。Suhartanto 等人[7] 在一项研究中发现，如果购买的食品质量高，消费者就更有可能通过 FDA 在线重新购买相同的食品并推荐

1　V. Kumar, Ilaria Dalla Pozza, Jaishankar Ganesh. "Revisiting the Satisfaction-Loyalty Relationship: Empirical Generalizations and Directions for Future Research". *Journal of Retailing*, 2013, 89(3), pp.246-262.

2　Ali Abdallah Alalwan. "Mobile Food Ordering Apps: An Empirical Study of the Factors Affecting Customer E-Satisfaction and Continued Intention to Reuse". *International Journal of Information Management*, 2020, 50, pp.28-44.

3　Arghya Ray, et al. "Why do People Use Food Delivery Apps (FDA)? A Uses and Gratification Theory Perspective". *Journal of Retailing and Consumer Services*, 2019, 51, pp.221-230.

4　Sushant Kumar, Arunima Shah. "Revisiting Food Delivery Apps During COVID-19 Pandemic? Investigating the Role of Emotions". *Journal of Retailing and Consumer Services*, 2021, 62.

5　Yongrok Choi, et al. "Sustainable Management of Online to Offline Delivery Apps for Consumers' Reuse Intention: Focused on the Meituan Apps". *Sustainability*, 2021, 13(7), p.3593.

6　Jaewon Choi, Hong Joo Lee, Yong Cheol Kim. "The Influence of Social Presence on Customer Intention to Reuse Online Recommender Systems: The Roles of Personalization and Product Type". *International Journal of Electronic Commerce*, 2011, 16(1), pp.129-154.

7　Dwi Suhartanto, et al. "Loyalty Toward Online Food Delivery Service: The Role of E-Service Quality and Food Quality". *Journal of Foodservice Business Research*, 2019, 22(1), pp.81-97.

给其他人。Belanche 等人 [1] 在基于计划行为理论的手机应用程序和口碑研究中发现，消费者对 FDA 的使用态度越积极，就越有可能增加使用 FDA 的频率并向他人推荐该应用。因此，本研究假设：

H14：顾客满意度与推荐他人使用 FDA 呈正相关。

（五）概念框架

下图显示了研究框架构建中研究变量之间的关系。本研究中有 6 个变量影响上班族对 FDA 的使用态度，同时易用性和交付体验在质量控制和使用态度之间起中介作用。此外，基于 6 个变量，本研究假设使用态度对满意度和忠诚度维度（口碑、重复使用意愿和推荐）也有影响。

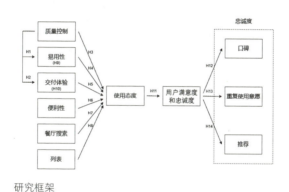

研究框架

二、方法论

基于文献综述和假设，本研究采用实证主义范式和演绎研究方法。在结合使用与满足理论和满意度—忠诚度理论的基础上，使用问卷收集有关已识别变量的数据，以检验假设。根据收集到的原始数据，研究人员分析了影响用户对 FDA

1　Daniel Belanche, Marta Flavián, Alfredo Pérez-Rueda. "Mobile Apps Use and WOM in the Food Delivery Sector: The Role of Planned Behavior, Perceived Security and Customer Lifestyle Compatibility". *Sustainability*, 2020, 12(10), p.4275.

的态度的因素。在此基础上，本研究考察了用户对 FDA 的使用态度与客户满意度和忠诚度维度之间的关系。具体而言，本研究根据调查结果探寻了影响上班族对 FDA 的使用态度的因素，以及这种态度对满意度和忠诚度维度的影响。

本研究与对 FDA 的使用态度有关的 6 个方面的调查项目（22 项），分别为：质量控制（6 项）、易用性（4 项）、交付体验（5 项）、便利性（2 项）、餐厅搜索（3 项）和列表（2 项）。[1-2] 本研究基于使用与满足理论调查客户满意度（3 项）。[3] 本研究根据满意度—忠诚度理论，将口碑（3 项）[4]、重复使用意愿（3 项）和推荐（2 项）[5] 作为衡量忠诚度的因素。由于满意度和忠诚度是潜在变量，所以我们不能直接得到结果。为了更直观地了解上班族对 FDA 的使用态度、满意度和忠诚度，有必要对变量的不同程度进行测量。因此，所有的回复都是在李克特 5 分量表上进行测量的，范围从 1（非常不同意）到 5（非常同意）。此外，由于调查中使用的问题已经在以往的消费者行为研究中使用过，因此可以大大保证研究的信度和效度。

本研究的目标群体为在马来西亚的上班族，并且他们 1 个月内至少通过 FDA 点餐 3 次。这些人被定义为常客。上班族的定义为在 15—64 岁年龄范围内，为了获得工资、利润或家庭福利而在每天任何时间内至少工作 1 小时的人（雇主、

1 Arghya Ray, et al. "Why Do People Use Food Delivery Apps (FDA)? A Uses and Gratification Theory Perspective". *Journal of Retailing and Consumer Services*, 2019, 51, pp.221-230.

2 Suk Won Lee, Hye Jin Sung, Hyeon Mo Jeon. "Determinants of Continuous Intention on Food Delivery Apps: Extending UTAUT2 with Information Quality". *Sustainability*, 2019, 11(11), p.3141.

3 Meehee Cho, Mark A. Bonn, Jun Justin Li. "Differences in Perceptions About Food Delivery Apps Between Single-Person and Multi-Person Households". *International Journal of Hospitality Management*, 2019, 77, pp.108-116.

4 Jinsoo Hwang, Jin-Soo Lee, Hyunjoon Kim. "Perceived Innovativeness of Drone Food Delivery Services and Its Impacts on Attitude and Behavioral Intentions: The Moderating Role of Gender and Age". *International Journal of Hospitality Management*, 2019, 81, pp.94-103.

5 Arghya Ray, et al. "Why do People Use Food Delivery Apps (FDA)? A Uses and Gratification Theory Perspective". *Journal of Retailing and Consumer Services*, 2019, 51, pp.221-230.

雇员、自营职业者）。本研究通过英语问卷，采用非概率性目的抽样进行在线调查。为保证问卷的信度和效度，选取 30 名被调查者进行预先测试，对数据进行 Cronbach's alpha 检验。考虑到 95% 的置信水平和 6 的置信区间，问卷满足了 267 名受访者的必要样本量。最终，本研究通过 300 份有效问卷进行后续分析。本研究选择的 FDA 是 Foodpanda、Honestbee、GrabFood 和 Dahmakan。 这些应用程序被认为是马来西亚最受欢迎的食品递送应用，也是食品递送市场的主要参与者。

食品递送应用配送员停车取餐[1]

根据构建的理论框架，本研究包括两个层次的变量，其中满意度和忠诚度维度为反射性潜在变量。为了更有效地分析和检验理论框架和假设，采用了结构方程模型（SEM）的偏最小二乘法（PLS）建模。结构方程模型是一种综合因子分析和路径分析的多元统计方法。[2] 它检查变量之间的相互作用，在定量研究中有着强大的优势。同时，偏最小二乘法结构方程模型作为一种综合分析方法，适用于复杂概念工作的预设计。它可用于测量模型和结构模型的评估。[3] 因此，偏最小二乘法结构方程模型被认为有助于分析本研究中变量之间的相互作用。此外，在整个分析过程中，使用 Smart PLS 分析软件进行数据分析，并测试理论框架和假设。

---

1 该照片拍摄于 2023 年 3 月 31 日双威金字塔商场附近，展示了马来西亚的食品递送应用百花齐放的场景。

2 David Gefen, Edward E. Rigdon, Detmar Straub. "Editor's Comments: An Update and Extension to SEM Guidelines for Administrative and Social Science Research". *MIS Quarterly*, 2011, pp.iii-xiv.

3 Poh Ling Tan, et al. "Communication and Visitor Factors Contributing Towards Heritage Visitors' Mindfulness". *Journal of Heritage Tourism*, 2020, 15(1), pp.27-43.

三、结果

（一）人口统计

研究数据来自 300 份已完成的问卷样本。在 300 名受访者中，超过一半的受访者年龄在 34 岁以下，占 66.7%。此外，绝大多数受访者（93%）使用外卖 App 的时间超过 1 个月。

（二）测量模型评估

本研究对 300 份有效数据集进行了偏最小二乘法结构方程模型分析，并对测量模型和结构模型进行了评估。本部分着眼于测量模型的可靠性和有效性。作为一种统计方法，偏最小二乘法结构方程模型在评估模型时有自己的经验法则。[1] 本研究的框架由反射性构念组成，即质量控制（QC）、易用性（EOU）、交付体验（DE）、便利性（CV）、餐厅搜索（SR）、列表（LT）、使用态度（UAFDA）、满意度（SAT）、口碑（WOM）、重复使用意愿（IR）和推荐（RR）。因此，偏最小二乘法结构方程模型采用反射性结构。从本质上讲，经验法则在不同研究领域对评估有不同的解释标准。[2] 在这项研究中，我们的研究背景属于行为科学。

如前所述，我们对本研究的测量模型进行了有效性和可靠性评估。首先，对平方载荷、Cronbach's alpha、rho_a 和平均方差提取（AVE）进行信度检验和收敛检验。本研究中的结果均满足以上检验。

其次，采用 Fornell-Larcker 标准和异质单质比率（HTMT）标准评估区分效度。作为一种传统的判别效度准则，Fornell-Larcker 标准被广泛用于判别

---

1 Joseph F. Hair, Jr., et al. *A Primer on Partial Least Squares Structural Equation Modeling* (*PLS-SEM*). London：Sage Publications, 2016.

2 Joseph F. Hair, Jr. et al. "When to Use and How to Report the Results of PLS-SEM". *European Business Review*, 2019, 31(1), pp.2-24.

效度的评估。如果构念的因子负荷值稍有不同，那么 Fornell-Larcker 标准将不能很好地用于判别效度的评估。Henseler 等人 [1] 提出了一种被称为 HTMT 的替代标准来评估判别有效性。HTMT 标准可用于评估基于方差和协方差的结构方程模型。[2] 经过比较，发现所有结构都表现良好，符合两个标准。

（三）结构模型评估

在成功评估测量模型之后，下一步是评估结构模型。在评估结构模型时，通常首先使用决定系数（R^2）来评估每个内源性潜在变量。[3] R^2 可以用来解释结构方程模型中的方差量。在行为科学中，当内生变量的 R^2 值超过 0.20 时，可以认为是解释方差的高值。[4] 评估结构模型的另一种方法是 Stone-Geisser 的 Q^2，它具有预测结构模型的能力。如果 Q^2 大于 0，则认为外生变量是可以接受的。[5] 这些验证的冗余值均大于 0，这表明了模型的预测能力。

下页表通过路径系数、t 值、p 值和置信区间（偏差校正）说明了关系和假设检验的结果。同时，使用具有 5000 个重采样的自举方法，本研究评估了结构模型中的路径系数。本研究共检验了 14 个假设，其中 12 个假设为直接关系，2

1　Jörg Henseler, Christian M. Ringle, Marko Sarstedt. "A New Criterion for Assessing Discriminant Validity in Variance-Based Structural Equation Modeling". *Journal of the Academy of Marketing Science*, 2015, 43, pp.115-135.

2　Poh Ling Tan, et al. "Communication and Visitor Factors Contributing Towards Heritage Visitors' Mindfulness". *Journal of Heritage Tourism*, 2020, 15(1), pp.27-43.

3　Joseph F. Hair, Jr., et al. *A Primer on Partial Least Squares Structural Equation Modeling (PLS-SEM)*. London: Sage Publications, 2017.

4　S. Mostafa Rasoolimanesh, et al. "The Effects of Community Factors on Residents' Perceptions Toward World Heritage Site Inscription and Sustainable Tourism Development". *Journal of Sustainable Tourism*, 2017, 25(2), pp.198-216.

5　Faizan Ali, et al. "An Assessment of the Use of Partial Least Squares Structural Equation Modeling (PLS-SEM) in Hospitality Research". *International Journal of Contemporary Hospitality Management*, 2018.

个假设为间接关系（中介）。研究结果如下页图所示。

假设检验结果

假设	关系	影响类型	路径系数	t 值	p 值	置信区间（偏差校正）	假设成立
H1	QC→EOU	直接	0.304	5.366	0.000	[0.185, 0.408]	是
H2	QC→DE	直接	0.704	26.416	0.000	[0.645, 0.751]	是
H3	QC→UAFDA	直接	0.279	5.491	0.000	[0.184, 0.384]	是
H4	EOU→UAFDA	直接	0.268	5.912	0.000	[0.180, 0.360]	是
H5	DE→UAFDA	直接	0.357	5.046	0.000	[0.218, 0.493]	是
H6	CV→UAFDA	直接	0.209	5.526	0.000	[0.134, 0.282]	是
H7	SR→UAFDA	直接	−0.059	1.188	0.235	[−0.164, 0.031]	否
H8	LT→UAFDA	直接	0.132	3.671	0.000	[0.061, 0.201]	是
H9	QC→DE→UAFDA	间接（中介）	0.453	12.447	0.000	[0.375, 0.518]	是
H10	QC→EOU→UAFDA	间接（中介）	0.063	3.104	0.002	[0.030, 0.106]	是
H11	UAFDA→SAT	直接	0.626	12.169	0.000	[0.520, 0.721]	是
H12	SAT→WOM	直接	0.590	15.789	0.000	[0.509, 0.656]	是
H13	SAT→IR	直接	0.362	9.143	0.000	[0.276, 0.433]	是
H14	SAT→RR	直接	0.193	3.625	0.000	[0.103, 0.297]	是

注：QC=质量控制，EOU=易用性，DE=交付体验，CV=便利性，SR=餐厅搜索，LT=列表，UAFDA=使用态度，SAT=满意度，WOM=口碑，IR=重复使用意愿，RR=推荐。

（四）讨论

在任何商业环境中，客户满意度和客户忠诚度都是极其重要的资源。换句话说，客户满意度和客户忠诚度可以为食品系统的利益相关者提供一个衡量指标，为服务或产品的更快交付提供助力。对马来西亚上班族的 FDA 使用态度、客户满意度和忠诚度的调查结果表明，大多数假设都得到了不同程度的支持。

本研究证实了质量控制对易用性的影响，以及质量控制与交付体验之间的

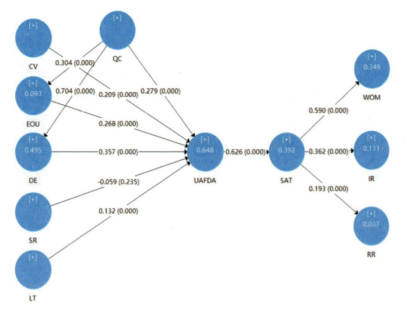

结构模型（注：实线表示路径系数，括号内数字包含p值）

关系。有趣的是，质量控制对交付体验有特别显著的影响，这与 McKnight 等人[1]的研究结果一致。此外，质量控制可以强烈影响马来西亚使用 FDA 的上班族对交付体验的感知，这与 Corbitt 等人[2]的研究结果一致。如果用户对网站质量有更强的感知，电子商务的市场定位和信誉就会变得更好。

　　本研究还考察了影响上班族对 FDA 的使用态度的因素，包括质量控制、便利性、易用性、交付体验、餐厅搜索和列表。结果表明，除餐厅搜索外，上述因素均对上班族对 FDA 的使用态度有正向影响。本研究还发现，质量控制与使

1　D. Harrison McKnight, Vivek Choudhury, Charles Kacmar. "The Impact of Initial Consumer Trust on Intentions to Transact with a Web Site: A Trust Building Model". *The Journal of Strategic Information Systems*, 2002, 11(3/4), pp.297-323.

2　Brian J. Corbitt, Theerasak Thanasankit, Han Yi. "Trust and E-Commerce: A Study of Consumer Perceptions". *Electronic Commerce Research and Applications*, 2003, 2(3), pp.203-215.

用态度呈正相关，这与以往文献的结果一致。[1] 对于上班族来说，获取食物是使用 FDA 的主要原因。因此，如果食品质量达不到标准，顾客就不会对 FDA 产生积极的反应。便利性对使用态度的积极影响也与过去的研究结果一致。[2] 上班族更喜欢通过 FDA 购买食物，因为这为他们解决了交通堵塞、长时间等待等问题。在过去的文献中也发现了类似的结果，即易用性对使用态度有积极影响。[3] 上班族被 FDA 的易用性所吸引，这可以从下单流程、支付流程和送货人员的实时监控中看出。Dinakaran[4] 发现交付体验与顾客态度有很强的正相关关系。类似地，目前的研究结果也表明，交付体验对使用态度有很强的积极影响。[5]

　　本研究发现，列表与使用态度呈正相关，这与过去的研究相矛盾。[6] 这种差异的产生可能是由于两项研究的目标群体不同。同样，餐厅搜索对使用态度也没有显著影响，这与之前的研究结果相矛盾。[7] 此外，中介评估结果显示，在交付体验的中介作用下，质量控制对使用态度的间接影响大于直接影响，这表明

[1]　Jiyoung Kim, Sharron J. Lennon. "Effects of Reputation and Website Quality on Online Consumers' Emotion, Perceived Risk and Purchase Intention: Based on the Stimulus-Organism-Response Model". *Journal of Research in Interactive Marketing*, 2013, 7(1), pp.33-56.

[2]　Minjung Roh, Kiwan Park. "Adoption of O2O Food Delivery Services in South Korea: The Moderating Role of Moral Obligation in Meal Preparation". *International Journal of Information Management*, 2019, 47, pp.262-273.

[3]　HakJun Song, Wenjia Jasmine Ruan, Yu Jung Jennifer Jeon. "An Integrated Approach to the Purchase Decision Making Process of Food-Delivery Apps: Focusing on the TAM and AIDA Models". *International Journal of Hospitality Management*, 2021, 95.

[4]　Usha Dinakaran. "Analyzing Online Food Delivery Industries Using Pythagorean Fuzzy Relation and Composition". *International Journal of Hospitality and Tourism Systems*, 2021, 14(2), p.36.

[5]　Changsu Kim, et al. "Factors Influencing Internet Shopping Value and Customer Repurchase Intention". *Electronic Commerce Research and Applications*, 2012, 11(4), pp.374-387.

[6]　Arghya Ray, et al. "Why Do People Use Food Delivery Apps (FDA)? A Uses and Gratification Theory Perspective". *Journal of Retailing and Consumer Services*, 2019, 51, pp.221-230.

[7]　Arghya Ray, et al. "Why Do People Use Food Delivery Apps (FDA)? A Uses and Gratification Theory Perspective". *Journal of Retailing and Consumer Services*, 2019, 51, pp.221-230.

交付体验具有较强的中介作用。但在易用性的中介作用下，质量控制对使用态度的间接影响小于直接影响，这表明，尽管易用性在质量控制与使用态度之间可能起到中介作用，但两者之间不是强而有效的正相关关系，而是弱的正相关关系。

本研究中，使用态度对客户满意度的积极影响得到了证实，这与 Kang 等人 [1] 的研究结果一致。在文献中，客户满意度对客户忠诚度有积极影响。[2] 在本研究中，口碑、重复使用意愿和推荐构成了消费者忠诚度。研究结果表明，这 3 个方面都受到客户满意度的影响，这与之前的研究结果一致。[3] 事实上，顾客满意度对口碑的影响最积极，这与过去的发现非常相似。[4]

Chang 等人 [5] 在他们的研究中发现，如果消费者对 OGB（在线团购）中的食品质量感到满意，他们就会有再次购买该食品的意愿。本研究支持这一观点，因为它验证了满意度对重复使用意愿的影响。本研究也同意 Alalwan 说的 "一

1 Juhee Kang, Jinhyun Jun, Susan W. Arendt. "Understanding Customers' Healthy Food Choices at Casual Dining Restaurants: Using the Value-Attitude-Behavior Model". *International Journal of Hospitality Management*, 2015, 48, pp.12-21.

2 Seong-Soo Cha, Bo-Kyung Seo. "The Effect of Food Delivery Application on Customer Loyalty in Restaurant". *Journal of Distribution Science*, 2020, 18(4), pp.5-12.

3 Salih Turan Katircioglu, et al. "Service Quality and University Students'Satisfaction on the Travel Agencies: An Empirical Investigation from Northern Cyprus". *International Journal of Quality and Service Sciences*, 2012, 4(3), pp.299-311.

4 Albert A. Barreda, Anil Bilgihan, Yoshimasa Kageyama. "The Role of Trust in Creating Positive Word of Mouth and Behavioral Intentions: The Case of Online Social Networks". *Journal of Relationship Marketing*, 2015, 14(1), pp.16-36.

5 Shu-Chun Chang, Pei-Yu Chou, Wen-Chien Lo. "Evaluation of Satisfaction and Repurchase Intention in Online Food Group-Buying, Using Taiwan as an Example". *British Food Journal*, 2013, 116(1), pp.44-61.

般来说，对先前行为和经历的结果感到满意的人更有可能继续重复这种行为"[1]。本研究结果还表明，满意度对推荐 FDA 有积极影响，这与 Finn 等人[2]的研究结果相似。然而，与口碑和重复使用意愿相比，客户满意度对客户向他人推荐 FDA 的意愿的影响较小。此外，与口碑相比，即使用户满意度与推荐呈正相关，人们也没有更强的意愿向他人推荐 FDA。这可能是由于一些潜在原因，例如，虽然人们会随意称赞某事，但他们只愿意在特定的条件或情况下向他人推荐它。

四、总结与展望

（一）理论和实践意义

本研究的结论包含几个理论意义。本研究提出的研究框架结合了两种理论来研究使用态度、客户满意度和忠诚度。研究框架可以推广到其他关于在线递送服务和 FDA 的研究中。此外，鉴于现有的文献对使用态度及其影响因素之间的中介变量的作用的理解有限，特别是在现代服务业中，本研究提供了交付体验产生中介效应的有力证据。

本研究还具有一些实际意义。交付体验不仅是影响使用态度的最显著因素，而且在质量控制与使用态度之间起着正向中介作用，因此管理者应定期提升递送服务的软实力和硬实力。对于配送员来说，奖励机制、定期的知识培训、专

[1]　Ali Abdallah Alalwan. "Mobile Food Ordering Apps: An Empirical Study of the Factors Affecting Customer E-Satisfaction and Continued Intention to Reuse". *International Journal of Information Management*, 2020, 50, pp.28-44.

[2]　Adam Finn, Luming Wang, Tema Frank. "Attribute Perceptions, Customer Satisfaction and Intention to Recommend E-Services". *Journal of Interactive Marketing*, 2009, 23(3), pp.209-220.

业水平和应急响应的评估可以激励他们提升服务质量。从另一个角度来说，这种提升也有利于管理者的内部管理。而且，客户满意度对使用态度的影响显著。因此，管理者应该关注客户的反馈。

除此以外，由于客户满意度对客户重复使用 FDA 的意愿有显著的影响，管理者应该努力通过老用户计划来留住现有客户，比如给予额外的服务、更多的折扣，以感谢他们的忠诚。此外，口碑是最重要的影响因素，管理者可以根据客户的反馈推出更多的活动。推荐也是一个重要因素，管理者应该对积极在媒体上分享个人经历和意见的用户进行适当奖励，FDA 则可以以此手段吸引更多潜在客户。

（二）局限性和未来方向

本研究的局限性也是需要讨论的。首先，本研究收集的马来西亚上班族的数据中，非马来西亚国籍的受访者所占比例相对较小。未来的研究应该包括更多来自其他国家的受访者。其次，由于这项研究针对的是上班族，结果可能无法推广到全部人群。因此，未来的研究可以收集不同人群的数据来验证该模型。再次，本研究采用的定量方法可能无法全面了解上班族随着时间的变化对 FDA 的使用态度的变化情况。因此，建议进行纵向调查。未来的研究可以采用定性或混合的方法，并加入产品供应商或食品递送公司管理人员的观点，以获得更深入的见解，从而进一步富有成效地探讨这个问题。最后，还可以通过加入其他因素和个体差异对模型进行扩展。

（本文已在《亚太酒店与旅游创新杂志》（*Asia-Pacific Journal of Innovation in Hospitality and Tourism*）上发表英文版，中文版根据原文稍做修改。）

区愫恩

AU SHU EN

  区愫恩,马来西亚华裔,2021年9月至今在北京大学攻读硕士学位,研究方向为中国民间文学。

马来西亚华人与锡矿开发的记忆碎片

区愫恩

　　世界各地普遍流传着各种以人物为中心的传说，这些人物可以是虚构的，也可以是真实的历史人物，笔者在这篇文章中讨论的是后者。在位于赤道地区的马来西亚，流传着由数位华人开拓者共同构成，与时代、地区、行业紧密联系的仙四师爷传说。由于该传说源于真实的历史，因此传说的内容有很大一部分与马来西亚华人在此地的开拓史有密切联系。《仙师爷与师爷庙》是一部系统性研究仙师爷的历史、传说与信仰的著作，作者温故知走访马来西亚各处的仙师爷庙，进行了详细的田野调查，并且从口述、报刊、史料等多方面进行资料收集。书中有关仙师爷与四师爷的传说源于张敬文所编写的《吉隆坡仙四师爷宫创庙史略》。这部著作保留了许多宝贵的资料以及各种基于田野调查与口述的记录，本文大部分的传说也源于此。由王琛发著、黎艾琳编的《惠州人与森美兰》讲述了惠州人在森美兰州开拓的历史，而此地也正是仙师爷传说的起源地。仙四师爷庙是人们纪念这些开拓者先烈的主要场所，也是传说普遍依托与诞生的地方。同时，这些庙宇也会定期发行周年纪念特刊，特刊是了解这些历史与传说的来源之一。从这些传说中，我们得以窥探华人领袖如何通过先烈崇拜创造传说叙事，以及其中所承载的群体记忆。

一、传说的时代与社会背景

（一）下南洋的新客

"东南亚（Southeast Asia）旧称南洋。……1 世纪前后，中国已开始同东南亚地区交往，至明、清两代关系更为密切。唐代已有中国人侨居东南亚，19 世纪后华侨日众，形成特殊社会集团。16 世纪起，该地区相继沦为西方列强的殖民地或半殖民地。"[1] 明代部分下西洋的商人选择留在东南亚，他们与当地的土著结合，并吸收了其文化和语言。这些移民的后代被称为"峇峇娘惹"，峇峇指的是男性，而娘惹指的是女性。他们在文化方面保留着一些中国的传统文化，而所受的教育大部分是以英国教育为主的西方教育。为了与这些峇峇娘惹相区别，晚清时下南洋来到东南亚谋生的中国人一般被称为"新客"。"晚清之所以出现下南洋移民浪潮，最主要的动因是贫困与战乱。……鸦片战争之前，下南洋的华人以经商谋生者居多，当时东南亚华人已有 150 万之多。鸦片战争之后，清政府被迫接受列强纷至沓来的不平等条约，允许西方国家在东南沿海招募华工，因为应募者要订立契约，时人称为'契约华工'，又叫'卖猪仔''当苦力'。"[2] 殖民政府发现马来亚半岛蕴含着大量的锡矿资源，为了满足日益增长的锡矿需求，他们开始购入和开采锡矿。由于当时技术不发达，大多数的开采锡矿工作只能通过人力进行，因此需要大量的劳工。数量庞大而廉价的中国人成为他们的首选。1840 年鸦片战争后，中国社会开始变得动荡不安，人民生活日益困难。不少中国人为了生存，同时为了躲避连连战火，选择下南洋以谋求其他的生路，来到异地成为劳工。有的新客则被人贩子坑蒙拐骗，被迫签下不平等的契约，然后被当成货物般地卖到其他地区。坐船下南洋的这一过程异常凶险，他们要面对沉船的可能性、人贩子的虐待以及船舱内部的恶劣条件，

1　姚楠：《东南亚历史词典》，上海辞书出版社 2011 年版，第 89 页。
2　解卫忠：《近代中国的三次大移民》，《文史精华》2013 年第 4 期，第 65—72 页。

这些都让契约华工面临极高的死亡风险。而在到达异乡后，地区复杂的政治关系、对气候的不适应、不同党派之间的斗争等因素，无时无刻不在威胁着他们的性命。为了应对这些危机，不少华工开始聚集在一起，形成不同的组织。

（二）私会党与社团

华人来到新地区时，首先会被由同一地缘、血缘、神缘构成的组织所吸纳，因此当时的华人是以方言来划分派系的。如海山派（海山公司）这一组织是以客家人为主的帮派，义兴会（义兴公司）是以广东人为主的帮派。这些组织在当时处于黑白两道之间，暗地里是拥有武装力量的秘密组织，对外则称为某某公司。马来西亚的华人私会党被认为是天地会的支流或支派。天地会等秘密组织起源于清朝，其宗旨为"反清复明"。1662 年清政府发布严禁秘密结社的法令，对这些组织进行围剿。不少成员为了躲避清政府的追杀，混入下南洋的移民队伍中，来到马来西亚、新加坡等地。这些党会大多以地缘、血缘、信仰作为联系会员们的纽带。"清朝的秘密会党原本是'反清复明'的地方秘密政治团体，然而一旦移殖到东南亚，其性质便发生了根本变化。尽管其形式、章程、徽号依旧全部仿照祖国的会党，但由于被迫远离祖国，反清不成，复明更无望，其政治性便逐渐消失，并转变为华侨的互助自保组织。"[1]

此外，还存在以互助为目的的会馆。早期的新客大多会加入这些组织，以寻求庇护和帮助。中国人向来有注重同乡情谊的传统，而这个传统在外地时则成了联系彼此的纽带。通过这种方式，早期身处马来西亚的华人得以凝聚在一起，并逐渐形成属于自己的带有自治性的社会组织。私会党与会馆经常为无依无靠的华人移民提供帮助，并成了新客们的依靠对象。一些私会党为了扩大自己的势力，也会强制华人移民加入自己的党会。由于他们吸收相同方言语系的

---

[1] 沈卫中：《论东南亚华侨秘密会党的历史地位和作用》，《广东社会科学》1989 年第 4 期，第 157—160 页。

人加入党会，因此这些私会党也具有一定的排他性。私会党会彼此争斗以获取更多的资源，小则发生械斗，大则发生战争，如 1866 年的雪兰莪内战。在西方势力介入马来亚半岛的政治前，这些私会党也是当地马来统治者的雇佣兵。19世纪，英殖民政府推行甲必丹制度（System Kapitan）时，甲必丹（Kapitan）则成为华人社会和英国人沟通的桥梁。华人社会中私会党的势力强大，有的甲必丹具有私会党背景，而有的则是私会党的附庸。这些秘密结社一直延续至今。随着时代的变化，有的组织成为合法的社团，有的组织则转变为黑社会组织。私会党虽然在马来西亚依旧存在，但其内部组织和华侨互助的性质已经发生了根本性改变，成为具有危险性的非法组织。社团（马来语：Persatuan）为中国明清时期都市中由同乡或同业组成的团体，以此团结和帮助同乡、同业者，同时也是新客们可以暂时依靠的合法组织。随着马来亚半岛的移民数的增加，社团的会员们会出钱买下店屋或是新建一栋建筑作为活动的会所，这些会所也被当地的华人称为"会馆"。如果要加入会馆，必须在身份方面符合特定的条件。在加入会馆后，便能获得一些福利。现在的社团则大部分致力于为华人谋取权益，并将其工作重点放在华人文化和华文教育上。

（三）华人的领袖——甲必丹

甲必丹制度，"是西方殖民者在马六甲、印度尼西亚、菲律宾等地对不同种族社会集团实行的'分而治之'的一种管理制度，其中以华人甲必丹制度最为重要。葡萄牙在马六甲首创此制"[1]。这个制度后来被多个西方国家所使用。"甲必丹"一词来自英文的"Captain"，本义为首领，经过当地人的音译变成了"Kapitan"（甲必丹）的发音。在推行甲必丹制度之前，马来西亚各地区的华人并没有一个统一的首领，他们大多跟着自己的头儿（马来语：Kepala）或者头家，因此华人的势力较为分散。18 世纪中后期，英殖民政府的势力开

1　姚楠：《东南亚历史词典》，上海辞书出版社 2011 年版，第 102 页。

始进入马来亚半岛，并渗透到各个地区的马来政权中。后来英殖民政府开始对马来人这一群体实行管制，而宗教方面则由马来人自己处理。对于马来亚半岛上的华人，英殖民政府采用甲必丹制度，筛选出符合条件的华人来管理其他华人群体。"华人出任甲必丹至少须具备三种素质：一是要通晓西语洋文，具有与西方人沟通交流的语言文化素质和优势；二是他们都是富商或实业家，'有恒产，则有恒心'，经济事业上的成功是从政的基础，从而也赢得了当局的信任和倚重；三是社会贤达，不仅具有良好的道德人品、商业信誉、口碑和社会威望，还往往热心华人社会活动和公益事业。"[1] 在马来半岛，有一些甲必丹是某一地区的开拓者，如开拓并发展了吉隆坡的甲必丹叶亚来。

虽然殖民政府的本意是为了分而治之，但在甲必丹制度下，华人社会的稳定得到了保障，避免了华人社会在发展的同时与本民族或他族发生冲突。甲必丹也是沟通华人社会和西方人的桥梁，西方殖民政府在给予他们权力和好处时，也无形中使他们向西方的社会和价值观靠拢。当然，这个制度也不是十全十美的，身为华人的甲必丹经常需要面对华人社会中庞大的私会党势力。有些甲必丹本身就属于某私会党，扮演着黑白通吃的角色。在私会党的武装力量逐渐被英国政府软硬兼施地弱化后，甲必丹们所依靠的对象转变成了殖民政府。随着时代的变化，甲必丹这个职位再也无法有效地管理越来越复杂的华人社会，其话语权也无法彻底让所有华人信服。最终，马来西亚的甲必丹制度于 1935 年被英国政府废除，并由华民护卫司署（Chinese Protectorate）取而代之，直接插手管理华人社会。

以上这些为 18 至 19 世纪时马来西亚华人所处的历史背景。由于他们时刻面临着各种威胁，因此不得不组成各种武装组织来保护自己。这些组织依靠地缘和血缘的关系，并借由领袖、烈士等具有本土经验与民间色彩的人物传说，共同塑造了一些融入锡矿与民族认同感的形象。

---

[1] 陈诚：《东南亚华侨早期自治与参政的"甲必丹制度"探析》，《课程教育研究》2020年第 8 期，第 22—23 页。

二、采矿与民间人物传说

（一）成为英灵的甲必丹

早期来到马来西亚的华人与采矿业有着密不可分的关系。这些华工大多来自惠州，而且大部分是客家人。"客家人把粤东闽西锡矿开采技术带到了马来半岛，这使得客家人在锡矿开采中具有技术优势。所以在马来西亚，锡矿业从业者以客家人为主。他们主要在霹雳州、雪兰莪州、森美兰州等锡矿分布最为集中的地区投资采矿。今属森美兰州的芦骨县（Lukut）是雪兰莪州较早开采锡矿的地区。"[1] 由于锡矿挖掘工作的需求，华工们陆续来到森美兰州，渐渐形成不同的团体。于是，出现甲必丹也是顺理成章的事情，森美兰州的第一位甲必丹就是来自广东惠州的盛明利。

盛明利，原籍中国广东惠州，出生于清道光二年（1822）十月初三午时。后来惠州盗贼猖獗，"盛明利家为避匪祸，乃迁往新安县之葵涌圩居住，他因此辍学，改行习商。盛明利不及一年，就深得东翁陈永祥氏器重，擢升为帮柜，继而掌柜，前后凡十四年，盛明利因而获得丰富之商场经验"[2]。他于道光三十年（1850）从澳头村放洋南渡到马六甲，并被陈玉发录用，协助陈氏经营什货及锡米生意。咸丰九年（1859），盛明利前往芙蓉市亚沙村创办明发锡矿公司。过了年余，发生亚沙土人与加榄母土人械斗的事，盛明利见义勇为，毅然挺身而出，为双方调解，重新划分疆界，并出资为双方开辟水道。由此，盛明利受土人尊重，也被当地华人尊为领袖。从此，凡有纠纷，盛明利都为之排解而结人缘，被封为双溪乌戎（今芙蓉）之华人甲必丹。1860年初，芙蓉两名土酋为了互争华人缴交的锡米税和保护费，发生摩擦，最后升级成大规模冲突，而当地华人被卷入战争旋涡之中。战争于1860年8月26日（咸丰十年七月十二）

---

[1] 夏远鸣：《近代东南亚锡矿业与客家华侨》，《客家文博》2019年第4期，第58—63页。
[2] 王琛发著，黎艾琳编：《惠州人与森美兰》，森美兰惠州会馆2002年版，第31页。

爆发，盛明利的海山公司在这一战役中失利。盛明利领着部卒撤退芦骨的途中遇敌首，被敌人斩下头颅，时年 38 岁。[1] 在盛明利牺牲后，华人社会需要一个领导来处理战后的局面，因此人们推举一位具有影响力的商人——叶致英接替盛明利甲必丹的位子，但比起仕途，叶致英更注重自己的生意，拒绝了这个邀请。作为代替，他推荐叶亚来成为森美兰的甲必丹。后来，叶亚来将盛明利埋葬在马六甲市郊的武吉士木阁，并为他建造庙宇进行纪念，尊称他为仙师爷。

与仙师爷盛明利相比，四师爷的身份则有两种来源：一是叶四，二是钟炳来。"叶四则是曾提携叶亚来的前辈，也是叶亚来的莫逆之交。叶四与丘秀是第一批开拓与发展吉隆坡的华族先驱者，他们最初在吉隆坡建起'三家村'，从事商业活动，同时也开采锡矿，使吉隆坡发展为繁荣的锡业贸易站。叶四还把锡矿业发展到间征去，并成为间征的地方领袖，在叶四的谦让和推荐下，叶亚来才能担任第三任吉隆坡华人甲必丹，他更是以后叶亚来阵营的忠诚支持者和盟友。叶四不幸于 1870 年正月被叶亚来的敌对集团所杀害。"[2]

钟炳来为叶亚来的部下，司职作战统帅，为叶亚来对吉隆坡的统治奠定了基础。这里引《吉隆坡仙四师爷庙 150 周年纪念特刊》的记录："原籍中国广东省嘉应州大立堡乡。哪一年出生已经无法考证，只知道生于农历七月初七而已。钟公自幼就聪敏过人，读经念史，过目不忘。年纪稍大的时候，转去学习医术，极有心得。钟公为街坊乡民看病，往往药到病除，救人无数。……稍微有空的时候，就跟随兄长学习武艺。以后又远出拜访名师讨教。日夜苦练之下，不出数载，钟公的武功就已经达到炉火纯青的境界。……地方上的土豪地痞，对钟公非常惧怕，只能咬牙切齿地憎恨他，却不敢发作。家里的父兄长辈知道了这件事，为了钟公的安全，就鼓励他到南洋发展。

"钟公初抵达的地方是霹雳州的打扣。钟公一路替人看病诊治，时时帮助同

---

1 王琛发著，黎艾琳编：《惠州人与森美兰》，森美兰惠州会馆 2002 年版，第 32 页。

2 王琛发著，黎艾琳编：《惠州人与森美兰》，森美兰惠州会馆 2002 年版，第 113 页。

在此地的华侨的义举,很受人民的赞许推崇。……那时候他听说雪兰莪州的锡矿业开始兴旺,叶亚来公当时也正好应刘壬光甲必丹的邀请,放弃双溪乌戎的甲必丹一职,来到了吉隆坡寻求发展。钟公一向敬佩叶亚来的为人,想和叶公认识已久,所以就南下投靠叶亚来。钟公和叶公两人惺惺相惜,英雄互重,也因此而上契成了谊兄弟。……四师爷钟公,有常胜将军的外号。他统率三军,在城市郊野之间作战,就算战线长达数十里,钟公也运筹帷幄,指挥若定。所以在叶亚来甲必丹的全部战史中,自始至终,钟公都身任主将。……钟公只用了不到一年的时间整军经武。在钟公的指挥和策划之下,由巴生发动反攻,三天之内就一鼓而下光复吉隆坡,并奠定了吉隆坡永保太平康乐的伟业。如果要论功行赏,钟公肯定占第一大功,可惜在大局已定之后,钟公还没有得到任何的封赏,就积劳成疾,遽然与世长辞。甲必丹叶亚来公为了纪念钟公生前协助保卫地方,劳苦功高,特别在兴建师爷庙时,雕刻钟公神像,与仙师爷盛公同时升座,供奉于本庙的正厅,以让后人可以景仰膜拜,并且永享四时的祀典。所以本庙,就名为仙四师爷庙。"[1]

这三人除了与叶亚来关系密切之外,也与马来亚的开拓有所关联。其中盛明利、叶四和叶亚来一样都是开拓者,他们彼此结识,而钟炳来则曾在叶亚来的手下为其战斗。这三人都对叶亚来有恩义,因此叶亚来建造庙宇来纪念这些先烈。仙四师爷的传说一开始就在森美兰州芙蓉市,也就是盛明利生前所管理的区域兴起。后来相传叶亚来在梦中受到仙师爷指点,在前往吉隆坡发展后,也将仙师爷的传说带到吉隆坡,传说逐渐扩展到各地。"当年华人矿工队探矿开采的路线,是从马六甲开始,而芦骨,而芙蓉,而士毛月,而加影,而至吉隆坡,再由吉隆坡北上文冬,折东而趋关丹、林明与东海岸的队群汇合,也有

---

[1] 吉隆坡仙四师爷庙 150 周年纪念特刊编辑组:《吉隆坡仙四师爷庙 150 周年纪念特刊》,吉隆坡仙四师爷庙 2014 年版,第 75—76 页。

向南而延展至巴生及八丁燕一带，和瓜拉雪兰莪州一带连接起来。"[1] 除了叶亚来本人的号召力以及推广之外，仙四师爷的形象与庙宇也随着锡矿业的发展而扩散到马来西亚各地。

（二）与阵亡领袖相关的传说

传闻盛明利出生前，附近乡邻，夜间看见其屋中有祥光四射，彩色缭绕，片刻忽然消逝，乡中人士谈为奇事，不觉至初三，盛明利诞生的日子，其时天朗气清，轻风吹拂，香馥满室，登门观看者众，都认为盛明利必是伟人，长大后必为国家柱石。后来盛明利来到马来西亚，并在战争中遇敌而牺牲，相传他的颈部喷涌出白色的血液，将敌酋吓退。这神奇的现象被当时的人所传颂，认为他因仁义而获得了仙籍。这种说法非常具有中国民间传说的神异色彩。但盛明利是一个真实人物，其后代依旧生活在这片土地上。温故知曾找到其第四代后人盛源，并向对方询问当时的情况。"盛源说，他曾祖父盛仙师爷，据祖父泰山说，遇难时，在临一溪水洗脸时遭人背后挥刀突袭致身首异处。"[2] 人们推测盛明利的脑袋可能因此被溪水冲走，无法寻回。现实中盛明利的遗体在叶亚来的护送下被送往马六甲安葬。

仙师爷的传说中除了盛明利本人遇害时颈溅白血之外，大多都与叶亚来有关，并且重点在于他如何帮助叶亚来。传说盛明利死后托梦给叶亚来，告诉他到吉隆坡后必大有发展，因此叶亚来才辞去芙蓉市甲必丹的职务，前往吉隆坡开拓工作。传说盛明利后来又托梦说未来几年将有祸乱，众匪将蹂躏地方，打家劫舍。过了几年，吉隆坡发生了长达 8 年的战争。在叶亚来等人的号召下，吉隆坡成立了武装部队以抗匪徒，并远征加影。他们在前往沙登（Serdang）、沙叻（Salak）、新街场（Sungai Besi）等地后，出征一年都不顺利，此时叶

1　王琛发著，黎艾琳编：《惠州人与森美兰》，森美兰惠州会馆 2002 年版，第 34 页。

2　温故知：《仙师爷与师爷庙》，辉煌出版社 1987 年版，第 62 页。

亚来想起盛明利托梦之言，于是于癸亥年三月十五日，回到亚沙，迎盛明利香火，向前迎战，敌人始归附。当时叶亚来正处于战时，为了稳定军心，利用了已故领袖的传说鼓舞士气。当时也出现了叶亚来已故的盟友叶四被玉帝封神的说法："叶四的玉帝封神说法，也是在叶亚来 1873 年全盘平定吉隆坡之前。"[1] 这些托梦和显灵的传说也让叶亚来更具有威信，不只是鼓舞士气，也给予敌方精神上的压力。在战争结束后，为了纪念先前牺牲的将士们，叶亚来进行了筹款并为他们建造了庙宇，以供奉这些先人。

以上的种种传说证明了叶亚来对前人的英灵化与运用，他人在使用仙师爷的名义进行叙述时，同样以叶亚来为例子，为自身提供依据。这一点在文冬广福庙的"陆佑负神主，法力平瘟疫"传说中有所体现。传说当年瘟疫发生后，药材缺乏，每天病死者越来越多，弄得人心惶惶。大家眼见死去了一批，埋了一批，又从外地抬来一批。这时，陆佑想起当年叶亚来在吉隆坡反败为胜的事。于是从吉隆坡仙师爷庙中，请了众神出发，前面是大队仪仗，后面则是虔诚大众，一行好几百人，陆佑本人则骑着骡子，背着神主灵牌，由吉隆坡出发，登山涉水，费了两日一夜时间，才抵达文冬广福庙。他把神位请上座，再度焚香祈祷，演戏酬神。慢慢地，这场瘟疫结束了。当瘟疫结束之后，陆佑率先出钱，带动他人有钱出钱，有力出力，建造仙师爷庙。[2]

这些传说除了依托人物之外，也有相当多内容与庙宇这一载体有关。相传一位叫杨旅的菜农的儿子看见一位老人出现在自家的豆棚中，而想上前时，老人总是消失不见。杨旅怀疑老人躲进了附近的草丛，于是用镰刀割草，但刀刃突然撞上了某个硬物。杨旅停刀观察，发现是一个有关仙师爷的石碑，于是将其移到芙蓉亚沙仙四师爷千古庙中。[3] 在"二战"期间，马来西亚被日军占领，

1　王琛发著，黎艾琳编：《惠州人与森美兰》，森美兰惠州会馆 2002 年版，第 114 页。
2　刘崇汉：《彭亨华族史资料汇编》，彭亨华团联合会 1992 年版，第 173 页。
3　温故知：《仙师爷与师爷庙》，辉煌出版社 1987 年版，第 32—33 页。

此时也产生了一些与该时期相关的传说。位于双文丹的仙师爷庙广场曾经在该时期被日机投落两枚大炸弹,幸运的是都是哑弹,事后炸弹被日军派人抬走。过去龙邦古庙仙师爷宫的名誉会长刘贞祥曾经在日军占领马来西亚时期躲进附近的橡胶园里,但还是被日本兵逮捕。在被押送期间,他们经过了龙邦古庙,并一起进庙。当刘贞祥出来时,那些凶神恶煞的日本兵全都不见了。[1]

三、华人民间叙事的碎片

虽然马来西亚学界对仙师爷的真实身份依旧未有定论,但以盛明利为原型所形成的仙师爷传说确实可以被视为华人到异乡开拓的一个精神产物。盛明利死后产生的传说结合了中国民间传统经验与华工们的异地经验,包含了华工对先烈、领袖人物的纪功崇德,也与当时的时代,以及实际情况密不可分。"叶氏建立庙宇,也想借盛明利生前的名望和影响,加强自家的威信与地位。"[2]从叶亚来被盛明利托梦的各种传说来看,已故的领袖成为其继任者合法性来源的依据,这种叙事普遍被华工所接受,同时也推动了华人矿工的团结。自叶亚来在吉隆坡战争中获得胜利后,仙师爷的传说也随着锡矿行业的发展进一步扩散,并跨越了籍贯,成为马来西亚华人所共有的神圣传说与历史叙事。由于盛明利生前对锡矿的良好经营,他获得了矿业守护神的名号。华工除了用血缘、地缘等团结彼此,也无意中通过英灵化的领袖进行团结,并形成对彼此的文化认同。矿工的工作环境一直以来都非常危险,而早期没有技术加持的采矿业更是危机四伏。在这种情况下,先烈的守护让华工们在采矿以及发生疫病时获得了一定

1 温故知:《仙师爷与师爷庙》,辉煌出版社 1987 年版,第 197 页。
2 石沧金:《叶亚来与仙四师爷庙关系考察》,《东南亚纵横》2006 年第 4 期,第 31—34 页。

的心理安慰。

关于华工与锡矿的传说，其内容也在一定程度上反映出马来西亚华工早期的开拓史。"19世纪中叶以前，盛产锡、金矿的森美兰、雪兰莪、霹雳、彭亨、毗叻、吉兰丹等处还是未开垦的处女地，人烟稀少，猛兽经常出没。华工在如此恶劣的自然环境中，从早到晚、赤手空拳地用血肉之躯开采金矿。热带丛林毒蚊多，疟疾流行，又无特效药医治，造成死者无数。这些地区的采矿业发展，是建筑在无数华工白骨之上的。"[1] 除了客观的恶劣环境之外，当时的华工们并未在彼此之间形成认同，经常因为党会利益而爆发冲突。盛明利与叶四正是在冲突中阵亡的人物，而钟炳来的名号则与医术、战争相关。从人物的背景可以看出，当时的华工们处于一个什么样的混乱无序的局面。由于依托当地华工领袖以及时代背景，因此这些传说具有非常浓厚的地方色彩，并且与地方的发展史紧密相连。这些只言片语的传说并不能切实反映当时的情况，但如果与各种纪念仙四师爷的庙宇结合，我们就能发现其中的淘"锡"热时代的印记，以及背后的血泪。仙四师爷庙几乎遍布各种早期由华人开拓的城镇，而这些城镇的开拓与矿业脱不开关系。"在19世纪广大华侨的开采与经营下，马来西亚的锡业得到发展，一些锡矿区迅速形成了一批市镇，这一点在霹雳州表现最为显著。锡矿的开采使之从人烟稀少的蛮荒之地迅速繁荣起来，成为马来亚半岛西海岸繁荣的现代经济主要区域之一（另一个区域是吉隆坡）。"[2] 融合了中西风格的店屋是辨别华人老城区的一个重要标识，而它们是华工们依托矿业形成聚集地后所留下的物质遗产。与之相对应，以盛明利为原型的仙四师爷传说则是那个时代的精神产物之一，他们在叶亚来的推动下成为支撑华人团结一致、互相认同的精神形象，成为华人矿工与矿业的守护神，也一同构成了华人在当地开拓

---

[1] 李鸿阶、黄春花：《论华侨对开发马来西亚的贡献》，《八桂侨史》1999年第4期，第46—51页。

[2] 夏远鸣：《近代东南亚锡矿业与客家华侨》，《客家文博》2019年第4期，第58—63页。

的历史记忆。

虽然马来西亚的锡矿行业已经不如从前，仙四师爷传说也只依托庙宇小规模流传，但这并不妨碍其承载复杂的文化与历史内涵。这些传说与华人城镇因矿业而诞生一样，是无声的，但其存在确确实实反映了时代的一个侧面，也反映了中国的传统文化如何在异乡扎根，并与历史、时代产生交融。而对如今争取话语权的华人来说，这些传说与庙宇则是他们开拓与建设当地的证据。

区馨月

AU SHU CHIEN

　　区馨月，马来西亚森美兰芙蓉人，浙江大学历史学学士，浙江大学文物与博物馆学硕士研究生，研究方向为东南亚建筑遗产。

马来西亚店屋的中式建筑文化

区馨月

一、什么是店屋？

（一）"店屋"的概念辨析

马来西亚的店屋"Shophouse"（马来语：Rumah Kedai）是 18 世纪末首次出现在马六甲，19 世纪开始遍布马来西亚的商住、带走廊的沿街的近代外廊式（Veranda Style）建筑。《马来西亚建筑遗产调查手册》（*Malaysian Architecture Heritage Survey: A Handbook*）定义了马来西亚店屋建筑："指为了满足商人在同一座房屋中既可以进行商业活动又可以居住的需求而产生的建筑类型。平面沿用传统布局，最前面带有五脚基外廊，一层前面是商店，后面是储藏室与厨房，二层则是居住空间。中央的天井除了为房间提供良好的采光与通风外，还具有收集和处理雨水的功能。"[1] 根据《牛津英语词典》（1989

---

[1] The shophouse is a form that evolved to allow merchants to live and work in the same building. Basically, the design follows the same floor plan to the present day. A covered colonnade forms the transition from the street ,the shop is in front with storage and the kitchen at the rear. Upstairs is the living/dining/sleeping areas. A central air well provides internal light, ventilation and facilities the collection and disposal of rain water. 引自 Heritage of Malaysia Trust. *Malaysian Architecture Heritage Survey: A Handbook*. Kuala Lumpur: Badan Warisan Malaysia, 1990, p. 72.

年）的定义，Shophouse（店屋）一词在东南亚是指开在人行道上的商店，也被用作经营者的住所。[1] 在马来西亚，最早定义城市建筑形式的是雪兰莪州，根据第八号水利条例（1890 年）第 125（i）条，家庭建筑是指住宅或办公楼或商店或任何其他不属于公共建筑或仓库类的建筑。西马的其他州也采用了同样的定义，例如槟城（1903 年）、森美兰州（1907 年）和马六甲州（1908 年），而柔佛州使用"房屋"一词（1911 年），指的是包括"住宅、仓库、办公室和商店，以及学校和任何其他内有雇用人员的建筑物"[2]。

店屋作为商住沿街建筑，普遍出现在东南亚和中国南部地区，有时其他文献会采用"街屋""骑楼""Shop House"来描述该类型的沿街建筑。笔者采用"店屋"（Shophouse）一词统一作为该类型建筑的名称。

---

[1] The term "shop-house" is according to the *Oxford English Dictionary* (1989) defined as "...in S.E. Asia, a shop opening onto the pavement and also used as the residence of the proprietor. Its usage was first noted from the Malayan Pictorial Observer (9.8.1949)". The term was never used in the text of any of the local building by-laws since the 19th century. 引自 Victor Savage. "Singapore Shophouses: Conserving a Landscape Tradition". *SPAFA Journal*, 2001, 11(1), pp. 5-22.

[2] "Domestic building means a dwelling house or an office building or a shop or any other building not being a public building or of the warehouse class". Other states in West Malaya followed suit with the same definition, namely Penang (1903), Negeri Sembilan (1907), and Malacca (1908) while Johore used the term "house" (1911) to include "dwelling house, warehouse, office, counting house and shop also schools and any other buildings in which persons are employed". 引自 Jon S.H.Lim. "The Shophouse Rafflesia: An Outline of Its Malaysian Pedigree and Its Subsequent Diffusion in Asia". Journal of the Royal Asiatic Society, 1993. 66(1), pp.47-66.

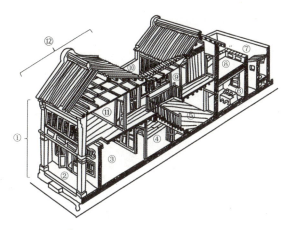

店屋主要结构¹，笔者重绘（具体解析见下表）

店屋结构解析

店屋的基本元素		描述
序号	名称	
①	立面	店屋向外的部分，包含底层和上层的细节部分，是突显店屋装饰和风格的外表
②	五脚基	是店屋的过道，同时是店屋大门和气窗所在位置
③	前厅	功能同客厅，也可作为商业活动空间
④	走廊	连接前厅和后厅的空间，同时是楼梯的所在位置
⑤	后厅、饭厅	可作为商业活动空间以及家庭生活空间
⑥	厨房	做饭的地方
⑦	洗手间	如厕的地方
⑧	露台	晾晒衣物或放置杂物的地方
⑨	后房	卧室
⑩	天井	位于两进之间
⑪	前房	卧室
⑫	屋顶	包含陶瓦、墙头、屋脊、桷木、桁条和天花板

1 Tan Yeow Wooi. *Penang Shophouses: A Handbook of Feature and Material*. Malaysia, Penang: Tan Yeow Wooi Culture & Research Studio: George Town, 2015.

（二）马来西亚店屋的时代划分

店屋，"Shophouse"，顾名思义是将"Shop"（商店）和"House"（住屋）两种功能兼并的建筑，在近代的马来西亚流行。在该时期受到不同阶段的政治、经济、文化、社会发展的影响，其建造风格、样式、结构呈现出具有当地城市个性的面貌。经过田野调查和文献查找，笔者总结出马来西亚店屋分类。

1. 早期店屋（Early Style Shophouse）

早期店屋主要出现在 19 世纪前后，特点在于有连续的木制百叶窗，或者一对内部设木栏杆的落地长方形百叶窗，外观朴素，有极强的耐用性和实用性。为了适应当地的热带气候，注重实际功能，此类店屋没有多余的装饰，采用的是木板、黏土瓦、红砖等简易材料。典型的早期店屋有荷兰式店屋（出现在 16 世纪）、实用主义风格（Utility Style）店屋、早期槟榔屿式店屋。当时的移民到马来西亚从事劳工活动，只想尽快赚钱返乡，不会在此地久留，因此只采用简单的建材打造临时落脚点，朴实无华，并且天井还未普及化。

荷兰式店屋[1]、实用主义风格店屋[2]、早期槟榔屿式店屋[3]

---

[1] 笔者自摄。

[2] 笔者自摄。

[3] Tan Yeow Wooi. *Penang Shophouses: A Handbook of Feature and Material*. Malaysia, Penang: Tan Yeow Wooi Culture & Research Studio: George Town, 2015.

2. 华南式店屋（Southern Chinese Style Shophouse）

19 世纪至 20 世纪初，矿业和种植业在马来西亚被视为重要的经济支柱，需要大量的人力资源。英国殖民政府为了满足该需求，从中国和印度大量引入劳工，促使马来西亚华侨人口急剧增加，使得人们对于居所的需求逐渐增加。当时的中国移民多数来自闽南与岭南一带，他们为店屋的建造引进家乡的建造技术、材料、工艺与文化。他们在早期店屋的基础上移植了中国南部的折衷风格，装饰性的表现有雕刻、蝴蝶形气窗、梳子门、琉璃雕花栏杆，在结构上加入了中式建筑的天井、五行山墙、梳子门等，生动地展现了中国建筑个性。华南式店屋的实用性与装饰性并存得到当地人的接纳，此建筑类型得到快速普及。

华南式店屋[1]

3. 海峡折衷式店屋（Straits Eclectic Style Shophouse）

19 世纪中叶至 20 世纪初，店屋步入海峡折衷式风格时期。由于海峡殖民地政府在马来半岛进行积极的城市建设，加上当地锡矿业和橡胶业的崛起使得经济贸易迅速发展，华人资本大量积累，频繁的进出口贸易活动引入了欧洲建筑师和工程公司，以及欧洲的建筑材料、装饰元素和设计想法，海峡殖民地的

---

[1] 笔者自摄。

早期海峡折衷式店屋[1]

晚期海峡折衷式店屋[2]

华人摆脱了儒家重农轻商的思想，开始接受西方主流思想，将西方元素与中国传统建筑元素注入店屋中，呈现出海峡折衷式风格。经济腾飞带动了文化发展，店屋的设计风格在中式元素基础上融合了欧洲多种风格，如洛可可、巴洛克、新古典主义等，受本土赤道气候影响的马来文化建筑风格，融合出折衷风格语境，体现出本土文化对外来文化的适应和接受，反映了当时的"文化交融"现象。

其中，学者陈耀威在 *Penang Shophouses: A Handbook of Features and Materials* 中根据店屋外观的折衷风格类型，将其划分为早期海峡折衷式

1　笔者自摄。
2　笔者自摄。

（19世纪90年代—20世纪20年代）和晚期海峡折衷式（20世纪第二个10年—20世纪30年代）。早期海峡折衷式的立面运用古希腊罗马的柱式，拱形窗框和女儿墙装饰丰富；晚期海峡折衷式引入了玻璃作为建筑装饰，窗框突出，窗户镶嵌得更深，以灰塑高度装饰店屋立面，显得更加立体。

这一时期除了海峡折衷式风格，也掀起一股主流的新古典主义（Neo-Classical）风格，其中包括巴洛克（19世纪90年代—20世纪10年代）、洛可可（20世纪20年代）、爱德华巴洛克（20世纪10年代—20世纪20年代）、帕拉第奥（Palladian）风格。这类折衷主义风格持续的时间比较短，故被称作过渡式风格。

过渡式风格店屋[1]

4. 艺术装饰风格店屋（Art Deco Style Shophouse）

20世纪五六十年代，马来西亚引入了现代建筑材料如钢筋混凝土、上海石膏（水刷石）、玻璃、钢材，设计中包含了希腊罗马古典建筑风格元素，古埃及、古玛雅和亚洲的简约几何图案与线条，创造了全新的建筑语汇，诞生了新的艺术装饰风格。阶梯式山墙和天线（或为旗杆）装饰成了店屋的全新特色，模仿

---

[1] 笔者自摄。

艺术装饰风格店屋[1]

了未来主义追求的机翼造型和通信天线。随着空调的引入，窗户采用彩色玻璃设计，缩小通风口；颜色上使用中性色如灰色和米白色，反映该时期低沉的经济气氛。仅存的文化元素主要体现在不同语言的灰塑文字上，有三语或四语（华语、英语、马来语、泰米尔语）的店铺信息。店屋逐渐成为旧时代的象征，褪去了具有文化属性的复杂装饰，但保留了基本店屋结构。

5. 早期现代风格店屋（Early Modern Style Shophouse）

20世纪70年代，店屋步入现代主义风格时期，其建筑不再有浓烈的人文历史、艺术色彩，而是偏向于现代化的、时尚的且实用性强的商用功能。早期现代风格店屋在建筑材料上继续使用艺术装饰风格店屋的海绿色玻璃和钢筋混凝土，五脚基逐渐被宽敞的步道取代，楼层增加至3—5层，整体是现代"简单时尚"的设计，不再有丰富的文化表现。这也体现了当时人们所追求的建造时间短、材料少（建造费同时减少）、先进和卓越的意识。槟城乔治市世界遗产机构（George Town World Heritage Incorporated, GTWHI）和马来西亚遗产信托机构（Badan Warisan Malaysia）将这类店屋确认为"没有文化重要性"的建筑。

1　笔者自摄。

早期现代风格店屋[1]

二、店屋的中式建筑文化分析

（一）结构布局与空间

根据文献查阅与田野调查，笔者推测出马来西亚店屋的建造布局源于中国岭南地区。2008 年陆琦先生的《广东民居》提到"竹筒屋"的三种布局，其中第二种布局是"厅—房—天井—厨房"的单层平面布局，一般在城镇中采用该布局，而马来西亚的店屋也具有类似的布局，即底层的"前厅—天井—后厅—厨房"，上层的布局则受城市规划的影响而形成，即"房间—天井—房间"。华人移民到马来西亚后，带着他们原有的生活方式，恰好当时英国殖民政府规定了城市规划的商住沿街建筑的布局，再结合赤道气候加入外廊、五脚基，就形成了商住一体的店屋。

中式建筑通过对建筑空间的分割、过渡、转换等处理，形成空间节奏。店屋也不例外，体现了空间分割手法，例如店屋的进与进之间被天井分割、被上下层分割，天井与楼梯作为空间过渡等。此外，中式建筑讲究对称，店屋的立面和大门窗呈现出完美的对称结构，讲究平衡感与和谐美。中式建筑民居的另

1　笔者自摄。

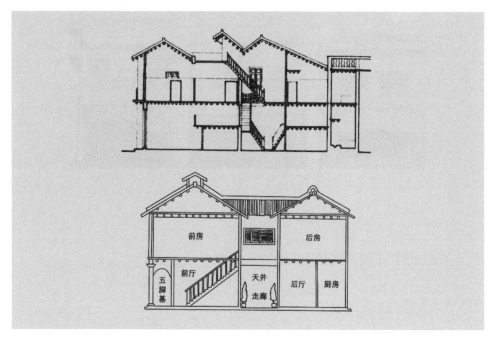

中国广州竹筒屋与马来西亚店屋平面布局对比

一个特征是有庭院，里面有小水池或池塘或假石山，可种植有祈愿功能的植物如莲花（象征重生），同时收集雨水（象征财富），具有一定的观赏性和美观性。

店屋作为"商住沿街近代建筑"，生活空间有限，需善加利用，先辈们将原乡的传统生活模式带到了马来西亚，对店屋的布局非常讲究。商住店屋主要是"两进单天井"格局：底楼临街的空间属于商业功能区，后部作为商业附属空间，如零售店的库房、餐厅的厨房都布置于后部；二楼为生活起居区，卧室、后院、厅堂等围绕天井布局。

由此可见，中国广州的竹筒屋布局被移植到了马来西亚店屋上。当地高温多雨的气候与中国岭南地区相似，所以引入了该结构，再增加气窗、落地窗等赤道气候建筑特征，店屋成为南洋华人建筑代表。20世纪20年代，返乡华人又带回了店屋的特色，在岭南一带建立了骑楼。

（二）装饰艺术

建筑本身是几何抽象的且不利于传达文化内涵，需要用装饰去强化以反映审美和文化思想，集合建材、工艺和艺术的表现手法，体现审美观、文化思想和精神寄托，表现出多重价值。店屋有着弹性的平面，能接受多种装饰元素及工艺，融合不同的文化特色，其中多以中式文化为主。常用的装饰手法如灰塑、剪瓷雕、壁画、木雕、贴金等主要来自中国南方，它们作为载体应用于店屋的立面、屋顶、门窗、室内结构、隔扇等之中，以中式文化中的吉祥寓意、传说故事、符号、谐音等作为题材，将祈愿、保卫、财富、避灾等精神寄托植入装饰中，大体可分为福、寿、安、康、财、子、禄、喜、乐、宁，饱含浓厚的人文主义，功利性强，满足人们的安全、防护与卫生需要[1]，以及时刻提醒子孙后代为人处世的道德品行。

此外，马来西亚店屋也有本土和西方文化特色。马来西亚的峇峇娘惹作为信奉伊斯兰教的土生华人，不能崇拜动物与偶像，其房屋以植物装饰为主，故他们选择花砖、灰塑、剪瓷雕等有寓意的植物类装饰木构件，用鲜艳的色彩点缀，同时结合具有强烈雕塑感的西方建筑风格，运用西式元素如齿状装饰、月桂叶花环、垂花饰、贝壳饰等细节。在中西方和东南亚文化的碰撞下，具有"南洋风情"的本土化华人特色建筑形成了。

（三）精神思想

风水，又称堪舆，是中国古人在营建活动中所形成的朴素宇宙观、自然观、环境观的总结。华人对建筑风水学的运用极为广泛，店屋也不例外。华人非常重视店屋的大门位置，规定大门必须在屋子的正中，而且门的大小、尺寸还得用"风水尺"来衡量。店屋的大门分为内门和外门，内门是普通的一扇门，外门则非常考究，也称为"梳子门"，有了外门后内门就不必关闭了。华人也强

1　郑慧铭：《闽南传统民居建筑装饰及文化表达》，中央美术学院博士学位论文，2016 年。

调店屋的天花板高度，一般都是在 10 尺半到 11 尺（3.50—3.67 米）之间，这个高度在"风水尺"上属于大吉。店屋的墙头基本上分为五行：金、木、水、火、土。而墙头的形状配合屋主的五行，是由"喜用"来决定的，而"喜用神"是依个人的八字来计算的。华人希望用墙头的五行来增强自己的能量，比如金生水、水生木、木生火、火生土、土生金。华人相信水即是财，雨水进来能纳财聚气，同时也能降低室内温度，保持空气流通和采光充足。天井里"四水归堂"的格局，便符合了华人"肥水不外流"的说法。[1] 此外，华人注重建筑的空气流通性，认为这样能让财富流入屋子，店屋的梳子门、矮门（栅门）、气窗正是起到这样的作用，同时也将祈愿载体植入，例如：在门上雕刻花瓶，意思是出入平安；在梳子门上雕喜鹊、梅花，代表喜上眉梢；雕刻四季不同的花，意思是四季平安；在气窗上雕刻蝙蝠，代表五福临门；4 只蝙蝠加上寿字在中间，然后配上蝴蝶形的外框，代表五福捧寿；蝙蝠加上铜钱造型的气窗，意味着福到眼前。店屋的矮门在白天开着被认为是吉祥的，是欢迎财气和幸运进入室内的意思。

以上都是店屋表现出的中式建筑文化。由此可见，中式建筑文化中最具有代表性的莫过于风水观和功利性。华人祈愿的寓意，在店屋上表现得淋漓尽致。

（四）日常生活与传统文化

店屋作为商住建筑载体，与家庭文化密不可分。在华人的传统文化中，丈夫或父亲是店屋、家庭企业、家庭组织的代表，在身份上互相重叠，产生紧密的家庭结构。随后，由长子或其他儿子继承家族企业。为了照顾年迈的父母和妻儿，儿子会留在店屋继续经营家族企业，一个店屋内的家庭人数和空间结构也会相应地改变。此外，华人经商成功后会扩大生意，业主会选择开设具有不

---

[1] Eng Lee Choo. *The Evolution of the Functions of Chinese Heritage in George Town, Penang: Based on the Houses of Chung Keng Kwee, Cheong Fatt Tze and Yeap Chor Ee.* Kampar : Institute of Chinese Studies, Universiti Tunku Abdul Rahman, 2017.

同服务性质的店屋，使收益多样化。因一个人无法管辖多个店屋，故会将其转交给儿子或伙计，他们会在店屋内重新组织家庭。店屋是先辈的成长记忆和安身之处，对他们非常重要。

店屋中的堂号、字号同样反映了华人的一种文化符号。堂号表明了一个家族的源流世系，是区分族属、支派的标记，是家族文化中用以弘扬祖德、敦宗睦族的符号标志，是寻根意识与祖先崇拜的体现。字号则反映了该店屋的商业性质，以吉祥的词语命名，如"发""旺""福""兴"等，寄托着生意兴隆的希望。或者以第一代创业者的名字命名，因此成为民众辨认店屋性质与业主的方式。

华人是保留祖先崇拜的民族，强调血缘关系，在店屋内总有个空间或角落专门供奉祖先神龛或神像，反映了华人的孝顺美德以及对佛、儒或道教的信仰。大家族的店屋会将神厅和香灰厅区分开，神位必须与大门的朝向一致，突显神明和祖先对家族的保护，小型家庭的店屋则是在屋内放置祖神。门神、土地神、灶神是华人店屋内必有的祭拜载体，并且华人在传统节日都会对它们进行祭拜，以祈福避灾。

华人摆脱中国人固有的儒家思维，脱离重农轻商的本质，以财富彰显个人地位，店屋则为彰显财富的载体，经商成了身份的象征。因此，许多华人会重金聘请中国工匠来马来西亚，进口昂贵建材，如中国绿釉瓦当滴水、英国花砖、彩色玻璃，对自己的店屋进行多重装饰。据当地人口述，在近代的马来西亚购买店屋只需要数千元，但是装修和聘请外国工匠需要数十万元，以此彰显自己的身份地位以及财力、审美。聘请工匠建造店屋乃是华人建筑文化中的传统，师徒制下的工匠的技术基本处在高水平，工匠经验丰富，但是现今多数技艺已失传，材料不能生产，实属可惜。

19世纪至20世纪，锡矿业和橡胶业兴起，吸引了外来移民，使人口剧增，城市形成。交通便利、公共服务机构聚集、资源丰富，店屋建设浪潮掀起。各行各业开始稳定，人们生活安稳，在店屋中经营布料生意、开金铺、开打铁铺、批发洋货、开茶室、开裁缝店、卖小吃等，店屋成为一个家族几代人做生意和居住的场所。由于城市存在人多房少的紧张状态，业主往往会把楼上的空间分割，分给不同的租户如人力车夫、红娘、裁缝师等居住，生活的空间依凭个人的经济能力，以个人或家庭为主。另外，据老一辈人口述，华人依靠同乡关系移民到马来西亚，会先被带到移民接待处和收容所，有些会以店屋为基地。这些收容所是同籍贯的侨乡攒钱租用的，让暂无工作的同乡们在这里先落脚，给他们介绍工作，直到生活稳定后才让他们搬出去。这些同乡或行业组织俗称"会馆"或"公会"（或者工会），如广东会馆、潮州会馆、福建会馆、鲁班工会等，在20世纪初开始活跃。有些会馆搬迁至别处再租下别的店屋作为新基地，安置同乡灵位以及举办公会活动。此外，华人会以店屋为学堂或私塾、庇护所、宗氏祠堂，凝聚华人社群力量。

除此之外，店屋在马来西亚的历史古迹区，如乔治市、马六甲市和怡保市，具有深厚的文化价值，乔治市、马六甲市已被列入世界文化遗产名录，更增加了店屋的价值。这些原本以商业贸易为主的历史街区随着大众的重视逐渐转型成旅游区，吸引了国内外游客，带动了当地的旅游业，相比其他地区店屋，其在旅游区的价值倍增，受到政府的更多关注和保护。不仅如此，店屋被大众重新认知后也吸引了不少学者，他们开始研究其建筑美学、风水学、建筑构造等，让店屋的内涵得以传播。店屋所在之处，会成为当地的"中国城"和"小印度"社区，作为文化社区聚集地。

三、结语

店屋作为近代产物，见证了华人到马来西亚移民谋生并落地生根的过程，在中式建筑文化的基础上，本土和外来文化元素互相交融，形成折衷的"南洋中式建筑产物"。在很大程度上，店屋依然以中式建筑文化为主，并且具有中国闽南与岭南地区的建筑特色，其原因在于华人是店屋的主要建造者与使用者，在布局、装饰等多方面植入华人传统文化观念、艺术审美，为马来西亚的建筑遗产添加了一份中式建筑文化色彩。

萧淑萍
SEOW SOOK PING

　　萧淑萍，马来西亚人，浙江大学艺术与考古学院文物与博物馆专业硕士研究生，研究方向为博物馆与非物质文化遗产。

马来西亚送王船习俗的历史传承

萧淑萍

送王船，也称"烧王船""祭王船"，在马来西亚还被称为"王船巡境""王船祭"。所谓的"送王船"，顾名思义就是制作一艘纸扎或木制的王船，而后在良辰吉日送去海边焚烧或者让它漂洋出海，以期将瘟疫驱逐出境。送王船有两种形式：流放王船为"游地河"，是早年闽南地区的做法；将船焚烧，让灰烬升天为"游天河"，今印度尼西亚、马来西亚等地多是在仪式结束后烧化王船。闽南人把死于海难者谓为"好兄弟"，将"送王船"谓为"做好事"。送王船源于王爷信仰，王爷作为海上保护神和地域守护神"代天巡狩"，保佑绥靖四方，到现在演变成全能神，涵盖了驱邪、祈福、纳祥等多层面的功能。王船祭则是王爷信仰中最具代表性的宗教科仪，在 17—20 世纪伴随闽南人下南洋开始传入东南亚一带。

回顾送王船的历史传承情况，可以发现传承相当不容易。送王船在福建沿海地区发源，主要流行于漳州、泉州和厦门地区，在"文化大革命"时期该活动一度被禁止，到 20 世纪 80 年代才渐渐恢复。同时，马来西亚马六甲州于 20 世纪 30 年代后过了将近 70 年才恢复送王船活动。虽中马两国送王船的传承过程均有一定的断层，但研究表明，中国与马来西亚的送王船曾属同一脉，两地的送王船仪式极为相似。2016 年，中马双方在厦门市敲定了联合申报送王船为世界非物质文化遗产的事宜，厦门市 13 所王爷庙与马六甲州勇全殿进行了 10

2024年勇全殿"合安号"王船大游行／Neo Sau Fong提供

多次交流。2020 年 12 月 17 日，中马联合申报的"送王船——有关人与海洋可持续联系的仪式及相关实践"成功列入联合国教科文组织的人类非物质文化遗产代表作名录。此次送王船申遗实践奠定了两国后续合作基础，成为首个 21 世纪海上丝绸之路共建国家联合申遗的成功案例，促进了中马民间友好交流，成为新的里程碑，意义非凡。

一、起源

送王船源于周朝就有所记载的一项古老祭祀活动——"禳灾"。《周礼》

中有"掌以时招、梗、祓、禳之事，以除疾殃"。它是指人们采用一些仪式，乞求自然和神灵之力助驱鬼祛病、避邪消灾。"禳灾"有"大傩"和"祭厉"两种，即驱逐法和普度法。[1] 驱逐法是通过举行"做醮"仪式，请神灵把飘荡的鬼魂驱逐出境，恢复该地区的安宁；普度法则是准备供品如酒菜、纸钱祭鬼魂，让它们不再威胁人，并助它们早日转世成人或升天为神，这是建功积德的行为，闽南民间把这称为"做好事"。学者陈耕、蔡亚约认为，送王船与目前已知最悠久的湖北省黄石市西塞山区的"西塞神舟会"的仪式过程有一定的相似之处，包括制作龙舟、禳灾祛疫、搭台唱戏、巡游送福、神舟登江等，但没有送王船仪式中的迎王、竖灯篙环节。另有些说法，送王船类似于福州的"送瘟王"仪式，"送瘟王"仪式内容主要是放小舟、彩船。

送王船在福建滨海地区发源应与当时的历史背景有关。旧时福建气候炎热潮湿，卫生和医疗条件极差，容易滋生疫情，夺人性命。古代福建方志就曾记载了瘟疫的流行。在唐朝时就有福建曾发生过重大瘟疫的记载，到明代，瘟疫更是屡屡发生。《明实录》中记载"八月，福建大疫，延及江西，死者无算"；清代也有"秋收七月至八月大疫，霍乱暴死者众，福建全省皆然"等记载。秋季是船舶出海的时节，明清时期海上贸易的繁荣造成了大量人口、船只聚集，停驻在泉州湾、厦门港口处准备出海，这加速了流行性疾病的传播，于是人们选择在秋季初举行送王船仪式以驱瘟。

送王船习俗发源于滨水的闽南沿海或沿江地区[2]，其早期目的是满足海洋劳作群体的精神诉求，包括：沿海居民以海为生，希望通过仪式祈求渔获丰收；海商、航海人员和渔民普遍祈求航海过程中风调雨顺、水上靖安，确保航程平安；古时航海技术不发达，海上环境不可预测，在海上遇难或因疾病而丧生，人们

---

1 陈耕、蔡亚约：《海丝送王船》，鹭江出版社 2019 年版。

2 夏敏：《"代天巡狩"："王爷"信仰的神性转换——兼及"送王船"的文化功能》，周永明主编，王晓葵执行主编：《遗产（第六辑）》，社会科学文献出版社 2022 年版，第123—141 页。

举行仪式以安抚海上孤魂，帮助他们获得安宁，并慰藉家属的情感。

历史上华人下南洋的过程异常艰辛，早期华人移民趁东北季风起时偷渡出洋[1]，时刻担心官兵稽查和海盗掠夺，海上的风暴、大浪等让船随时有倾覆的危险。出洋华工与奴隶无异，挤在封闭的船舱内，条件恶劣，船上医疗条件差，航行路程遥远，能摄取的食物和水源有限，传染病时常暴发，随时面临感染疾病致死的风险，死亡率极高。即便成功抵达了目的地，也有可能因生活困苦、饥荒、疾病或政治环境不佳等客死异乡。为了精神有所寄托，早期福建省籍移民会在异国延续祖籍家乡的香火，供奉故乡神明，有能力的也会立庙设祭，感恩上天护佑平安抵达，并寄托对未来幸福生活的祈愿与期盼。

马六甲皇京港即将举行烧王船仪式/Neo Sau Fong提供

---

[1]　九日山碑刻记载了历史上东北季风到来时也是先辈们利用季风下南洋的季节。

从过去到现在，送王船已被附加了许多新的文化内涵和文化功能，从驱除灾难、风险等不安定因素演变出更加宽泛的意义，成了全能性仪式，包括敬畏和感恩海洋、安境、祈福等。这也是民俗为了适应时代和社会需求所发生的转变。它的文化层次也依次上升，从护卫一方如滨海社区或渔村的安宁上升到保佑国家风调雨顺、国泰民安。

二、谁是"王爷"

王爷并不是专指某个特定的神明，而是指某一姓氏的神明群体。相传王爷共有 132 个不同的姓氏，而数量达到 360 位。王爷的称谓颇多，一般只称姓氏，不称其名，称为"某府王爷"，又称"王公""大人""千岁"等[1]，南洋地区还会把王爷尊称为"祖佛"或"叔伯大人"。王爷庙会同时供奉一位或一位以上的王爷，并奉祀其他神明。闽南关于王爷的起源多来自口述相传。学术界对王爷身份的解读存在多种观点，包括认为王爷是为民服瘟毒而死的池王爷，为民积善献身的俞大猷[2]，被奸人谋害而自杀的萧太傅[3]，勤政为民的郭子仪、范仲淹、包拯等人[4]，也有专事送疫的东西南北中五方瘟神及由受害博士（进士）演化而成的瘟神等；台湾学者蔡相辉和连横则认为王爷即朱王爷，指的是"郑成功"。关于王爷的来历，仍然众说纷纭，没有一致看法。

1 郑镛：《闽南送王船琐谈》，《闽台缘》2018 年第 2 期，第 35—39 页。

2 陈支平：《福建族谱》，福建人民出版社 1996 年版。

3 吴幼雄：《萧太傅研究的几个问题》，泉州市区民间信仰研究会、泉郡富美宫董事会编：《萧太傅信仰民俗研究》，九州出版社 2018 年版，第 140 页。

4 李玉昆、李秀梅：《略谈王爷信仰》，泉州市区民间信仰研究会、泉郡富美宫董事会编：《萧太傅信仰民俗研究》，九州出版社 2018 年版，第 148—150 页。

传统学界对于王爷是否为瘟神展开了热烈讨论。瘟神信仰通过放彩船将供品送给神鬼，祈求它们不要再祸害人间。有的将王爷信仰列入瘟神信仰中，表示与福州的送瘟神有一定的关系，认为王爷最早是消灭（攘除）病疫的瘟神，民众畏惧瘟疫而举行醮典以祈求远离疾厄。也有人持相反意见，认为虽都有驱瘟和送船仪式，但王爷信仰与瘟神信仰有许多不同点，如信仰起源、神明职能、送船仪式、神格层次等方面都表明两者没有直接关系。或许王爷信仰是在瘟神信仰的基础上产生的，也或许王爷信仰吸收了一部分瘟神信仰的元素，这些都已经较难考证了，不过现代的送王船已与送瘟神没有任何关系，王爷信仰和瘟神信仰分别属于不同神系，两者不可混淆。

海边渔村送王船是陆地王爷信仰的一种海洋延伸，在传统农业社会其本意是把瘟神押送出境，但王爷在滨海闽南地区也具有海神的功能，逐瘟疫只是其中的功能之一。王爷信仰还有另一个重要功能即安境，所以王船旗号为"合境平安"，而"境"指的是海陆两境，仪式结束前人们会扛着王船游境，让不祥的事物（如孤魂、邪祟等）跟随王爷上船。整个仪式主要在陆地进行，但最后目的地是海洋，无论是把船焚烧还是让船漂洋过海，都具有纳福的含义，即向天祈福。与过去王爷的职能相比，送王船的意义指向发生了重大的改变，特别是"代天巡狩"名号出现后[1]，王爷从瘟神转变成全能神，最初的抗瘟意义消散，转为代替"天意"（这里指的是玉皇大帝）到海陆各处或阴阳两界巡查。

在马来西亚，王爷信仰中较有影响力的宫庙之一是马六甲勇全殿，主祀池府王爷，对王爷的来历有较为一致的看法，认为香火源自泉州府同安县（今隶属厦门市）马巷的池王宫元威殿。据记载，池王爷名然，字逢春，又名德诚，原籍南京。他在明万历三年（1575）武进士及第，为人正直，居官清正，心怀

---

1 夏敏：《"代天巡狩"："王爷"信仰的神性转换——兼及"送王船"的文化功能》，周永明主编，王晓葵执行主编：《遗产（第六辑）》，社会科学文献出版社 2022 年版，第123—141 页。

马六甲"五府王爷"

天下，后任漳州府道台，途经（泉州府）马巷以东 7 千米处之小盈岭，遇两使者，自称奉御旨往漳州散播瘟药裁减人口。为了拯救漳民，他设计智取瘟药服下，遂化身于马巷。玉帝深受感动，敕封他为"代天巡狩王爷"，并委派他在马巷元威殿为神。因神恩浩荡，威灵显赫，逐步加封其为"总巡王"。另一马六甲王爷庙——清华宫，乃源自漳州王爷香火。据说清乾隆年间，来自福建漳州的渔民随身带来的朱府王爷像被安置在干冬（Kandang）的一所小亚答屋内供拜，屋子被焚毁，而王爷金身完好无损。

三、闽南"香火"的薪火相传

闽南人是宗教观念非常强的族群，特别是移居异乡的闽南人，对祖籍国和祖籍地有着浓厚的感情，甚至不辞劳苦回乡寻根谒祖，对信仰的祖庙也抱有同样的观念。闽南的香火随着闽南人于 17 至 20 世纪"过台湾""下南洋"的海上贸易与迁徙浪潮，通过王船漂流（"游地河"）、移民迁徙和请香的方式传播到中国台湾、东南亚等地区。面对不可预测的风浪，闽南人往往会将自身的平安托付给原乡的神明。每一个离开家乡的闽南人都会带上神明的香灰、香炉、神像等，他们认为，如果自己不幸遇难，神明会引领他们的亡灵回到家乡。若远徙的人们平安到达，那就会在此地供奉神明，有能力的还会立庙设祭。在举目无亲、初达异邦的环境下艰辛打拼，闽南人往往以故乡的信仰作为精神依靠。

闽南人是马来西亚华人方言群体中最大的一派。送王船在马来西亚的分布地区包括槟城、马六甲、柔佛、霹雳和沙捞越。它们均是早期华人聚居地，闽南人也是占该州华人人口比例较高的方言群（除了沙捞越）。早期福建籍移民迁移至马来西亚，王爷信仰便漂洋过海传入此地且落地生根，成为当地华人崇拜且护守一方的乡土神。根据所在地的实际情况，送王船习俗也出现了不同的变化，历经变异、创新，发展至成熟，逐步成为闽台民俗、中外民间习俗交融的产物，被赋予了更为鲜明生动、震慑人心的色彩。这也是闽南文化特有的"香火文化"向外传播所形成的跨区域传播现象。

四、送王船在马来西亚各州的发展

19世纪末20世纪初的相关文物、文字记录或照片证明，马六甲、槟城、柔佛和沙捞越曾举办过王船庆典，主要集中在华人社区，由闽籍会馆在内的华人社团及关联宫庙执行。[1] 送王船在各州的发展有着不同的趋势，有香火愈加旺盛的，有中断了一段时间近年来重新燃起火光的，也有中断了之后直到现在都未曾有恢复迹象的。霹雳州太平市的王爷庙近10多年也进行了多次送纸扎王船的仪式活动，但目前尚未找到确凿的历史证据表明该地早期曾举办过王船祭，因此这里就不加以概述了。其中以马六甲勇全殿的香火最为鼎盛，声名远播至国外。这4个州历届举办王船祭的目的、时间、地点、宫庙等都不尽相同，共

1　陈业诗:《"送王船"当代意义的再认识》,《厦门特区党校学报》2020年第6期,第71—77页。

2017年清华宫"慈航号"王船游行/Pt Journalism提供

同点是仪式有一系列严谨的程序，包括卜选、竖灯篙、造船、迎王、祀王、巡境、普度、化吉8个步骤[1]，而且送王船的举办都仰赖华人民间的力量。

马六甲以勇全殿（祀池王爷）和清华宫（祀朱王爷）的王爷庙历史最为悠久[2]，另外还有华德宫（祀温王爷）、清侯宫（祀李王爷）和玉华宫（祀白王爷，后迁入勇全殿），联合称为"五府王爷"。在节日庆典或王爷千秋宝诞时会举办"五府王爷"绕境。马六甲于1854年在干冬首次举行王船祭，直到1880年停止，又于1891年恢复，相继在1905年、1919年、1933年（勇全殿和清华宫联合举办）、

1 　朱鹏：《宗教人类学视野下送王船仪式研究》，《红河学院学报》2021年第5期，第60—64页。
2 　勇全殿和清华宫分别在1811年和1828年创建。

2001 年、2012 年、2017 年（清华宫举办）、2020 年和 2024 年举办过王船祭。举办时间不完全定期，历届王船祭的时间多在元宵节前后，但并非完全统一，王船祭的举办时间全由王爷通过乩童发出谕示而办。[1] 过去王爷谕示举办王船祭期间正值马六甲"非常事故"发生之时，如 1891 年左右流行性霍乱肆虐马六甲、1919 年第一次世界大战结束之后流行性感冒肆虐、2001 年 SARS 病毒暴发、2020 年新冠疫情流行等，可见王船祭的举办和瘟疫肆虐、时局不靖有密切的关系。近年来王船祭更是为了马六甲当地华人和国家的福祉而乩谕举行。[2]

槟城的九皇大帝信仰更为有名，也有送船活动（"九皇船"），但不同于王爷信仰。槟城王爷庙对于王爷信仰如何传入槟城有明确记载。比如，蔡氏族人经商抵达槟城浮罗池滑一带时随身带来了家乡水美宫乡土神（祀朱、池、李王爷），后因迁移庙地产生分歧，被拆分为蔡氏家庙（今辛柯蔡宗祠）、浮罗池滑福寿宫与湾岛头水美宫，且在每年农历十月十八分别举办庆典。另外，槟城大路后灵应社三王府（祀孙、佘、池"三王府大人公"）和威省北海灵应社王爷馆（祀孙、佘、池、雷四府王爷）也会举行庆典，如为庆祝王爷宝诞举行神明金身绕境巡游或酬神活动等。如今槟城的送王船仪式大多已被"九皇船"仪式所取代，但并不意味着槟城从来没举办过王船祭，湾岛头水美宫就曾在 20 世纪 50 年代至 60 年代举行过王船祭，可是未见更多的史料记载。不过近年来送王船文化在槟城有复苏的迹象，威北日落斗哇天地堂三保宫和槟城大路后灵应社在 2023 年相继举行了王船盛典。

在柔佛州峇株巴辖县的石文丁渔村建有一座祀奉池、李、包"三府王爷"的崇岩宫，它是当地华人的信仰中心和精神寄托之所。2002 年 6 月 28 日，崇岩宫配合池府王爷千秋圣诞，举办了每 30 年一度的盛大王船祭和王爷巡境活动，目的是祈求国泰民安、村民工作顺利和生活愉快。目前通过可考证的记载，证

1　石奕龙：《东南亚马来西亚等国闽南人的王船祭》，《艺苑》2017 年第 S1 期，第 45—51 页。
2　苏庆华：《代天巡狩：勇全殿池王爷与王船》，马六甲怡力勇全殿 2005 年版。

实了 2002 年柔佛曾举行过送王船活动，且依据该村王船祭每 30 年举办一次的传统推断，很大可能在建庙后的第十年即 1942 年与 1972 年举办过送王船庆典。近年来池府王爷降乩，崇岩宫在疫情后于 2022 年 6 月 11 日举办久违了的王船祭，约 400 名善男信女踊跃参与，全村逾百户村民都在屋前设香案，迎接 3 位王爷巡境。[1]

沙捞越的福建人庙宇凤山寺，是供奉广泽尊王的寺庙。1888 年 7 月 26 日至 29 日一连 4 天，该寺举行了首届送王船祭典，目的是送走作祟民间的瘟神，祈求合境平安、经济繁荣[2]，由古晋闽籍人士出钱出力负责筹办和处理一切祭拜与送神仪式。这是历史上古晋最大规模的送王船活动。之后古晋凤山寺每隔 10 年举行一次大型的请王送王宗教仪式。1918 年 9 月 25 日至 29 日，由当时古晋闽籍社会名流筹办送王船仪式，参与者是闽籍各界人士，但在 20 世纪 30 年代初，该地再次举行送王船仪式后就停止了这项活动，直到现在都没有恢复。

五、申遗契机

闽南地区送王船仪式虽在"文化大革命"时一度中断，但 20 世纪末民间逐渐恢复了送王船的习俗，纷纷重建王爷庙。自 2013 年起，厦门市非物质文化遗产保护中心、厦门市闽南文化研究会积极建立两岸学者、文化机构和宫庙交流机制，先后组织 2 批共 50 多人赴台湾进行交流，建立常态化联系，探索"送王船"共同保护与合作申遗的路径[3]，并希望推动厦门市、屏东县和台南市共同申报送

---

1 沈俊荣：《石文丁崇岩宫王船祭 400 善信踊跃参与》，《中国报》2022 年 6 月 9 日。
2 苏庆华：《代天巡狩：勇全殿池王爷与王船》，马六甲怡力勇全殿 2005 年版。
3 叶细致：《"送王船"的申遗故事：文化还是迷信？这次定性了》，《决策探索（上）》2021 年第 2 期，第 44—46 页。

王船的计划。但由于一些原因而不了了之，此计划就此搁下。2 年以后，"马六甲海丝文化论坛"于 2015 年 7 月 11 日至 13 日在马六甲郑和·朵云轩艺术馆举行。这是中马民间响应"一带一路"倡议所开展的一次小规模民间文化交流活动，厦门市闽南文化研究会时任会长陈耕在参观过程中惊奇地发现，马六甲勇全殿正是马来西亚非物质文化遗产"王船巡境"的传习单位，而马六甲勇全殿"王船巡境"正是传自闽南厦门的"送王船"。

由于联合国教科文组织规定一个国家 2 年只能申报 1 个非遗项目，而 2 个国家以上联合申报的非遗项目不受限制，但这个项目必须同时是 2 个国家的国家级非遗项目。送王船正是 2 个国家的国家级非遗项目，在 2005 年、2007 年、2011 年先后被列入中国福建省、厦门市和国家级非物质文化遗产项目名录，在马来西亚则于 2013 年被列入国家级非物质文化遗产项目名录。[1] 2016 年 1 月 31 日，中马双方共同商定的推动中国厦门与马来西亚马六甲联合申报"送王船"列入联合国教科文组织人类非物质文化遗产代表作名录的工作就此揭开了序幕。[2] 1 个月后，厦门 3 个社区和 4 个宫庙的负责人前往马六甲怡力社区勇全殿、侨生公会、福建会馆等进行实地考察。从勇全殿"送王船"的历史记载中，可以发现两地"送王船"的仪式实践如出一辙，同属一脉，送王船在马六甲已有将近 2 个世纪的历史，而勇全殿甚至保留了 19 世纪末 20 世纪初几次送王船的文物、文字记录和照片，这些是其他地区都没有的。

实际上，无论是在历史渊源还是现实联系等多方面，中、马两国都维持着友好的关系，再者马来西亚华人先贤携带的信仰、习俗在当地发扬光大，共同的信仰加强了两国海内外宗亲的凝聚力，联系了海外华人华侨与家乡血脉相连的情感，也促进了民间文化交流。因此，送王船能在 2020 年成功列入联合国教

---

[1]　送王船在 2013 年被授予马来西亚国家级非物质文化遗产证书，并在 2017 年经马来西亚政府公报发布，正式列入马来西亚国家级非物质文化遗产项目名录。

[2]　陈耕、蔡亚约：《海丝送王船》，鹭江出版社 2019 年版。

科文组织人类非物质文化遗产代表作名录绝不是偶然，而是众望所归的事。

六、两国联合申遗过程

送王船申遗从民间基层开始推动，历时 4 年多才成功，其中的程序较为复杂，过程并不是一帆风顺的，历经了许多波折。2016 年春节之后，中马两地在各个层面的互动合作持续展开，既要联系厦门及马六甲各社区、社团、宫庙等，又要获得地方政府和国家的支持，举办了多次与送王船有关的活动，包括研讨会、文化节、座谈会、研习营、讲座等，为两国民众提供了解该遗产项目的互动平台。筹委会为了完成送王船申遗的夙愿，在中马两国来回奔波、协商，开了多次会议进行商讨，从送王船的申遗命名到文本的撰写、修改，其中的艰辛困苦是无法用言语来形容的。较为遗憾的是，2017 年 3 月末，由于申遗文本不够成熟，被建议推迟到第二年申遗，然而第二年刚好是马来西亚大选之际，当年的政府不一定会连任，大大影响了中马联合申遗工作。

2018 年 8 月 20 日，两国政府宣布加强、深化并扩大送王船联合申遗的工作，并宣布 2020 年为中马文化旅游年。2019 年 1 月，中马联合申报工作正式启动，首先面临的问题就是撰写申遗文本，梳理出送王船独特的遗产价值，其内在特质与外在表现有精华也有糟粕，需给予全新的解读，最终它的核心价值被归纳为"关于人与海洋可持续联系的仪式及相关实践"，得到了中马双方的赞同。此后，专家组进行申报材料编制，通过会议、电话、电子邮件等方式进行多次沟通，撰写的申报文本多达十几稿，并收集和准备了大量的照片、视频等材料。两国政府非遗主管部门展开密切交流，多次商讨确定联合申报具体事项。2020 年 3 月 31 日，顺利向联合国教科文组织提交申报材料。2020 年 12 月 17 日，联合国教科文组织保护非物质文化遗产政府间委员会第十五届常会决议通过"送王船——有关人与海洋可持续联系的仪式及相关实践"列入人类非物质文化遗产代表作名录。[1]

此次中马两国联合申遗过程艰辛曲折，但还是克服了重重困难，终是守得云开见月明。联合申遗的成功，离不开各宫庙、华人团体、社区等的鼎力支持和协助，更为难得的是获得了马六甲当地印度人社群和印度神庙的署名声援。送王船的申遗推动了中马两国不同族群、语言、信仰、文化、团体等之间的交流与互动[2]，成为非遗保护国际合作的一次卓有成效的探索，构建了厦门、马六甲的民间文化交流平台，加深了中马情谊，也为下次跨国联合申遗提供了宝贵的借鉴，意义重大。

七、总结

送王船是福建民间习俗之一，以祭祀王爷为主体，并集驱鬼禳灾、祈安祈福、戏剧表演于一体，既有庄严性，又有狂欢性，带有强烈的民间审美、宗教观念思想等。它源自中国闽南沿海地区，而后传播到东南亚等地区成为盛行的民间信俗和宗教仪式，并融入当地民众的日常生活中。正是因为华人背负着传承中华文化的使命，才让王爷信仰和送王船习俗在城市化发展的冲击下仍能熠熠生辉，不至于被时代埋没，其背后承载着中华儿女的文化认同和族群认同。当然，送王船能在马来西亚传承至今，其内涵、功能、特征等方面均经过了本土化的创新发展。在马来西亚多元文化背景下，送王船在当地落地生根、开花结果，

---

[1] 蔡亚约：《"送王船"的往世今生》，《文化遗产》2020 年第 2 期，第 55—61 页。
[2] 陈业诗：《"送王船"当代意义的再认识》，《厦门特区党校学报》2020 年第 6 期，第 71—77 页。

更被其他族群如马来人、印度人等所接纳，成为所有人共同的狂欢节。送王船的成功申遗，又使其成为跨国度、跨文化、跨族群的共同文化仪式，也是中马两国开展联合申遗工作的开端。

李庚润
LI GENGRUN

李庚润（右），北京外国语大学亚洲学院
2020 级马来语本科生，北京外国语大学中国马来
研究中心研究助理。

许郁欣
XU YUXIN

许郁欣，北京外国语大学亚洲学院 2020 级马
来语本科生。

中国留学生对马来语的国际地位的思考

李庚润　许郁欣

一、问题何来

2022 年 3 月 19 日，马来西亚总理、马来民族统一机构（The United Malays National Organization，UMNO，简称"巫统"）副主席伊斯迈尔·沙必里（Ismail Sabri）在巫统大会上宣布，将强制外国留学生学习马来语[1]，并在国内外推广使用马来语。3 月 23 日，沙必里在议会答辩时指出，希望马来语可以成为东盟的官方语言之一。同日，他在社交媒体平台 Facebook 上发文称将和东盟各国领导人讨论，使马来语成为东盟第二大官方语言，把马来语推广至国际舞台。

实际上，马来西亚国内关于提高马来语国际地位的呼声在过去十几年内接连不断。2019 年 4 月，外交部部长赛夫丁·阿卜杜拉（Saifuddin Abdullah）指出，马来语有可能成为东盟讨论国际问题时使用的第二语言。2017 年 7 月，

---

[1] 在马来西亚，马来语被称为 "Bahasa Melayu" 或 "Bahasa Malaysia"。"Bahasa Melayu" 是《马来西亚联邦宪法》中使用的语汇。"Bahasa Malaysia" 则是马来西亚政府在《国语法令》中使用的语汇。在文莱和新加坡，马来语则被称为 "Malay" 或 "Bahasa Melayu"。在印度尼西亚于 1945 年宣布独立以后，该国所使用的马来语则被称为印度尼西亚语。因此，"马来语"这一名称是基于相同的语言本源（尽管分别融入了英国殖民者和荷兰殖民者的诸多词汇）而命名的，"马来西亚语"（Bahasa Malaysia）和"印度尼西亚语"（Bahasa Indonesia）两种名称则是国家独立的产物。实际上它们本质上都是马来群岛地区人们使用的马来语。

马来西亚总理纳吉布·拉扎克称将在 2050 年时使马来语成为东盟地区的官方语言之一。2015 年 1 月，马来西亚驻印度尼西亚大使扎赫拉因·穆罕默德·哈辛（Zahrain Mohamed Hashim）表示，印度尼西亚和马来西亚需要在马来语中建立统一性，以便马来语可以作为共同语言使用。他认为标准化的马来语可以在东盟成为英语之后的第二语言。2011 年，马来西亚新闻、通信和文化部部长拉伊斯·亚蒂姆（Rais Yatim）指出，马来语实际上可以成为东盟地区的统一语言。

马来西亚政界人士数年内频提"马来语成为东盟第二官方语言"并非无稽之谈。实际上，这一呼声具有深厚的历史渊源。

本文作者主修马来语专业，结合自身在马来亚大学马来研究院的修学经历，以中国留学生的视角，对马来西亚政府提出的"从一个区域性语言发展成为东盟这一区域组织的官方语言"这一倡议进行观测和思考，从而对马来语的历史发展、语言政策、区域组织规则以及其他区域组织确定官方语言的实践等进行梳理，进而对这门语言有更完整的了解。

二、马来语简史：一个区域性语言的发展史

语言学意义上的马来语，使用范围覆盖现在的马来西亚、印度尼西亚、新加坡、文莱、泰国南部、菲律宾南部，在斯里兰卡、柬埔寨等国的部分地区也有讲马来语的族群。马来语之通用语地位的形成与东南亚历史上兴旺的贸易时代密不可分。海上交往把东南亚各民族紧密地联系在一起。[1] 15—17 世纪，海

---

[1] 安东尼·瑞德著，吴小安、孙来臣译：《东南亚的贸易时代：1450—1680 年 第一卷 季风吹拂下的土地》，商务印书馆 2017 年版，第 11 页。

上贸易异常活跃。而且，在相当长的一段时间里，最重要的货物聚散中心一直在马来地区：先为室利佛逝，继之而起的是巴赛、马六甲、柔佛、北大年、亚齐和文莱。在东南亚全境，马来语也因此成为主要的贸易语言。[1] 那时在许多主要港口，至少那些从事商业和贸易的人员需要掌握马来语。随着时间的推移，马来语在区域内逐渐发展成为一个重要的文化纽带。

马来西亚和印度尼西亚两国的语言政策，即把马来语（Bahasa Melayu）、印度尼西亚语（Bahasa Indonesia）作为国语或官方用语，是马来语使用人数和范围在当代东南亚持续增长和扩大的重要因素。[2] 现在，马来语是马来西亚和文莱的官方语言，也是新加坡的官方语言之一；与其同源的印度尼西亚语则是印度尼西亚的官方语言。值得注意的是，1972 年成立的印度尼西亚—马来西亚语言理事会（Majlis Bahasa Indonesia-Malaysia，MBIM）及于 1985 年增扩形成的文莱达鲁萨兰国—印度尼西亚—马来西亚语言理事会（Majlis Bahasa Brunei Darussalam-Indonesia-Malaysia，MABBIM）协同统一了三国马来语拉丁字母的书写系统和知识领域词汇拼写。[3]

总而言之，15—17 世纪繁荣的商业贸易推动马来语成为马来群岛地区的通用语，扩大了其在东南亚的影响力。20 世纪四五十年代国家独立和推行语言政策后，其使用人口规模和范围也日益扩大，马来语成为当代东南亚的区域性语言。马来语的使用人口已超过 2.15 亿。因此，从马来语的历史发展来看，不难理解马来西亚政府近年来频提"马来语成为东盟第二官方语言"政策的动因。但是，马来语从东南亚的区域性语言提升至东南亚的区域组织——东盟的官方语言，是否仅由其历史因素决定？

---

1 安东尼·瑞德著，吴小安、孙来臣译：《东南亚的贸易时代：1450—1680 年 第一卷 季风吹拂下的土地》，商务印书馆 2017 年版，第 12 页。

2 Asmah Haji Omar. *Ensiklopedia Bahasa Melayu.* Kuala Lumpur: Dewan Bahasa dan Pustaka, 2008, p.17.

3 Kementerian Pendidikan Malaysia. *Ensiklopedia Sejarah dan Kebudayaan Melayu*. Kuala Lumpur: Dewan Bahasa dan Pustaka, 1999, p. 336.

三、各方意见有差异

马来西亚政治家认为这一举措有利于提高马来语地位，纷纷表示赞同和支持。自 2022 年 4 月马来西亚总理伊斯迈尔·沙必里提出要将马来语提升为东盟第二官方语言后，马来西亚通信和多媒体部部长安努瓦尔·穆沙（Annuar Musa）表示将努力把马来语提升为东盟的第二官方语言。新闻媒体《聚焦马来西亚》（*Focus Malaysia*）表示，每个马来西亚人都应该毫不犹豫地支持总理将马来语作为东盟第二官方语言的提议，所有马来西亚人都有责任在国际层面尽可能广泛地推广国语。然而，广大民众似乎对此项政策并不满意，认为其难以实施。有民众认为，该项政策所提出的"马来语"具有强大的排外性，而且在国内尚未得到所有族群的支持，因此不适合作为国际组织的官方语言。

笔者在马来亚大学交换学习期间，曾帮助中国中央广播电视台翻译过一部马来西亚的人物专题纪录片，其中有一位人物是马来西亚的原住民，他讲的语言和笔者学习的马来语有些不同：大部分虽然仍为马来语词汇，但掺杂着其族群特有的方言词汇。

针对马来语和印度尼西亚语的争议，马来西亚学者从马来语历史发展的角度探讨过"马来语"的内涵与范围。马来西亚著名语言学家妮·莎菲亚·卡利姆（Nik Safiah Karim）从马来语的历史发展角度，阐释了马来西亚总理伊斯迈尔·沙必里所提出的"马来语"，指的是在西方殖民者到来之前的、马来世界（Dunia Melayu）使用的语言，而不应视为一个国家的语言。马来西亚国家语文局时任董事会主席阿旺·沙利延（Awang Sariyan）也表示，马来语可以作为一种超越地缘政治边界的超国家语言存在。尽管马来语被民族国家疆界和不同的政治制度隔开，但这些语言本质上同根同源。因此，在讨论共同语言的未来时，不应带着敌意和猜疑。同时，也有社会评论家从马来语的定义、历史发展、印度尼西亚语与马来语的联系等角度具体阐明了印度尼西亚语和马来语基于共同的文化和历史，应互相理解。

总体而言，马来语的历史地位不容置疑，但其是否能够提升为东盟第二官方语言，在国内外引发了广泛讨论。由此可见，马来语作为一个区域组织的官方语言，是否具备相应的政治条件，或者说，马来语要想成为东盟第二官方语言，并不单纯由其历史和使用情况决定。

四、马来语"官方语言化"的挑战

尽管马来语在东南亚区域具有巨大的影响力和覆盖率，但其实现"官方语言化"仍面临诸多挑战，主要包括马来西亚族群关系、东盟语言政策和其他国家观感。

从马来西亚族群关系来看，提高马来语地位的政策提议已然招致其他族群的批评。马来西亚是一个有着多元族群和多元文化的国家，语言承载着民族文化。如果仅提高马来语的地位，而忽视华语和泰米尔语的地位，一定程度上会影响其他族群对国家语言政策的支持。伴随着"马来语成为东盟第二官方语言"这一提议，"马来语成为知识语言"也再次被总理提上议程。回顾 1960 年《达力报告书》草案和 1967 年《国语法令》给各族群带来的观感，这显然不利于多元族群关系的和谐与稳定。[1] 如马来亚大学语言学副教授卡米拉·加扎利（Kamila Ghazali）指出，多民族的马来西亚以其成功维持人民之间的和谐平衡而闻名。如何在推动马来语"官方语言化"进程中平衡国内各族群利益、稳定情绪、维持和谐、号召各族群人民支持这一语言政策，将是马来西亚政府面临的一大挑战。

从东盟语言政策来看，马来语成为东盟官方语言的空间并不充裕。在东盟

---

[1] 范若兰、李婉珺、廖朝骥：《马来西亚史纲》，世界图书出版广东有限公司 2018 年版，第 195—196 页。

几国的共识基础上，英语成为东盟的官方语言的进程畅通无阻。在寻求区域稳定的驱动下 [1]，东盟创始成员国，即印度尼西亚、马来西亚、菲律宾、新加坡和泰国于 1967 年 8 月签署了《曼谷宣言》（*Bangkok Declaration*）。虽然《曼谷宣言》未提及东盟的官方语言和工作语言问题，但英语在当时事实上成为东盟唯一的工作语言。[2] 尽管 1967 年马来西亚通过了《国语法令》，但当时作为东盟创始成员国的马来西亚并没有提出使用马来语作为东盟官方语言。在后续几国加入东盟时，只有越南对东盟使用英语作为官方语言提出了质疑，越南要求采用第二种"殖民"语言——法语作为东盟的第二官方语言。[3] 不过，该提议被拒绝了。[4] 老挝和柬埔寨也有法国殖民历史，然而这两国加入时并没有提出这一要求。[5] 在奥平（Okudaira）就东盟的官方语言和工作语言问题对几位东盟核心人物进行采访时，几位受访者都表示使用英语"理所当然""使用英语是不假思索的"。[6] 此外，《东盟读者》（*The ASEAN Reader*）[7] 和《东盟读者二》

1　Yoshiyuki Hagiwara. *The Formation of ASEAN*. Kernial Singh Sandhu. Ed. *The ASEAN Reader*. Singapore: Institute of East Asian Studies, 1992, pp. 35-37.

2　Andy Kirkpatrick. *English as a Lingua Franca in ASEAN: A Multilingual Model*. Hong Kong: Hong Kong University Press, 2010, pp. 8-9.

3　Andy Kirkpatrick. *English as a Lingua Franca in ASEAN: A Multilingual Model*. Hong Kong: Hong Kong University Press, 2010, p. 12.

4　Akiko Okudaira. "A Study on International Communication in Regional Organizations: The Use of English as the 'Offical' Language of the Association of South East Asian Nations (ASEAN)". *Asian Englishes*, 1999, 2(1), p.101. 转引自 Andy Kirkpatrick. *English as a Lingua Franca in ASEAN: A Multilingual Model*. Hong Kong: Hong Kong University Press, 2010, p.12.

5　Andy Kirkpatrick. *English as a Lingua Franca in ASEAN: A Multilingual Model*. Hong Kong: Hong Kong University Press, 2010, p.13.

6　Akiko Okudaira. "A Study on International Communication in Regional Organizations: The Use of English as the 'Offical' Language of the Association of South East Asian Nations (ASEAN)". *Asian Englishes*, 1999, 2(1), pp. 95-96. 转引自 Andy Kirkpatrick. *English as a Lingua Franca in ASEAN: A Multilingual Model*. Hong Kong: Hong Kong University Press, 2010, p.9.

7　Kernial Singh Sandhu. *The ASEAN Reader*. Singapore: Institute of Southeast Asian Studies, 1992.

（*The Second ASEAN Reader*）[1] 2卷书近200章探讨东盟相关主题的内容中，没有一章讨论东盟的语言问题。它只强调了英语作为东盟唯一工作语言毫无争议。[2] 奥平认为，创始成员国之间就使用英语达成了共识。[3] 东盟创始成员国"自然地"采用英语作为工作语言，一方面因为英语代表了现代化和进步[4]，另一方面，考虑到越南战争和东盟国家当时的立场，英语是所谓"民主"权力支持的语言。40年后，2007年11月东盟十国通过的《东盟宪章》（*ASEAN Charter*）终于在第三十四条明确指出，"东盟的工作语言应为英语"[5]。由此，不难看出从东盟成立至今，英语作为官方语言的地位是自然形成并不断得到巩固的。

英语成为东盟的官方语言也体现出东盟各国对现实因素的考量。《东盟宪章》第二条规定："尊重东盟各国人民的不同文化、语言和宗教信仰，同时强调在多样性中团结统一的共同价值观。"在语言多样性丰富的东南亚，需要一种通用语言在东盟各国间架起沟通桥梁。首先，英语在东南亚国家的通用度较高。海岛东南亚国家如马来西亚、文莱、新加坡和菲律宾，都曾被英语国家殖民。即使如越南、柬埔寨和老挝这些昔日的法国殖民国家，近几十年来在推广英语上也都取得了很大进展。在老挝，英语取代了法语成为第一外语，越南成功将

---

1 Sharon Siddique, Sree Kumar. *The Second ASEAN Reader*. Singapore: Institute of Southeast Asian Studies, 2003.

2 Andy Kirkpatrick. *English as a Lingua Franca in ASEAN: A Multilingual Model*. Hong Kong: Hong Kong University Press, 2010, p. 9.

3 Akiko Okudaira. "A Study on International Communication in Regional Organizations: The use of English as the 'Offical' Language of the Association of South East Asian Nations (ASEAN)". *Asian Englishes*, 1999, 2(1), p. 96. 转引自 Andy Kirkpatrick. *English as a Lingua Franca in ASEAN: A Multilingual Model*. Hong Kong: Hong Kong University Press, 2010, p. 9.

4 Anthonio Rappa, Lionel Wee. *Language Policy and Modernity in Southeast Asia: Malaysia. Singapore, the Philippines and Thailand.* New York: Springer, 2006.

5 ASEAN. *The ASEAN Charter*. Jakarta: ASEAN Secretariat, 2008, Article 34. 参见 https://asean.org/wp-content/uploads/images/archive/publications/ASEAN-Charter.pdf。

英语作为第二语言，柬埔寨则因对联合国的依赖将对英语的需求置于优先地位。[1]
其次，东南亚英语具有鲜明的本土特色。英语被东盟各国进行了本土化改造，
演变为诸多变体，体现出本土化、区域性的文化特点，契合《东盟宪章》强调
的多元统一价值取向。[2]

因此，在诸多东盟国家已将英语作为第一外语的情况下，马来西亚政府如
何证明马来语的多元包容属性，以及在推动马来语成为东盟第二官方语言后如
何促进东盟各国的团结统一，将成为马来语"官方语言化"的难题。

从其他国家观感来看，如何让非马来语国家接受这一政策，以及如何让马
来语国家接受"马来语"这一名称，恐怕也将成为马来西亚政府推行其语言政
策的一大难点。

五、结语

目前来看，马来语成为东盟第二官方语言可能性较低。虽然基于历史因素
和使用情况，在众多东南亚本土语言中，马来语仍然是东盟官方语言的候选
项[3]，但是，仅仅依靠马来西亚一国的倡议，这一方案是难以真正推行的。马来
语到底应该叫"马来语"（Bahasa Melayu），还是所谓的"群岛语 / 努桑塔

[1] Andy Kirkpatrick. *English as a Lingua Franca in ASEAN: A Multilingual Model*. Hong Kong: Hong Kong University Press, 2010, p.14.

[2] 谢倩：《东盟语言政策新态势及其对广西多语教育的影响》，中国—东盟区域发展省部共建协同创新中心编：《中国—东盟研究 2020 年第一辑（总第十三辑）》，中国社会科学出版社 2020 年版，第 167—177 页。

[3] Andy Kirkpatrick. *English as a Lingua Franca in ASEAN: A Multilingual Model*. Hong Kong: Hong Kong University Press, 2010, p.13.

拉语"（Bahasa Nusantara），是否"应该让印度尼西亚语而不是马来语成为东盟第二大官方语言"，这些争议仍没有答案。只有将马来语国家的力量团结在一起，各方达成共识，才有可能形成更加合适的方案。

同时，一旦马来语成为东盟的第二官方语言，就会如东南亚教育部长组织（Southeast Asian Ministers of Education Organization, SEAMEO）当时的负责人所言，像打开潘多拉魔盒一般。[1] 毕竟在短时间内，民众不会把马来语和马来西亚这个国家分开看待。由此，若其他东盟国家也要求其语言成为官方语言，将会给东盟带来巨大的难题。根据约翰·塔利亚布（John Tagliabue）的估计，欧盟每年用于笔译和口译的费用为 13 亿美元。[2] 在这方面，东盟显然不能和官方语言达 24 种的欧盟相比。在多元统一的价值观引领下，东盟的官方语言目前只会有 2 种选择，英语为唯一官方语言，或每个东盟成员国的官方语言也成为官方语言。后者需要投入巨大的笔译和口译服务成本。因此，当前选择英语作为东盟的官方语言能够极大节省成本和劳动力，并且在最大程度上促进成员国的对话，具有很大的优势。

文明互鉴，语言是重要的沟通桥梁。通过国家留学基金管理委员会提供的宝贵交换机会，我们有幸结识马来亚大学马来研究院的优秀老师和伙伴，并结识来自世界各地的学友，看到了他们如何为发展马来语而坚持努力。留学回国后，我们也时常用马来语与北京外国语大学的马来西亚留学生进行交流，希望让他们感受到"家"的温暖。一如北京外国语大学马来语专业创始人吴宗玉教授的口头禅："语言是国家的灵魂。"（Bahasa jiwa bangsa.）我们相信语言中埋藏着一个民族和国家的底蕴，语言也是不同文明、不同国家间交流的纽带。值此中马建交 50 周年之际，我们衷心希望马来语在未来获得更大的发展。

---

1 Andy Kirkpatrick. *English as a Lingua Franca in ASEAN: A Multilingual Model*. Hong Kong: Hong Kong University Press, 2010, p.13.

2 Andy Kirkpatrick. *English as a Lingua Franca in ASEAN: A Multilingual Model*. Hong Kong: Hong Kong University Press, 2010, p.14.

李娜
LI NA

李娜（左二），浙江外国语学院文化和旅游学院副教授。2022 年在马来西亚访学期间，组织浙江外国语学院与泰莱大学的中马青年论坛项目，全面负责项目开发和运营工作。

徐赫遥
XU HEYAO

高天翔
GAO TIANXIANG

徐赫遥（右一），浙江外国语学院文化和旅游学院旅游管理专业学生，2022 年中马青年论坛参与者，杭州第十九届亚运会志愿者，担任学院团委副书记，多次获浙江省政府奖学金等。

高天翔（左一），马来西亚泰莱大学酒店、旅游与活动学院国际酒店专业学生。

中马大学生对红茶文化认知的比较研究

李　娜　徐赫遥　高天翔

2023 年是"一带一路"倡议提出的第十年，倡议鼓励加强共建国家间的文化交流与合作。马来西亚作为"21 世纪海上丝绸之路"重要节点国家，以及通往东盟、中东、西亚和南亚的桥梁，与中国保持着"切水不断"的友谊与密切的文化交流。作为海外汉文化圈的一员，马来西亚华人更是对中华传统文化持有强烈的认同感。因此，无论是从国家战略、地理位置还是历史关系上看，研究中马文化交流与传播都具有深远意义。

习近平主席在 2019 年亚洲文明对话大会开幕式上的主旨演讲中指出："深化人文交流互鉴是消除隔阂和误解、促进民心相知相通的重要途径。"2022 年 8 月，中共中央办公厅、国务院办公厅印发《"十四五"文化发展规划》，其中强调，要"深入开展各种形式的人文交流活动""促进民心相通，构建人文共同体"。本文聚焦中国大学生群体及马来西亚华人大学生群体，以中华茶文化为切入点，对中马两国青年在中华传统文化的认知方面进行比较研究，是跨文化理论研究中的创新实践，也是中马青年开展文化互鉴和交流的有益探索。

一、用红茶文化对话搭建中华茶文化对外传播平台

（一）中华茶文化承载着中国与世界的交流对话之责

"以茶为媒、以茶会友"，通过茶文化促进和而不同、兼收并蓄的文明交流逐渐成为中国特色大国外交的重要组成部分。2022 年 11 月 29 日，"中国传统制茶技艺及其相关习俗"被列入联合国教科文组织人类非物质文化遗产代表作名录，肯定了中国茶技艺习俗的历史地位和文化价值。随着中国茶技艺习俗获得世界性遗产的地位，越来越多的海外力量将被吸引过来，共同参与相关技艺和习俗的保护、传承、发扬，为中华茶文化对外传播开辟新途径。

（二）红茶的国际符号和国际文化叙事价值更为突出

世界上红茶的主要生产国和消费国都设立了与红茶有关的节日和仪式。例如，每年 4 月 21 日是英国的国茶日（National Tea Day），9 月 21 日是印度的国茶日（National *Chai* Day），而斯里兰卡、马来西亚也都举办过规模较大的国际茶叶博览会或者旅游节。我国的红茶历史可以追溯至明朝，产区遍布福建、安徽、云南等地。"一带一路"倡议下中国与世界在红茶文化交流方面的双向奔赴从未止步。

二、中马青年先行共研红茶文化认知

史震烁[1]从饮食文化形态、认识过程及传播模式的逻辑关系进行梳理，提出

---

[1] 史震烁：《认知、认可与认同：中华饮食文化对外传播模式探究》，《东南传播》2023年第 10 期，第 68—71 页。

了"认知—认可—认同"的三阶段模式。其中认知是通过感官对中华饮食文化形成初步认知，通过认知，消除文化偏见，可逐渐引导群体对文化认可，再到认同。近年来中国大学生对茶文化的认知引起了学者关注。[1, 2]

从前人的研究中可以看出：首先，已有文化认知研究以定量研究方法为主，且主要从认知内容、认知程度以及认知方式等角度入手；其次，大学生在传统文化认知上的研究的价值已毋庸置疑，而对茶文化的认知研究有助于更好地开展大学生茶文化教育和传播传统文化也已得到认可；最后，从跨文化比较研究的视角研究文化认知已受到关注，学者已开始从单向的跨文化研究转向双向的两地区或两国的比较研究。

因此，本文以中国和马来西亚两国的高校本科学生为研究对象，对红茶文化的认知差异进行比较，从而找出红茶文化在跨文化交流与传播中存在的问题，并最终提出红茶文化国际交流和传播的发展建议，为中马青年进行文化交流搭建舞台，推动中国和马来西亚更加密切的文化交流以及中华茶文化的国际化传播。

三、中马大学生红茶文化认知中的似与非似

犹如中国与马来西亚之间"切水不断"的紧密关系，中国大学生与马来西亚大学生对红茶文化的认知也有着千丝万缕的关联。

---

1 江燕、蓝增全、吴田：《高校学生对茶文化的认知与普及》，《西南林业大学学报（社会科学）》2020 年第 6 期，第 85—88 页。

2 陶燕蓝、江燕、亓峥等：《基于大学生对茶文化认知调查的思考》，《中国茶叶》2022年第 1 期，第 44—51 页。

（一）中马大学生对红茶文化的认知程度普遍不高

调查显示，中马两国大学生群体对红茶文化的认知程度均较低。大部分被调查对象表示其对红茶及红茶文化的了解较少，即使饮品包装会标注茶名，他们也不会特别关注茶的具体类别，并不知茶类，比如常将大红袍误认为红茶，有的同学甚至完全不知道自己家乡的红茶品牌。对中马大学生对茶文化的关注度进行比较，后者高于前者，侧面反映了马来西亚华文教育的用心，以及马来西亚华人对中华传统文化的尊重和发扬。

（二）亲缘习惯对中马大学生红茶文化认知影响大

无论是中国还是马来西亚的大学生，对于茶文化的关注和热爱都与家庭成员有关。这种在家庭中潜移默化的生活习性更容易形成传承关系，所以这些学生的籍贯多聚集在茶文化盛行的地区。马来西亚华人大学生对红茶的认知程度更高，主要原因是他们的祖籍主要集中在中国福建、广东等饮茶文化盛行的地区。

（三）茶饮中的休闲属性备受中马大学生青睐

马来西亚华人大学生的饮茶习惯与马来西亚的国家历史和文化有着密切关系，加之东南亚国家地域气候的特殊性，他们一方面追随家族中长者或者华人圈的饮茶习惯，另一方面也受到西方国家遗留的饮食文化影响，依然保留着饮茶中的休闲和社交习俗，冰柠檬红茶等各类饮品成为餐点的标配。中国大学生不会将茶饮作为日常必备饮食，对茶文化的认知多来自茶饮品（包括瓶装茶饮料、餐厅茶饮品等），因此口味是个人选择中的重要依据。

（四）餐饮消费成为中马大学生红茶文化认知的主要渠道

外出就餐是中马大学生日常生活中形成红茶认知的重要方式，餐厅的环境设计、餐单的菜品介绍以及餐友的相互分享是大学生认知红茶文化的主要渠道。特殊的现代茶饮消费场景（围炉煮茶）或具有现代国潮元素的茶品会引导青年

马来西亚奶茶店的中国茶文化元素

群体关注茶文化。将这些信息借助社交媒体进行分享已逐渐成为大学生形成对红茶文化的认知的主流方式。微信、抖音、小红书等中国社交媒体在马来西亚华人学生群体中颇为流行，并成为他们了解中国文化的重要窗口。

（五）学科背景对大学生的红茶文化认知有影响

较之其他人口统计特征，学科背景和红茶文化认知之间形成了相关性。其中以农业、营养、食品、旅游等为学科背景的大学生群体对红茶文化的关注度较高。这些学科的专业课程设置或多或少地涉及茶文化的相关知识，而课程中包含的茶冲饮和品鉴技能的实践内容会极大地引发学生对茶文化的学习兴趣，这也体现出大学课堂在茶文化传播中发挥了重要作用。本次调查研究在中国以杭州地区为主，一方面是因为受研究者的地缘便利关系，另一方面也考虑到杭州"茶都"的重要因素，茶文化在学校文化体验和主题教育中随处可见、无处不在。

四、内修外延推动中华茶文化发展新思路

中马两国大学生对红茶文化的认知差异，表面上是两国大学生在休闲茶饮

消费行为上呈现的差异，但本质上反映了中华传统文化在海内外的传播及交流现状。挖掘两国高素质青年群体对中华传统文化的关注程度、内容及方式，有助于捋顺中华传统文化传播的影响因素和具体路径。基于上述比较研究，需将大学生在茶文化方面的自我"修行"过程和对外传播特点加以融合，以其学之道，续其传之道。

（一）发挥休闲性茶饮消费的文化传播功能

中国素有礼仪之邦的称谓，茶文化的精神内涵即是通过沏茶、赏茶、闻茶、饮茶、品茶等习惯，与中国的文化内涵和礼仪相结合，从而形成一种具有鲜明中国文化特征的文化现象。伴随着现代生活节奏的加快和人们生活方式的改变，休闲性茶饮消费在近年成为一种风靡的消费文化。茶饮不仅仅满足人们对品茶的需求，更成为年轻人追求时尚潮流的一种生活仪式和消费现象。借助休闲性茶饮消费的兴起，将作为中华传统文化的代表之一的茶文化的内涵传递给现代社会，不仅促进了不同地域和文化背景的茶文化的交流和融合，还推动了茶品的创新和茶文化的多元发展。在休闲茶饮消费中，这些文化以最贴近生活的、潜移默化的方式感染着青年群体，进而实现文化的传播和传承。换个角度思考，中国青年群体作为未来市场的主宰者，也可以借助现代营销方式，创新开发蕴

围炉煮茶

宋韵点茶

含深厚中华文化内涵的休闲茶饮产品，通过社交媒体及品牌发展，向海内外宣扬先进的经营理念以及传统茶文化。

（二）创建多元沉浸式的中外茶文化体验课堂

传统文化保留着民族的历史、思想、价值观和艺术等方面的精髓。作为中华民族五千年文明的结晶，中华传统文化承载了国家的文化自信，是中华民族的根本。通过学习传统文化，学生能够认识到家国之美，能更积极地面对生活、工作和学习中的挑战，因此，高校应重视课堂对大学生茶文化认知形成的引导。学校应增设各类传统文化课程，将传统文化教育融入各个学科中。通过系统学习，学生可以了解中华茶文化的丰富内涵和精神价值，懂得传统文化对人的塑造和启迪的重要性。面对科技与发展并行的全新的形势，高校应对传统文化教育课程加大宣传、合理设置，结合大学生的个性特点和兴趣所在，开展形式多样的优秀传统文化教育活动，如春风化雨般引导学生形成正确的思想观和价值观，并促进个人素质和道德的提升。随着中国对外教育的全面开放，留学生数量不断攀升，我国高校也应积极开发各类茶文化体验课堂，通过沉浸式的茶艺体验，给留学生展现活色生香的中国茶文化，与此同时，开展更多中外茶文化对话。

（三）积极发挥中国留学生的海外舆论形象

中国已持续多年成为世界最大留学输出国和亚洲重要留学目的国。作为"他述中国"中的一支重要力量，兼具来源国和中华文化优势的留学人员群体从近代至今在传播中华文化过程中发挥着重要的桥梁作用，这在留学人员的语境中多表现为双方交往中的价值传递。无论是海外中国留学人员还是与在华留学生紧密联系的中国学生，其在与异国人的交往过程中，尤其是在同龄群体之间，所展现出的处事态度和性格品质，借助餐饮、娱乐等社交活动中的相互交流而逐渐形成文化认同。中国留学生在中外两地具有旅居、学习经历，熟知中外文化差异，能够洞悉海外受众的文化心理和心理需求，对中华文化与外国受众兴趣点的嫁接把握得更为精准。因此，中国大学生应主动学习中华传统文化的专业知识，以科学、正确的文化交流方式，实现让外国受众从产生"文化亲近感""文化认同感"再到产生"文化好感"的发展进路。

五、以红茶文化研究开启中马青年广泛交流

此次调研为初次尝试，研究范围主要集中在浙江杭州和马来西亚雪兰莪州，参与调研的学校也较为有限，跨国调研经验也不够丰富，样本数量还可以进一步扩大。因此，未来可以考虑：扩大样本规模与收集范围，增加样本多样性，以更好地反映红茶文化认知的整个群体特征；采用长期跟踪研究的方式，以获取更多关于变量之间动态关系和发展趋势的信息；增加访谈等定性研究方法，帮助理解认知和感受，加强中马两国青年之间的交流。在条件成熟的情况下，可以通过更多线下实地调研和交流的方式，开展更具深度的专业研究。

薪火相传，任重道远，茶文化的传播需要在衰落微末的边缘坚守。马来西亚的茶文化传播，在奔赴南洋的几代人生生不息的坚守中薪火相承。2024 年是中马建交 50 周年，期待中马两国在茶文化上开展形式多样的交流活动。一方面从政府和行业协会角度，举办更多的茶文化国际论坛或展览等交流活动；另一方面从高校角度，搭建中马茶文化的相关科研平台或开展课程共建项目，在多维度、全轨道上加大中国和马来西亚青年群体在传统文化方面的交流频度和深度。另外，以互联网为发展契机，充分发挥数字化传播渠道的力量，为"山川异域，风月同天"写下真实注脚。

（本文发表于《神州学人》2024 年第 4 期。）

后记

海上结亲缘　历久而弥新

李　娜　黄惠康

风从海上来，情从海上起，梦从海上升。自古以来，只要是有海的地方就有中国人寻梦的足迹，只要是有华人的地方就有割不断的亲缘。

早在671年，与法显、玄奘齐名的"三大西行求法僧"之一的义净法师（635—713）就从齐州（今山东济南）南下，经濮州（今河南濮阳）、曹州（今山东菏泽）、扬州，到广州取道海路至天竺（印度），历经20多年，游历30余个国家后携大量梵本佛经归国，终生译经不辍。义净西行求法，途经室利佛逝国（印度尼西亚苏门答腊岛上古国）并停留半年学习梵语和佛教典籍，再往西经过马六甲海峡，到达羯荼国（今属马来西亚吉打州），居住了近1年后，继续向北到达裸人国（今属印度尼科巴群岛或安达曼群岛），后又行了半月，于673年初如愿抵达多摩梨帝国（今印度西孟加拉邦塔姆卢克附近）。义净法师不仅求得梵本经文近400部，合50余万颂，还将取经求法过程中所经国家的风土人情以及生活所遇都随行记下，并写成了《大唐西域求法高僧传》和《南海寄归内法传》2部著作。695年，当义净携大量佛经回洛阳城时，武则天亲自出城于上东门外迎接，可见其在当时社会的重大影响。

义净西行求法和译经之行为推动了中国佛教理论的发展，而其详细记载的海上丝绸之路沿途国家的历史地理文化，为研究古代海上丝绸之路和东南亚汉学传播提供了重要史料，义净法师也因此成为首位用文字记载马来半岛和印度尼西亚巨港的历史人物。因为义净法师，马来半岛的历史更是从原本 14 世纪的马六甲王朝，推前到 7 世纪的羯荼国，填补了东南亚古代史上 700 年的断层。如今，马来西亚吉打州考古博物馆内的建馆史上写着"没有义净的记录，就没有古吉打王国的历史"。在吉打州发现的多处遗址，也都佐证了义净记载东西方文明在马来半岛会合的史实。2023 年 5 月 20 日，首届义净文化论坛在山东济南召开。本次论坛由中国宗教杂志社、山东省民族宗教研究会、山东省佛教协会主办，济南市佛教协会、济南市长清区义净寺承办，主题是"义净文化与深入推进我国佛教中国化"。中国社会科学院、北京大学、中国人民大学、北京师范大学、南京大学、山东大学等科研学术单位的知名专家学者，高僧大德及其他嘉宾共 200 余位，齐聚泉城济南，进行研讨和交流。此次论坛对研究和宣传义净法师的思想和贡献有重要的推动意义。

义净法师是践行海上丝绸之路精神的先驱者，也是中马结下海上亲缘的首位寻亲人。

较之国内学者对义净法师的鲜少了解，郑和下西洋的故事可谓家喻户晓。明朝郑和七下西洋，5 次驻节马六甲，并留下了大量中马两国往来互访的正式记载。600 多年前，这位三保将军可谓是中马海上亲缘的探亲人。

这份亲缘，在两岸先贤志士们前赴后继的努力下，变得越来越厚重、深远。

正是因为这份亲缘，国有忧与之同忧。

近代中国民主革命伟大先驱者孙中山先生，为推翻在中国延续 2000 多年的封建帝制，提出"振兴中华"，倡导"三民主义"。在矢志不渝的奋斗历程中，他也早已与马来西亚有着不可分割的渊源。

孙中山曾在 1905—1911 年数次下南洋访槟城，有"九次革命，五过槟城"之说。2001 年，孙中山槟城基地纪念馆开馆，马来西亚总理马哈蒂尔亲自主持开幕仪式。

槟城可以说是孙中山革命事业的转折点。从 1895 年到 1910 年，孙中山接连发动了 9 次起义，但均以失败告终，革命事业跌至谷底。孙中山先生于 1910

年7月19日到槟城，将同盟会南洋总机关部从新加坡迁到槟城，附设于打铜仔街120号的槟城阅书报社（现为孙中山槟城基地纪念馆所在地）内，后在此创立了至今世界报业史上发行历史最悠久的华文报《光华日报》。同年11月13日，孙中山召集同志在槟城柑仔园404号寓所筹划新的武装起义——黄花岗起义。次日在槟城阅书报社再次召开大会，这个会议被称为"庇能会议"（庇能是槟城的旧称）。会议上孙中山发表演说为起义募捐，其以天下为公的精神深深感染了与会者，当场筹得8000大洋。对于历经9次起义失败以及听闻母亲去世噩耗的孙中山来说，此时正是他革命生涯中最困苦的日子，槟城革命党人的拥护与支持，使他感受到亲人般的温暖，为他注入了一针强心剂。

1911年4月的黄花岗起义揭开了辛亥革命的帷幕。然而此次起义再遭失败，名垂青史的"黄花岗七十二烈士"中，有1/4是南洋华侨，其中4人来自槟城。

革命党人并没有泄气，在孙中山的组织领导和革命精神感召下，大家"以浩气赴事功，置死生于度外"，最终于1911年10月10日迎来了武昌起义，进而推动了辛亥革命的成功。辛亥革命推翻了清朝的统治，结束了在中国延续几千年的君主专制制度，点燃了积贫积弱的中国走向独立自强的火种，为中国的文明进步打开了大门。

马来西亚槟城古迹信托会主席林玉裳女士，是一位长期致力于华人文化传播和潮汕文化保护及传承工作的马来西亚第三代华侨。她曾感慨："如果没有庇能会议，中国近代史有可能要重写。"2016年，马来西亚多地隆重庆祝孙中山150周年诞辰，彰显了中马友好的深厚渊源。

正是因为这份亲缘，国有难与之共难。

在马来西亚的槟城，还诞生过一位挽救过无数中国人生命的人物。他不但是中国现代医学的奠基人之一，也是剑桥大学第一位华人医学博士，还是诺贝尔奖史上首位华人候选人，但他是一位低调的医学斗士。他叫伍连德，字星联。梁启超先生曾赞誉此人："科学输入垂五十年，国中能以学者资格与世界相见者，伍星联博士一人而已。"

伍连德（1879—1960）祖籍广东新宁（今广东台山），出身于马来西亚槟城一个普通的华人移民家庭。1896年，成绩优异的他，顺利进入剑桥大学伊曼纽尔学院学习医学。1902年，他先后到英国利物浦热带医学院、德国哈勒大学卫生学院和法国巴斯德研究所进修。1903年学成后回到槟城。

一个阴差阳错的机会，怀揣报国之心的伍连德于1907年回到祖籍国，就任天津陆军军医学堂帮办，并运用其在西方的所学为中国培养医学人才。

1910年，中国东北地区突然暴发大规模鼠疫，上万人死于疫情。更可怕的是，因为东三省是当时中国铁路网络最发达的地区，所以疫情沿交通线迅速扩散。不仅如此，东三省复杂险恶的政治局势令疫情控制困难重重。俄国和日本一直对该地区虎视眈眈，企图通过掌控疫情治理话语权来插手东北地区的政治，战争可能一触即发。一面是肆虐传播的疫情，一面是漠视疫情的民众和居心叵测的外敌，如果处理不妥，不但会导致疫情失控，甚至可能引起外交纠纷。

君子临危受命，伍连德勇敢地站了出来。在当时的情形下，他也是最合适的人选。他不仅具有流行病学、细菌学知识以及丰富的临床经验，更重要的是，他的身体里流淌着爱国热血，能承担为国分忧、为民解难的重任。在著名外交家施肇基的推荐下，伍连德被委任为瘟疫调查员，迅速前往哈尔滨调查疫情。受命于危难之际的伍连德，在来到哈尔滨后，就接连干了几件令国人震惊的大事。

一是解剖死尸。这是中国历史上第一次对人体进行解剖。背负着法律的严令禁止和舆论的巨大压力，伍连德通过对染病死者进行病理解剖，了解感染特征，结合疫情传播蔓延的方式和路线制订疫情控制方案。经过多方努力，他说服当地政府和俄国方面负责人出动军队参加防疫，检查流动人群特别是加强铁路方面的检查，对可疑病人采取严格的隔离措施。

二是设立检疫所。这是始创自中国的自主防疫机构，通过联络各海港同时实行检疫，应对瘟疫分秒必争。

三是火化感染尸体。这在当时的中国，无疑是冒天下之大不韪的。然而仅哈尔滨傅家甸坟场就露天停放了数千具尸体，这可能是最为危险的传染源。在地方士绅的支持下，伍连德上奏朝廷，请求集体火化这些尸体，清政府表现出罕见的开明和高效，迅即照准。1911 年 1 月 30 日，伍连德指挥了中国历史上前所未有的大规模灭疫火化，焚尸整整 3 天。

经过数月奋战，伍连德和他的战友们终于使这场鼠疫在 4 月底得到全面控制。

同年，清政府在奉天（今沈阳）召开了万国鼠疫研究会，这也是自古以来首次在中国举办的大型国际学术会议。来自 12 个国家的代表参加了这次大会。伍连德力压日本鼠疫研究泰斗北里柴三郎，担任了本次大会的主席。本次会议对于提高中国公共卫生和预防医学事业在世界的地位具有重要意义。

伍连德先后扑灭了 1919 年、1920 年、1926 年、1932 年在上海、东北等地暴发的多场鼠疫。他是一名鼠疫斗士，是一名"逆行者"，更是亲人。

1937 年，饱经沧桑的伍连德举家离开上海，告别服务了 30 年的祖籍国，回到了南洋老家槟城。

数十年过去，2020 年新冠疫情再次肆虐全球，同样也不能阻隔中马的亲密联系。面对疫情，中马双方从官方到民间，都互相支持、共克时艰，在疫情的不同阶段伸出援助之手，通过分享抗疫经验、支援防疫物资等，传递了双方患难与共的情谊，也传递了战胜疫情的信心和力量。

正是因为这份亲缘，国有敌为之驱敌。

1939 年，中国全面抗战已有 2 年，沿海口岸相继沦陷，西北公路和滇越铁路也先后中断，几乎所有的国际通道都被日军封锁，只余一条被国际社会称为"中国抗战生命线"的滇（昆明）缅（缅甸）公路。

著名爱国侨领陈嘉庚先生在得知国内急缺熟练司机和技工后，发布了南侨总会第六号通告，号召年轻司机和技工回国服务，共拯危亡。1939—1942 年，就在这条抗战生命线上，3000 多名华侨青年组成"南洋华侨机工回国服务团"，分 9 批抵达云南昆明，承担起在滇缅公路运送国际援助抗战物资的重任，共同参加抗战。据统计，滇缅公路共抢运约 50 万吨军需物资，其中很大部分是由南洋华侨机工（下文简称"南侨机工"）运送的。

当时的滇缅公路，是抗战爆发后紧急抢修的简易公路，翻越高黎贡山等崇山峻岭，横穿怒江、澜沧江、漾濞江等急流险滩，道路极为险峻，而公路不少地段瘴气肆虐，加之日军飞机的狂轰滥炸，人们也称之为"死亡公路"。在这样险恶的条件下，南侨机工夜以继日，出生入死地运送抗战物资。留居云南的机工罗开瑚老人回忆起最危险的路段南天门时说："又窄又陡，旁边就是悬崖，看不到底。车上必须带跳板，遇上窄路时随时铺设，让车轮凌空开过去。"此番画面想来无不令人心惊肉跳。

几年的时间里，1000多名南侨机工因战火、车祸或疾病等长眠于此。

1942年5月，为阻止日军进攻，滇缅公路上的咽喉——惠通桥被炸毁，滇缅公路中断，团队被迫解散，突然的失业使得南侨机工们顿感迷茫，而此时东南亚地区也基本被日军占领，归家无望，最终南侨机工有1000多人留在云南，有1000多人在战后回到了南洋。

南侨机工的这一壮举，是近百年来南洋800万华侨在民族危亡的特定情势下的爱国行动，也是中国华侨史上一次最集中、最有组织、影响最为深远的爱国行动。1989年，云南省政府在昆明西山为南侨机工们修建了一座"南洋华侨机工抗日纪念碑"，以纪念他们的不朽功勋。

2014年8月15日，适逢抗日战争胜利69周年纪念日即将来临，中国驻马来西亚大使黄惠康专程从吉隆坡前往霹雳州怡保市看望97岁高龄的抗战老英雄——南侨机工黄铁魂，他是当时马来西亚仍健在的4位南侨机工之一。黄惠康大使赞赏老英雄在抗战最艰难的时刻，响应爱国侨领陈嘉庚先生的号召，加入"南洋华侨机工回国服务团"，远赴中国抗战前线，冒着枪林弹雨为抗日将士运输军需物资，是滇缅公路上的"神行太保"，为世界反法西斯战争和中华民族解放事业做出了重要贡献。

2014年，由中央电视台，昆明市委、市政府联合摄制，央视纪录频道承制的6集高清纪录片《南侨机工——被遗忘的卫国者》在国内正式开播，真实记录了这些卫国者经历的6年战争和4年漂泊生活。

2018年5月3日，海外最后一位南侨机工李亚留逝世，享年100岁。2022年10月29日，全球最后一位南侨机工蒋印生在重庆离世，享年96岁。南侨机工们相继离去，但这段历史我们将永远铭记。

中马友好源远流长，历久弥新，无论是战时还是和平年代。

近代以来，大批华人南下定居马来西亚，经世代交替，始终与当地人民和谐相处、共存共荣。华人文化传统已与马来西亚历史发展进程深深融合，其间甚至孕育出血缘相通的峇峇娘惹独特族群。虽然峇峇娘惹的衣食习性已与当地其他华人有所不同，但他们依然保留了很多华人的传统风俗，并在传承与融合中成为南洋独有的文化奇观。

国之交在于民相亲，中马两国割不断的海上亲缘，沉淀为文明遗产，中华文化在海上丝绸之路沿线国家传播与交融的生动例证不断涌现出来。伴随着人口迁徙、族群发展和海上贸易，民间海洋文化也逐步从我国闽南传播到东南亚地区，其中"送王船"作为中国第一个和共建"一带一路"国家联合申遗成功的项目，意义深远。

"送王船"联合申遗，是21世纪海上丝绸之路的支点城市厦门与沿线重点城市马六甲文化间的对话，是"一带一路"民心相通的见证，是以非遗国际合作推动构建人类命运共同体的成功实践。

"送王船"被中马两国的相关社区视为共同遗产，是中华文化在海上丝绸之路沿线国家传播与交融的生动例证。

志合者，不以山海为远。俱往矣，无数前辈先贤及仁人志士乘风而来，踏浪而去，为中马两国海上结亲缘付出毕生心血，中马友好必将薪火相传，生生不息。中马两国隔海相望、唇齿相依，未来将在血缘、地缘、人缘、情缘、商缘的糅合中亲上加亲！

在2024年中马建交50周年的特殊时期，18位中国作者和12位马来西亚作者共同为本著作撰稿。他们中有长年为中马文化交流做出巨大贡献的长者前辈，也有尚在游学中与师友共同学习、探索的新人后辈，他们中有师生、同学，还有父女、姐妹，他们惊喜于中马文化交流结下的不解情缘，感念那些美好记忆并将之化为铅字，共祝中马友谊万古长青、历久弥新！